鼓山史话

福州市鼓岭旅游度假区管理委员会
福州日报社 ○编

图书在版编目(CIP)数据

鼓山史话/福州市鼓岭旅游度假区管理委员会,福州日报社编. —福州:海峡文艺出版社,2024.6
ISBN 978-7-5550-3742-2

Ⅰ.K928.3

中国国家版本馆 CIP 数据核字第 2024X63L51 号

鼓山史话

福州市鼓岭旅游度假区管理委员会　福州日报社　编

出 版 人	林　滨
责任编辑	余明建
出版发行	海峡文艺出版社
经　　销	福建新华发行(集团)有限责任公司
社　　址	福州市东水路 76 号 14 层
发 行 部	0591—87536797
印　　刷	福州报业鸿升印刷有限责任公司
厂　　址	福州市仓山区建新镇建新北路 151 号
开　　本	787 毫米×1092 毫米　1/16
字　　数	264 千字
印　　张	18.75
版　　次	2024 年 6 月第 1 版
印　　次	2024 年 6 月第 1 次印刷
书　　号	ISBN 978-7-5550-3742-2
定　　价	98.00 元

如发现印装质量问题,请寄承印厂调换

编纂委员会

顾　问：卢美松　林　山
主　任：林隆佈　陈滨峰
副主任：林　诚　刘昕彤　李韦华　卓良辉　林雨夏　赵　莹
委　员：江敬挺　韩　莹　危砖黄　张浩清　陈　琳　吴恒之
　　　　李静斯

编辑部

主　编：张浩清　危砖黄
副主编：翁宇民
成　员：林振寿　薛辉旻　俞永彬　尤雨晴　任志勇

序

福州山环水绕、派江吻海，允称形胜之地。鼓山崒崿雄峙天表，实为省城高标。因其山体巨大，林木蓊郁，风景秀丽，历来是郡人游观之地，名流登览之所，积以时日，遂成人文鼎盛之区。如今，不仅景观领标周围诸山，而且文物尤为诸山之冠。历代游履所至多有咏哦之篇，全山文物之盛更有史志载笔，诸多石文铭记登游之畅。今编《鼓山史话》旨在续旧翻新，不仅增加景观诠释，而且缕述人物履迹，备载遗闻逸事，旨在便利读者深入了解鼓山美景，更多领会人文内容，为宣传鼓山、展示鼓山历史文化风貌提供更加翔实的内容。

《鼓山史话》的编写方组织了一批中青年文史专家或文史爱好者力役从事。他们认真查阅资料，辛苦实地考察，反复校核印证，撰成文稿又经编辑加工，形成结构完整、逻辑清晰的篇章，文风也比较统一。其内容主要包括"胜迹在山""摩崖铭山""名人访山""美文记山"，相信读者阅后会有新的认识和惊喜。

就"胜迹在山"这一篇章而言，自古及今，鼓山的登临观览者不知凡几，但留下观感文字的却寥寥无几，特别是见诸报刊、载于著述的无多,这次出书多少弥补了部分缺憾;"摩崖铭山"中的文字是登临者的"留言",其数量和品位皆冠于诸山,统计总数六百余段,涉及人物应在千人以上,这在福建诸山之中堪称奇观盛概,许多石刻出自名家之手,留下名人鸿迹,其珍罕令人称奇;"名人访山"的内容相比算是多的,涉及人物二十多人,并且没有重复,有可观之处。只是本书"美文记山"篇章收录的文章偏少,令人有难以尽兴之感。

此书名为"鼓山史话",不作惊人之语,起意平实,文亦朴茂,所写内容不外乎山石景观、林木秀美、僧寺古老、名人佳作、石刻美文。令人欣慰的是邀约一批中青年作者,均爱好文史,又有写作基础,既抒发自己的登临体会,也有对古人韵事的描述,作者不乏新知独见,阅后令人觉得清新可喜。

卢美松
(作者系福建省文史研究馆原馆长)

目录 CONTENTS

第一章 胜迹在山

2 七里七亭几过客
8 白云廨院阅沧桑
13 清风明月十八景
18 相怀梅园荡烦襟
23 五贤祠上飞寒鸦
27 闽刹之冠涌泉寺
33 鼓山奇枫飘兰香
39 灵源深处古洞幽
44 般若苑外海天阔
49 山登绝顶我为峰
54 眼中沧海小，洞里白云多
59 闽溪第一溯鳝溪
65 鼓山茶香飘丝路

第二章 摩崖铭山

74 鼓山论剑说"喝水"

80　跟李郡守"打卡"鼓山

86　闺秀风雅镌苍崖

92　多"福"刻在此山中

98　林海波涛震石鼓

104　山高祈雨兆丰穰

110　"忠孝廉节"铭鼓山

116　山巅遥望琉球岛

122　鼓山题刻闽东痕

128　此山佳处应记取

第三章　名人访山

136　王审知：鼓山兴法赖闽王

141　蔡襄：落笔鼓山竟"忘归"

146　李纲：鼓山风物宛如昨

152　朱熹：仁者藏"寿"归灵源

158　鼓山长存"文忠"迹

163　悟宗：白云洞前忆老衲

169　谢肇淛：几集大成《鼓山志》
175　曹学佺：曾为一夜青山客
181　元贤：力行正大鼓山禅
187　林之蕃："吸尽江流"不肯回
193　陈梦雷：万山离合白云中
199　黄任：诗书美砚伴余年
204　琉球诗人：登临尽是思乡景
212　魏杰：无碍无忧无净居
218　净空：三主鼓山敞法门
223　陈宝琛：钟情"听水"因何故
229　古月：五山方丈苦行僧
235　虚云：续焰传灯振禅宗
240　圆瑛：翠竹苍松尽是禅
246　梁章钜：流连鼓山结联缘
252　陈肇兴：永怀名山一壑风
258　刘海粟：年方八六画鼓山

第四章 美文记山

264　游鼓山灵源洞

265　游鼓山登大顶峰

266　陪真西山游鼓山

267　游鼓山记

270　新开白云洞碑

272　鼓山赋

274　鼓山绝顶望海歌

275　游鼓山作(六首)

277　九月五日子女孙曾辈并婢仆登石鼓

278　三游白云洞记

280　灵源洞

281　诗三首

282　游鼓山(二首)

284　参考文献

第一章 胜迹在山

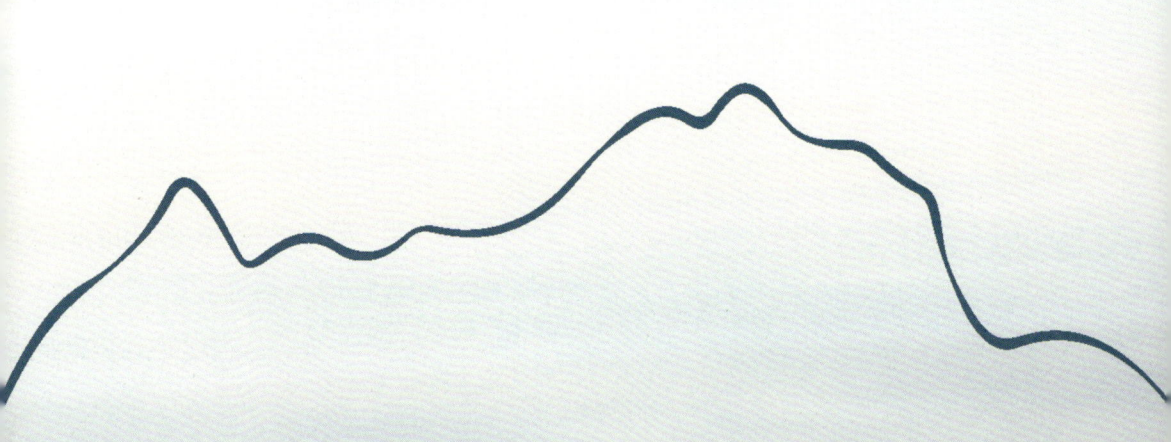

此篇章将鼓山自然风光与历史人文交织呈现,堪称"导览"。它的叙述循登山古道而上,节奏舒缓,将鼓山必经胜处娓娓道来。带你看风景,更看见风景深处的时光逸事。

七里七亭几过客

林叶/文　林振寿　陈景好/图

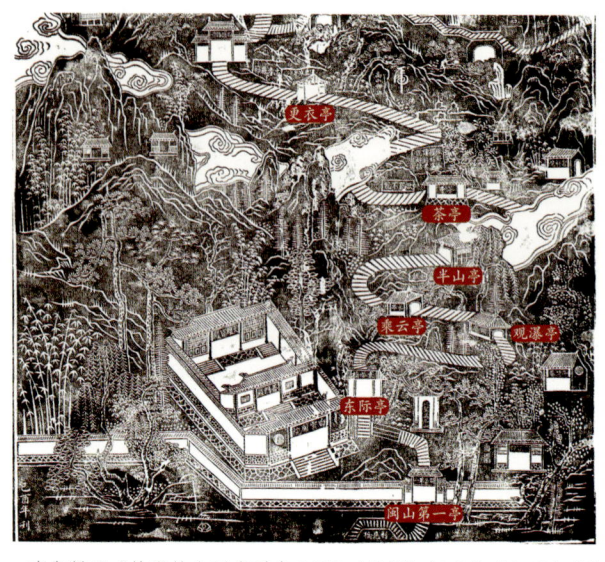

清代版画"敕赐鼓山涌泉禅寺全图"（局部）标示的"七里七亭"

福州城在山中，山也在城中。从城中的乌山、于山、屏山，到外围的北峰、鼓山、旗山、五虎山等等，可以登攀之处比比皆是。但毫无疑问，鼓山的登山线路，从古至今一直是最受欢迎的。尤其在鼓山登山古道，登山之人可以说是日夜不绝。编著了大部头图书《大鼓山·涌泉寺》的作者魏键在书中这样描写：

"从繁星闪烁到晨光熹微，在古道的石阶上总攒动着夜登的人群，每个夏夜不下五千人。有人把夜登归纳为三个时段：晚饭后的六七时为第一时段，其中有三分之二是成群结队的年轻人，其余是一家子晚饭后集体出游的；第二时段从九时多开始，第一时段的夜登者已陆续下山，来者基本上为情侣们，通常持续到零点左右；第三时段大约从凌晨三时开始，几乎都是有早起习惯的老年人，他们慢条斯理一级级地上，到顶上后运动一会儿，再慢慢地一级级地下，到达山脚时东方已出现鱼肚白。"

一

　　福州人如此宠爱这条登山之路，自然有诸多理由，人文历史的吸引，自然景致的魅力，以及一种无意识的品牌惯性的力量，都推动着一拨拨的人们前来。民国时期出版的在地旅游手册《福州旅行指南》中，作者郑拔驾有写到鼓山登山古道：

　　"自山麓入寺石阶共三千八百级，凡七里，宽广平砌，数级一坦途，里许有短亭，作螺旋状，蜿蜒而上。长松夹道，深翠欲滴，风起涛惊，狂吼怒号。岩石题诗，山谷留名，含英咀华，比比皆是。"

　　郑拔驾已经写得凝练生动，但古道实在是值得再多费些笔墨。

　　这条登山路，从樵夫走的羊肠小道变为石板条路，传最早为闽王王审知在鼓山修建高僧神晏主持的"国师馆"（今涌泉寺）时所辟。宋代黄璞的诗《江上望鼓山》中就已经写道："万嶂云收石径回，上方楼阁郁崔嵬。"路旁至今还存着一处宋代摩崖石刻，上面写着"比丘善文绍定癸巳砌二十丈"。从宋至今，这条登山路自然经历了无数的修整改造、叠加重塑，才形成现在的样貌。

　　从闽山第一亭起，古道蜿蜒至涌泉寺，绝对高程（海拔）不过四五百米，但为了坡度平缓，设计了很多弯曲迂回，因而台阶达到了2633级。数级一台，里许一亭，亭也兴废更替，不算起点的闽山第一亭，道中至今留有七座古亭，有如古道串起的一串珍珠，配以沿途不绝的摩崖石刻，仿佛一部古书分作七个章节，予人阅读。

二

　　闽山第一亭是鼓山登山古道的起点处，曾名"通霄亭"，也名"祝圣万年亭"，后面这名字来自这里原有的一块石碑，上面大书"祝圣万年山"五个字，传为宋人笔，后来遗失了。据清黄任《鼓山志》，"祝圣万年山"也是鼓山的别

闽山第一亭

称。亭子最初是南宋时期建的，元代重建时候，以朱熹来鼓山时的题字"闽山第一"为额，因此改了名字。

闽山第一亭往前不远，是东际桥，也是始建于南宋，明崇祯十一年（1638）福州名士、晚明大臣曹学佺重修。曹学佺对鼓山感情很深，捐建不少，并留下多处题字和相关诗文。他重修东际桥后题有《东际亭》一诗，诗写得清新生动又有画面感："此际将登岭，深林待日回。却于山寺外，更有野亭开。静听泉吟石，闲随鸟步苔。半岩僧已下，闻客喜归来。"东际桥上原本有东际亭，多次圮，1998年重建后改题名为"天亭"，最新一次重修是2019年，名字恢复为"东际亭"。

三

之后是观瀑亭，也叫"石门亭"，又称"头亭"。据说过去在此仰首，忽见瀑布飞泻而下，虽非巨流，却也壮观，尤其是雨后飞珠溅玉，能听到不绝于耳的松涛声和水流声，所以建亭时才号"听涛观瀑亭"。如今平时滴水不见，"观瀑"已是徒有虚名，需要赋予自己的想象。

乘云亭，最初名"梯云亭"，据传这里过去常有云雾弥漫，人如在云端，故名。亭前一块岩石上，有一个无名氏的楷书"灵泉"。岩下曾经有一股清泉，所以又名"灵泉亭"，俗称"水亭"。这一段山涧两侧，怪石错立，留下的摩崖石刻中，民国海军名将、曾任民国海军部常务次长、海军马尾要塞司令等职的李世甲的行书"天风吹梦"，会让人产生期待。登山到此可遇山风拂过，或可有身心一洗，如从碌碌尘梦中恍然醒来之感。

半山亭，顾名思义，已达登山古道的半途，因这里有两块岩石，上锐下方，好像古代的玉器珪、璋相连，所以也叫"合珪亭"。半山亭上原来有一块木匾，上面除了刻有"半山"二字，还有一首浅显的诗："好把脚跟立得稳，上方还许再攀登。"鼓励爬到此处的人，继续往前，不要半途而废。除此之外，亭外石上还有明代在福州为官的江西人江以达写的五律诗一首，下半部已经被其他题刻覆盖了，但可以从《鼓山志》中查阅到，诗是这样写的："乾坤俯仰间，落日已千山。风急猿声发，人从鸟道还。潇潇闻木叶，寂寂闭禅关。记取烟霞趣，青春好重攀。"难以考证江以达登鼓山写下这首诗时的年龄，但推测应该还是青壮之年，诗中藏着勃勃意气。

茶亭，处于山腰，不远处古有茶园，曾产出被作为贡品的鼓山半岩茶。有人认为茶亭得名与此有关。直到清代，黄任《鼓山志》还载："王敬美督学在闽，评鼓山茶为闽第一，武夷、清源不及也。"1994年最新一次重建时改为"观音亭"。

四

松关亭，现为鼓山十八景服务部。再往前为更衣亭，这里已经离涌泉寺不远。清代福州人、官至山东布政使的杨庆琛为此地写过一副楹联："开门曾仰前王节；入寺还更此地衣。"楹联中"前王"指的是闽王王审知。传王审知每次到

乘云亭

半山亭

涌泉寺敬香礼佛，都要在此更换袈裟以示尊敬。王审知所处的唐末五代十国时期，南方佛教极盛，南唐李煜、吴越国钱俶都喜佛，王审知有过之而无不及。清人修的寺志里说，王审知施给涌泉寺的财物，仅僧田就多至84000亩。今天在福州的城内城外，都还有很多王审知崇佛留下的古迹，相关故事传说更多，更衣亭算是其中最朴实无华的一个。

更衣亭过后，其实还有一个驻锡亭，但因为现在它与更衣亭之间已经被盘山公路和涌泉寺的停车场所隔，且被纳入现在涌泉寺的空间内，很多时候就不把它计在古道路亭之中了。锡是锡杖，僧人行路手持之物，驻锡的意思就是僧人驻足之处。涌泉寺已在眼前，一稍作休息就将"入佛境界"。

五

古道悠悠，过客匆匆，亭间稍作休息，山水不语，往事心事千言万语却涌上心头，化为诗，化为奥语，继而又化为这条路上数不尽的摩崖石刻。因而走这条古道，抽空阅读两旁石头上的那些文字，是另外一种不可错过的风景。总体来说，沿途摩崖石刻越往上走越多，这一方面可能随着入山愈深，愈入佳境，更重要的是一番体力消耗之后，精神上的抒发显然变得更为丰富和松弛。仔细琢磨每段路程之间所留词句的变化，是极有意思的。

在后段的观音亭边，有清乾隆时期福州知府李拔留下的"欲罢不能"四个字。往前走还有不少路，回去心有不甘，想他那时站在此处气喘吁吁，进退两难的处境，有些忍俊不禁。再往后，在松关亭一段，有"道心坚固""立念回天""蓬莱左股"等等，因为即将抵达，总体给人感觉已经胜券在握。再往后到了更衣亭，路已经在身后，寺已经在眼前，摩崖石刻上的文字变作了"忘机""了了空空""云眼底浮""足以养志""我无人相""皆大欢喜"云云，境界已然超脱。

为解决这条登山古道经常人满为患的问题，2002年起，鼓山新开辟了两条登山道，一条是"松之恋路"西线登山道，一条是"勇敢者路"，前者较为平缓，后者沿着山涧溪流而上，比拼实力。它们增加了鼓山登山的选择，但论雅趣，自然古道还是无可替代的。

白云廨院阅沧桑

王心韬/文

鼓山白云廨院,又称"鼓山廨院""下院""下寺"。在鼓山脚下,始建于唐,毁于近代。本文通过志书及其插图、老照片、诗词游记等相关文献,展示其历史风貌。

历史旧貌

据乾隆二十六年(1761)黄任主修的《鼓山志》记载:"白云廨院,在山南麓,本涌泉寺积谷

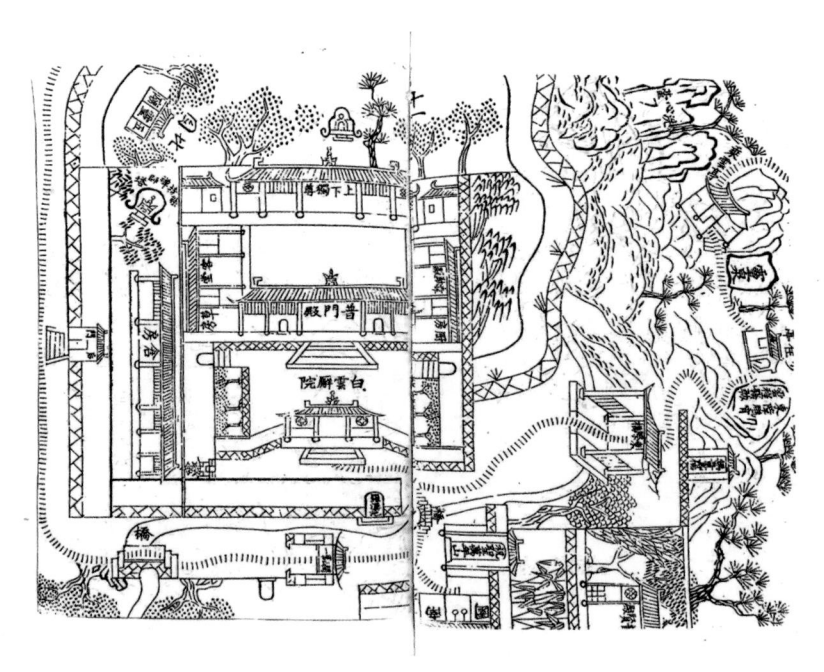

《鼓山志》中的白云廨院插图

处,与寺同建。中为殿,后为法堂,左右为祖师、伽蓝二祠,东庑为斋堂厨灶,西庑为仓场客省,前为山门。"《鼓山志》附有一幅插图,是鼓山白云廨院的平面图,详细绘制了白云廨院的布局,还绘制了周围附属建筑、溪涧、道路、桥梁等。通过该插图,对照东际桥与古河道的位置,可知白云廨院遗址在今鼓山旅游索道站内。

白云廨院南有狮眠冈、半月冈,北有牛眠冈。在上山公路与登山石蹬道分岔前有一短小山脊伸出,不妨称为"东脊"。东脊之北紧靠山麓旁有一溪涧,从北朝南而来,在东脊前折而向西。溪涧外又有一平缓的小山脊,顺溪涧而降,止于福州市委党校,在此称为"北脊"。廨院坐东朝西,背靠鼓山,后有溪涧流出,难以择基。如坐北朝南,按古代择地术,只能以左侧东脊为护山,寺门不宜超过此山脊,但寺后北脊偏东,寺院如向后发展,寺基左右地坪高低不平衡,寺院前后难以扩展,寺院规模受限。寺前溪涧经人工改道,环绕寺前流过,到寺右侧围墙外,再折而向南流走。僧人在寺门前圈以围墙,开口与溪涧水流方向相逆,寓意收水聚财。在古代,寺院前方地旷人稀且闽江之水向前流淌,为防风聚气。寺院南面广植果树并砌围墙,建有南园。

《鼓山艺文志》中,有一篇民国闽县人何敏先的《八游鼓山印象记》,详细介绍了白云廨院的情况:"到了廨院,最先映入我们眼帘,就是路旁'闽山第一坊',它系宋僧德融建的,初名'通霄',后以朱晦翁书'闽山第一'四字揭眉,遂改今名。过此五十武,经利见桥,有'瑞泉'与'祝圣万年碑亭'在对面白墙边,中横长方形石碑一块,上刻'祝圣万年亭'五字。从这里左转,即'白云廨院',该院乃用以安行僧、办道粮及云水宾客之往来,为涌泉寺之化城,与寺同时建。其中大殿多古佛,后面系法堂。对门南园内有普贤殿,中多杂树。院左十武,流水一弯,上架以石,名'东际桥',亭名'东际亭'。"上文中的"武"是足量尺寸,大致为半步距离。

南园以及普贤殿的情况,可参考清康熙年间涌泉寺住持为霖禅师《南园建庵疏》:"白云廨院前有南园,延袤十余亩,环墙缭绕,果木繁荫。倚鼓麓而面三山,乃通霄路上别一区域也。张在辉道友,发愿于中建小庵一所,以祀普贤大士,盖普贤乃华严长子,愿行广大……"还有北园,在今福州市委党校内。廨院前的石梁桥又称"龙桥",相传唐时有龙现,故名。桥下清泉粼粼,色碧绿如玉,称"瑞泉"。廨院后有一禅塔,《鼓山志》记为"小庵德最禅师塔"。小庵禅师,讳德最,姓薛氏,宁德人,17岁时依平江灵岩讷和尚薙度,南宋淳熙五年(1178)为涌泉寺住持,经七载,修废整颓,涌泉寺为之一新,淳熙十一年(1184),微恙告寂,全身塔于廨院后山。

溪山美景

在鼓山与古闽江的交汇处,有一处山麓呈现奇特的形状,像绽放的莲花迎着闽江开放。它是避风的港湾,先民的船只在此停泊,在此渔猎,在此登上鼓山,耕樵劳作。千年前,白云廨院便占据了这一凝聚山水灵气的秀美之地,成了鼓山的门户。从古代文献得知,宋元时人们登览鼓山多走水路,从城里乘舟等待退潮,顺水而下,如遇西风则顺风而来。宋知州蔡襄《鼓山》诗有"郡楼瞻东方,岚光莹人目。乘舟逐早潮,十里登南麓"之句。宋丞相李纲《游鼓山灵源洞,次周元仲韵》诗云:"碧海吸长江,清波逾练净。我为鼓山游,潮落初放艇。连峰翠崔嵬,倒影浛玉镜。舍舟访招提,木末缭危磴……"元时闽县人吴海在《游鼓山记》则记载:"……岁乙巳(1365)九月十五日,郡人黄伯弘约予与广平程伯崇、建安徐宗度,自河口买舟,顺流而下,抵白云廨院。时日已西,过东际石桥,桥覆以亭。流水出其下,潺潺有声。沿麓稍登,涧鸣在左,荔荫团团……"

明清时,随着闽江河床淤积,陆路逐渐形成,人们水陆并进游览鼓山,但白云廨院始终是登山的起点、鼓山西麓的地标建筑。

千年的白云廨院是鼓山历史文化的载体之一,廨院的溪山美景,为历代文人墨客、名公巨卿所陶醉、赞叹、歌颂,留下众多的诗文篇章。明谢肇淛《宿白云廨院呈徐兴公》诗云:"宝地枕灵峰,闲云逐户封。夜潮半江水,寒雨五更钟。野色不到寺,秋声多在松。风尘二十载,何意复相从。"明曹学佺《白云廨院》

诗云："丛林露曙光，云气密苍苍。净室寻犹得，飞泉坐可望。旧游思旧岁，重到是重阳。野草知幽意，翩翩斗菊黄。"清潘耒《白云廨院》诗云："暂歇篮舆步石梁，院门古树绿千章。僧来云窟衣衫润，客饭松阴几簟凉。百道飞泉归绝涧，一声清磬出新篁。人生岂合埋尘土，世味何如道味长？"廨院后方有一山涧，顺高耸的花岗岩山体倾泻而下，状似瀑布。从《鼓山志》廨院图可知，它位于厨房一侧，客堂对侧，古人有"香厨遥引瀑泠泠""飞泉坐可望"之诗句。

白云廨院作为鼓山的门户，历代寺僧不仅建桥造亭以方便行旅，而且精心营造引人入胜、充满诗情画意的迎宾景观，为鼓山、涌泉寺增辉添色。遥想当年，白云廨院连接登山古道曾布满百年的参天古松，虬枝如龙，在绿树掩映下，白云廨院梵音袅袅、香烟氤氲，钟磬悠悠，令人超凡脱俗，如临仙境。院门前清溪潆洄，瑞泉呈祥，古榕数株，交柯垂荫，清幽蔽日。南、北双园橄榄、荔枝、龙眼枝繁叶茂，果实累累，让人垂涎欲滴。徜徉在白云廨院，林间听松涛晚钟，桥旁闻泉吟鸟鸣，妙不可言，正是朱熹所题"闽山第一"之境啊！

涅槃重生

白云廨院在漫长历史中，兴衰更迭。据《鼓山志》载："绍兴己卯，暴雨溪涨，东廊及客省皆漂没，是年僧宗逮重建。政和、宣和两次灾，僧体淳前后重建。至正十三年，山寇焚毁，僧宗祖重建……"明弘治甲寅年（1494），镇守太监陈道又予重建，本次重建留下《重建白云廨院碑》，由史部右侍郎、福清人王克复撰。该碑不仅对白云廨院的历史地位给予肯定，也为后人提供了当年白云廨院的布局。《重建白云廨院碑》载："鼓山距冶城东三十里，其顶有寺。山之西麓为廨院，以接宾客、理钱谷，实寺之别馆也。主僧常择徒之能者治其事，而寺以无扰。寺创梁开平二年，自政和以来，值寇、兵、水、火之变，经几废兴。弘治辛亥（1491），厄于回禄。癸丑（1493），复被山水所溃。都纲德丰与其徒慧钦顾力不赡，乃以其事请于钦差总镇陈公。公慨然捐资为倡，度材砻石，工役大兴。前为三门，中为观音殿，后为法堂。凡僧房庖库之属，靡不毕具。壮固宏丽，超越前规。经始于是年四月,落成于甲寅正月……闽虽多名刹,若兹寺盖不可以甲乙数,而廨院又寺之废兴所由者也。然非得人以振其坠,举其废,则将为凉烟白草之区。寺虽胜,其何凭藉而可久乎?"

嘉靖壬寅年(1542)二月十三日夜间,涌泉寺为野火焚毁,僧众迁居白云廨院,白云廨院得到空前发展。侯官人王应山在万历四十年(1612)纂成的《闽都记》中记载:"白云廨院,嘉靖间,寺(涌泉寺)毁,遂拓而葺之,殿宇壮丽有加。"

康熙年间,为霖禅师二度住持涌泉寺,于戊辰年(1688)腊月朔日作《重兴白云廨院记》,回忆30年前,他首次担任涌泉寺住持时重建白云廨院往事,他写道:"白云廨院为耕垦接纳之所,与涌泉寺如身与臂,互相为用而不可缺……己亥(1659)监寺道悟、成源募众,求大木于建溪,尽撤朽弊,重新架造。前为三门,中为普门殿,后为大雄殿。殿后为插锹堂,以居僧众。普门殿之右大仓场则仍其旧,略为修改而已。重装金像,赎回南北园果树,大方伯何公又于南园建殿,以奉普贤大士。"

乾隆癸酉(1753),僧兴隆又重修白云廨院。

中华人民共和国成立后,特别是1953年2月,山麓至涌泉寺的盘山公路建成通车,白云廨院作为鼓山涌泉寺的廨院功能已消失。但是白云廨院千载的风雨历程,自身积淀了丰厚的文化内涵。

"声满天地"这块石碑,宽56厘米、高205厘米,当年镶在廨院的墙上,是清乾隆年间福州知府李拔的楷书题刻,如今移到山麓登山道起始处,其旁是一棵古老的虬松。它们在向世人展示鼓山白云廨院历史的辉煌,也静静等待老朋友白云廨院的重生。

清风明月十八景

在东文　林振寿 图

王世襄（1914—2009），当代著名的收藏大家、文物专家。他出生于北京，祖籍福州，常念故乡之情，生前为福州山川名胜、文物古迹留下不少墨宝。福州鼓山达摩洞十八景区内，就有一处他的榜书"清风明月"。这个平易简洁的词出自《南史·谢惠传》："入吾室者，但有清风；对吾饮者，惟当明月。"意思是与清风、明月为伴，既指一种有闲无事、悠然自得的独处状态，也比喻一种品格情操——洁身自好，自在自洽。在十八景众多的摩崖石刻中，"清风明月"乍一看平实无奇，但细细琢磨，它恰恰高级地为此地归纳出一种统领性的理

王世襄"清风明月"题刻

想意境。用一种如王维"明月松间照，清泉石上流"那般洒脱明净的心情，才可以真正领略到十八景一带风光的奥义。

一

从山脚登鼓山，不论走步行道，还是盘山公路，在到涌泉寺之前都会先到达摩洞十八景。达摩洞十八景这个说法，历史不算长。除了早就有的达摩洞，其余17处全然是清道光至同治年间，福州成功实业家、同时也是诗人的魏杰，在前人基础上重新开辟、提炼的成果。魏杰对于鼓山的钟情和投入的心力，翻遍鼓山历史，当是数一数二，这从鼓山随处可见的魏杰留下的摩崖石刻，可以直接感受得到。

魏杰归纳出来的十八景，有以形态命名，有依据传说命名，各有所本，趣味盎然。这十八景的具体名称，魏杰刻在了距达摩洞不远的一处石壁上：达摩面壁、南极升天、仙猿守峡、老鹤巢云、仙人巨迹、福寿泉图、蟠桃满坞、玉笋成林、蚁艇渡潮、渔灯普照、狮子戏球、金蟾出洞、伏虎驮经、神龙听法、铠甲卸岩、慈航架壑、八仙岩洞、千佛梵宫。魏杰对每处景点还一一用心配以自己创作的七绝，这方"达摩洞十八景"石刻，因共计刻字达到675字，成为鼓山摩崖石刻中字数最多的。

在《新修八仙岩纪事》中，魏杰对发现和开发十八景的过程有所描述。他说，自己已经来鼓山上百遍，几乎所有的地方都游遍了，就千佛庵旧址和达摩洞一直没去，于是有一次又特意让僧人带他去找。找到之后，他发现达摩洞一带"峰峦降伏，江流环绕"，于是兴致盎然继续深入，又发现了望州亭旧址、万松关、仙猿岩，继续往仙猿岩右边走，又看到"列嶂迭岩，耸秀如画，扳藤拊草，遍寻得一洞天，高岩阻隔，人迹罕到"。于是，他又让工匠开凿石梯而上，"见其间九曲盘旋，八面开辟，有清幽，无怪险，或卧，或坐，或隐，或游，可登高，可远眺。江风、山月、岩花、林果、茶树、芝草，顿觉非凡。绝顶有巨石台仙人迹，又得名山一仙境矣。即雇工刈莽除荆，凿石铺磴，累日兴修。樵夫、牧子、游客、寺僧闻知，往来俱说此中不及到之处，有此一大观也。无不啧啧称善，应觉山灵之与我有缘也。洞口仍镌'八仙岩'三大字于石壁间。"

　　清末至民国，国家动荡，社会凋敝，人们自然无心悠游，十八景荒芜湮没，到20世纪70年代前，几乎全部受损。之后，福州市政府又陆续修复建设。2001年是新近最大规模的一次重新规划整修。整修重新开放后，景群面积扩大了一倍，达到33公顷。同时也重新包装了"新十八景"，与魏杰原版相比略有所改，但大体不变。

二

　　东入口处、更衣亭西侧是镇虎岩，上有一笔写成的草书"虎"字，所以这处景点就称"一笔成虎"。

　　罗汉台上，有"仙人巨迹"景点，具体是三个刻在岩石边缘的仙人脚印，对应了八仙中蓝采和的传说。

　　"慈航架壑"指的是三块架在山坡上的巨石，它们不知道多少年前从上方滑落在此。在"慈航架壑"巨石侧面平展的石壁上，颜体楷书写着35位佛的名称，而距此不远的另一块石壁上，还写着53个佛名。两块巨大的石壁加起来，共计88佛。这是清代高僧、涌泉寺住持道霈在康熙年间，请信士杨昌胤所写。完成之后，道霈又在边上石壁题写"佛窟"两个大字。佛窟既成，全国罕见，还被人戏

仙人巨迹　　　　　　　　　　　　　　　　　一笔成"虎"

俯州望江

铠甲卸岩

称为佛来此地的"签名本"。

此外,还有通往景区至高点登高台的"玉石云梯",达摩洞"达摩面壁",仙猿岩"仙猿守峡",千佛庵"千佛梵宫",狮子峰"狮子戏球",八仙岩"八仙岩洞",金蟾洞"金蟾出洞",蟠桃林"蟠桃满坞",葛仙居"南极升天",俯州亭"俯州望江",法华岩"古鹤巢云",伏虎祠"伏虎驮经",降龙洞"神龙听法",卸甲岩"铠甲卸岩",玉笋峰"玉笋成林"。自然,每一处景如今都有一番动人的解说词,导游会熟练地向游客作精彩的讲解。

2003年,政府相关部门又新镌刻16段摩崖石刻到十八景区,其中有朱德、郭沫若等所作诗句,以及古代闽地名人陈襄的"进无所苟,退无所愧,惟义所在",林则徐的"当官期于世有济;行事求其心所安""静坐读书各得半日;清风明月不用一钱",左宗棠的"身无半亩,心忧天下;读书万卷,神交古人",林觉民的"为天下人谋永福",严复的"新知无尽,真理天穷"等义理箴言。另外还有前面提到的,王世襄的榜书"清风明月"。

但除却人文的底蕴,这一带自身资质上等的自然景观,也是足以让人流连的。达摩洞十八景,整体面貌是山体云母花岗岩长期风化侵蚀崩解后形成的独特景观,巨石纵横,相叠成洞,再以苍松覆荫,山径盘曲,让人盘旋其中,可以探奇寻胜,也可以觅幽静心。同时,它的临高开阔处,又可看云望江,视野雄荡,天地流转尽收一眼。来此游览的人,心境可空明,可宁静,可放,可收,心归自然的种种期待都能得到。恰如苏东坡所言:"江山风月,本无常主,闲者便是主人。"十八景如斯,就不知道陀螺仪一般转个不停的现代人,又能有多少古人那般的心境了。

王世襄在一篇文章中写道:"不惮霜雪,不避风雨,不分昼夜,每于人不游处游,人不至时至,期有会心,自悦而已。"

果真人人如此,十八景又何止十八景。

相怀梅园荡烦襟

六桥 文　林振寿　石磊磊　陈成才 / 图

　　踏雪寻梅，是中国古典生活美学中的一个经典意象。福州虽然冬天少有雪，但梅花开日，寻梅的人依然兴致不减。两位正月里坐着动车从广州来到福州鼓山看梅花的中年女游客，在山径遇到登山锻炼的本地摄影师李。当李得知她们千里迢迢来此的目的之后，大为诧异，人人追慕所谓诗和远方，却往往容易忽略眼前的风景。

　　在涌泉寺、十八景、灵源洞等成名已久的景点之外，这些年来鼓山新开辟的梅里景区，成了新宠。尤其梅花季来临时，3000余株品种各异的梅花竞相开

鸟瞰梅花

放，与群山相叠相映，可远观，可近赏，赏者如织，蔚为壮观。

一

只是很多人不知悉，鼓山赏梅古已有之，并非今日方有。今天赏梅的梅里景区，位于钵盂峰前，以吸江兰若、相怀梅园两个片区为中心，包括古泉跌水、古茶园遗址、岩梅古台等景观，处处都是可以讲古的。

吸江兰若所在地又名"舍利窟"，曾为古茶园。鼓山的梅花史上就以舍利窟一带为盛，所以舍利窟也被称为"梅花窟"，文人墨客来此眺望闽江欣赏傲梅，留下不少浪漫笔墨。位于吸江兰若下方的岩梅古台，至今保留着几株古岩梅和五幅清代石刻，其中有鼓山涌泉寺第96代住持道霈于康熙九年（1670）留下的《舍利窟看梅》和清康熙二年（1663）福州士人林之蕃的《吸江兰若记》。

尤其是林之蕃的《吸江兰若记》，笔下深情，写出清初此地衰荣变迁，尤可咀嚼。作者青年时经过这里，看到的是"竹篱草舍，樵夫农父，熙熙相聚，宛然武陵源……"而后一度"兵燹荐臻，人烟断绝，向之村落，荡为荒丘尽矣……"之后，又为僧人及信众在清顺治年间重新营建，并由作者命名为"吸江兰若"。吸江，出自禅宗公案"一口吸尽西江水"，在这里指的是此地形胜，可以一眼尽览闽江浩荡风光。兰若，佛教用语，原意是森林、树林，后泛指禅修的寂静处。这样一个好名字应该让作者林之蕃颇为得意，因而写下《吸江兰若记》，且文笔不吝其美。撰文之时，此地周围梅花盛开，他写道："时值玄冬，梅花盛开，香聚岩谷，琼枝铁干，横斜倚立于苍崖翠壁间；而槛外长江涛澜汹涌，风云开阖，舟楫往来，鱼龙出没，尽收佛几禅床之上。四望岗峦之起伏，峰岫之联亘，若奔若蹲，若去若来，皆放于左右……"今天读来，依然极有画面感，让

吸江兰若石刻群

人神往。

翻阅《鼓山艺文志》，阅读历代诗文可以发现，浏览鼓山主景区，入涌泉寺，探灵源洞，登屴崱峰，是最经典的"三部曲"。相比较而言，临近涌泉寺的舍利窟吸江兰若一带，是一个略微隐秘的所在，是更熟悉鼓山的人才懂得的探幽之处。"从寺门分，小径逶迤，松阴或高或下，或蔽或亏。可三里许为舍利窟。""树合疑无径，峰回忽有庵。江光瓮牖得，雨气石林含。屋小偏宜坐，僧孤似可谈。"这种"山重水复疑无路，柳暗花明又一村"的心情，寻桃源秘境的期待，是历史上造访此地者常有的，可视为鼓山游一小众之乐。

吸江兰若现仍保留着福州明清时期建筑风格和布局

二

吸江兰若之外，梅里景区的另一处"相怀梅园"是一个新景，但它不仅续接了此地历史上的浪漫，更有着时代的一番深意。

老一辈无产阶级革命家习仲勋对祖国统一大业倾注了心血。他与前国民党中央执委、台湾大陆研究所所长陈建中是陕西富平同乡、小学中学同窗。1990年，习仲勋在北京四次会见陈建中，这在海峡两岸关系史上很有积极意义。2010年，陈建中之子陈东和与台胞刘介宙在鼓山捐建梅园。为怀念前辈，特将习仲勋的字

"相近"、陈建中的字"怀璞",各择首字,取名"相怀梅园"。

2011年元月,2000余株不同品种的梅花,如朱砂梅、宫粉梅、绿萼梅、美人梅等,种植完成。

梅花种下了,故事写下了,后人登临抒怀,有了更多凭借。游客可从十八景牌坊对面的相怀梅园入口进入,从松涛楼旁梅里出口出。漫步鼓山梅里,顺着"相怀梅园—古泉跌水—古茶园遗址—吸江兰若—岩梅古台"的游览线路一路探景寻梅。

清代鼓山涌泉寺住持道霈的诗《舍利看梅》里写道:"诸禅约我看梅去,无有梅花岁晚心。"每个人看梅花的心情是不同的,但寻美之心亘古不变。

梅花盛开时节的相怀梅园

五贤祠上飞寒鸦

六桥/文　林振寿/图

门额上的"五贤祠"为福州名士魏杰所题

涌泉寺山门左侧，沿斜坡小径往下走数百米，有个外观上看来并不算特别的小祠。祠占地181平方米，一进三间，祠内祀明末福州的徐𤊹、徐𤊨、谢肇淛、林弘衍、曹学佺五位名士，因此名为"五贤祠"。

一

五贤祠始建于清咸丰五年，也就是1855年。这一年，太平天国运动已经席卷了大半个中国。

在福州，五口通商之后多年，福州港的茶叶对外贸易开始迅速兴起，带动了这个古老城市的发展。鼓山的"铁粉"、福州当地的大盐商、诗人魏杰，已经年届六十。事业有成之后，数十年间，他已经多次为鼓山及涌泉寺出资修路，建设亭阁，开发景区。这一年，他再次在离鼓山涌泉寺不远的清幽处建五贤祠，因为边上就是桃岩洞，所以又称"桃岩精舍"。关于此次兴建之举，魏杰写有一篇《建立五贤祠序》，详细作了说明。

他说，鼓山涌泉寺从唐初建起，数次遭受厄灾。明嘉靖壬寅年（1542），再次厄于火灾。这之后，"万历己未，郡人曹学佺重建大雄宝殿。崇祯甲戌，又建天王殿，藏经堂，无尽山门。崇祯己巳，郡人林弘衍建法堂，并钟鼓二楼。郡人徐熥、徐㶿、谢肇淛同僧元贤募建白云堂、伽蓝、闽王二祠，祖师、寿昌二堂，斋堂、梵行堂、且过堂、净业堂、香积厨、戒月寮等处，辑补集成《鼓山志》十四卷，功莫大焉"。这五位被立祠纪念的福州当世士绅名流，首先都是与鼓山及涌泉寺缘分极深之人，都有捐资重建涌泉寺的功德。

他又说："明祚将尽，诸公避居鼓山天镜岩、白云洞、吸江兰若等处，守节完义，故元贤老人有'满朝袍笏迎新主，一领袈裟哭旧王'之句，甚可悲也。嗟乎！沧桑变幻，岩壑归依，贤人遁迹于桃岩，烈士捐躯于天镜，大功已立，大义已完，诸公与名山足以并传不朽矣。"魏杰认为，这五位在晚明及明清更替之际都表现出了忠义与骨气，守节完义，是士大夫的典范，代表了福州士大夫的形象，也是福州人的骄傲，因而应该被祭祀，以教化人心、敦化风俗，使后人受益。

由于参照资料有限，魏杰所写"明祚将尽，诸公避居鼓山天镜岩、白云洞、吸江兰若等处，守节完义"这个说法具体并不可考，也似有出入，但这几位确是闽地人杰，值得做一番了解与纪念的。

二

五人中，徐熥（1560—1599）和徐㶿（1570—1642）是兄弟。

徐熥是万历十六年（1588）举人，徐㶿不事科举，他们并不是显宦，一生更多以藏书读书、作文著述闻名，是当时福州文坛中坚，城中名士。

徐熥有古孟尝之风，英年早逝，39岁就病亡，友人为其作传，说"及熥卒，闽士大夫，四民过客，亡问知与不知，皆为垂涕"，并且死后即入祀城中乌石山的高贤祠，可见其名望。与兄长相比，徐㶿长寿，活了72岁，死于明亡前两年。他是晚明著名的诗人、作家、藏书家和博物学家，博物类著作如《荔枝谱》是可与宋蔡襄的《荔枝谱》媲美的，而他的藏书更是被认为是"明嘉靖后闽中第一"。

谢肇淛（1567—1624），明末著名学者，也是诗人、博物学家，官至广西右布政使。他也酷爱藏书，与徐㶿、曹学佺称明福建藏书"鼎足三家"。曾为家藏书编《小草斋书目》，著有笔记《五杂俎》，多记掌故风物，为明代一部有影响的著作。谢肇淛对历史和时局有着独到的见解，他很早就看到了边疆最大的隐患是悄然发展起来的女真，并提出了"以夷攻夷"的建议。

林弘衍留下的生平资料很少。清乾隆《福建通志》载："林弘衍，以父材荫户部主事。"林弘衍热心佛教，周亮工称其"留僧忘日永，闭户识霜寒"。林弘衍与涌泉寺第六十三代永觉禅师元贤交往密切。他在清顺治四年（1647）时曾被执入狱，屡拒清廷招抚，后常居僧寺。林弘

位于鼓山梅里景区内的五贤祠

衍卒，元贤作诗："慷慨披襟谈国事，卓哉意气压群英。"林弘衍的儿子林之蕃，为鼓山吸江兰若写过一篇极漂亮的《吸江兰若记》。他在明亡后也寄心禅林，终身未仕清。在寄给周亮工的信中，他说自己："二三十年功名，转盼成空，荣辱毁誉，是非得失，总是梦中之梦。今日洗脚上船，正好作明心见性之事，始是英雄究竟。"

五人中，曹学佺应该是最有影响力的，他的故事也最激烈。清乾隆《福州府志》，他入《人物》之"忠义"项，文中说他："唐王立于闽中，起授太常卿，寻迁礼部右侍郎，兼侍讲学士，进尚书，加太子太保。及事败，走入山中，投缳而死，……以殉节著云。"1644年清兵入关，明朝崇祯皇帝自缢。次年七月，即清顺治二年（1645），明唐王朱聿键在福州称帝，改元"隆武"。在福州登基的唐王认为曹学佺为海内鸿儒，授学佺太常卿，随即又进尚书，加太子太保。可惜隆武只是一个风雨飘摇的短命政权。很快，隆武帝离开福州，并在汀州被清军擒杀。曹学佺闻讯后觉得大势已去不可为，遁入鼓山为僧，但城中有不死心者强行把他请下山，希望借他名望起事。刚两日，清军就杀入福州城。曹学佺沐浴，整衣冠，从容自杀殉节于离西湖不远的西峰草堂，并留下绝笔"生前一管笔，死后一条绳"，时年七十有三。

徐𤊹的诗友、福清人张宗道在游历鼓山后写过一篇游记，文中感慨道："山灵长在，游客几更。昔贤壁上文章，半为尘土所蚀。而泡沫之躯，且化为此间云气矣。"人们有时候觉得记忆太容易随时间腐朽，有时候又相信真正的价值意义一定能跨越岁月永被铭记。五贤祠建成之后，岁更人替，也曾一度无人看顾，倾塌在即。但追慕先贤之风自不会断，1997年，在政府支持下，热心人士资助修复成现貌，同时也清理了邻近的桃岩洞，让将来之有心人，来到这里后，还是可以有所凭借，去追述这些人的事迹。

闽刹之冠涌泉寺

林叶 文　林振寿 图

在中国东南，闽江从西北向东南，穿过绵延不绝的山峦，蜿蜒而下，汇入浩瀚的太平洋。江水汇纳半个闽地之灵秀，孕育出出海口——福州平原的丰盛富饶和历史名城福州的千年风华。在城中，阅读三山两塔与一条文脉中轴线，即可抓住福州在景观与文化精神上的大略。而在城外，最可代表福州城市而被阅读之地，仅选一处的话，非鼓山涌泉寺莫属。

涌泉寺天王殿

康熙皇帝御笔"涌泉寺"泥金匾额

涌泉寺大雄宝殿

一

和很多历史悠久的名寺一样，鼓山涌泉寺也拥有一个被神话了的开始。据传在唐中期，涌泉寺所在为一处深潭，潭有毒龙。当地官员从江西请来禅宗洪州宗的僧人灵峤入山，于潭畔诵华严经，龙遂离去。众感其德，于潭址建寺，迎师驻锡，名为"华严寺"。因有名寺，而成名山。因有名山，而寺更显。从此以后，鼓山人文长盛，而寺几经兴革，最终成为"闽境第一佛刹"。1983年，涌泉寺被列为全国汉族地区佛教重点寺院。

一千多年后，1929年暮春，弘一法师从厦门回温州，途经福州，在鼓山涌泉寺小住。这期间他到寺中藏经楼研读经书，发现这里保存了很多稀有的佛教经书刻版，分外惊喜。尤其是清初的《华严经疏论纂要》刻本，近世少见，殊为珍宝。于是弘一法师筹募经费印制了25部，一半留在国内，一半想要赠送给他留学过的日本。他找到了鲁迅的挚友、在上海的日本人内山完造代为办理。内山完造就问弘一法师，具体想要送给哪些寺院？法师回"一切托你"，并无多言。内山一时不知该如何处置，后来找了一位日本画家回国去同僧人商量，才确定下来赠送对象，分别是东京帝国大学、京都东福寺、京都黄檗山万福寺等。这十几份《华严经疏论纂要》运到日本后，日本人十分珍惜，又是拍照翻印，又是报纸登载，广为传播。

在弘一法师到涌泉寺之前，日本著名佛教学者常盘大定也造访了涌泉寺。常盘大定从1920年到1929年五次来到中国考察佛教古迹，第五次（1929）到涌泉寺。他以五次入华考察的所见所闻得出结论：涌泉寺藏经的价值堪称第一，是中国绝无仅有的。

唐中期始建的鼓山华严寺，经历了唐武宗时的灭佛运动而被毁。五代十国时期，闽王王审知又重新兴建，并请名僧神晏到此主持，号"国师"，称"国师馆"，后正式改名为"鼓山白云峰涌泉禅院"。宋时，宋真宗赐额"涌泉禅院"。明永乐年间改称"涌泉寺"。清康熙三十八年（1699），又得到康熙皇帝御笔"涌泉寺"泥金匾额。从唐至清，这里都是中国南方著名寺院，又因为常盘大定和弘一法师的因缘际会，福州鼓山涌泉寺后来在日本也很有名气，不少日本人知道了涌泉寺中收藏着很多珍贵的佛教典籍和刻版。

从宋开始，福州宗教经藏的出版就很出名。在福州完成的"三藏"，即东禅寺刻本《崇宁藏》、开元寺刻本《毗卢藏》、万寿观刻本《政和万寿道藏》，总卷数近2万卷，雕版超过40万块，镌字达3.01亿字，工程之大，堪称古代书籍刻印史上的奇迹。而到了明清，福州寺院刻书以涌泉寺最为兴盛，影响也最大。

清康熙初年，鼓山住持道霈禅师精通佛学，格外重视雕刻佛经，广为收集制作，所刻皆精美绝伦。宋代苏轼手写的《楞伽阿跋多罗宝经》，道霈找到极为难得的宋刻本，影抄精刻再版。弘一法师印刷的《华严经疏论纂要》，是道霈禅师自己的著作，并由他主持刊刻。除了寺院刻书，涌泉寺还收藏着皇家钦赐佛典。也是从宋代开始，朝廷多次向涌泉寺赐书，确切知道年份的有：清康熙五十三年（1714）赐藏经，由钦差护送入寺；乾隆七年（1742），再次得到御赐藏经。这些历朝历代以各种方式积累下的雕版和珍贵经籍，穿过岁月的动荡侵袭，至今仍留存2万多册，现藏于2019年修缮重新启用的寺内藏经楼。其中，清代康熙钦颁御藏便有12橱之多，包含了4橱明代藏经，如珍贵的《永乐北藏》《永乐南藏》等，还有历代高僧刺血写的经书，数量约700册，年代最早的为明代崇祯年间刻本。此外，还有来自印度和缅甸的贝叶经，尤为罕见。

二

鼓山涌泉寺是明清以来东南禅宗的重要道场。明清时期，大批闽人入台，将佛教传入台湾，其中与涌泉寺的渊源尤深。清代台湾隶属福建，台湾地区的僧侣受戒，必须到当时清政府指定的福州鼓山涌泉寺。史料文档记载一份清乾隆三十八年（1773）敕书，文曰：

"查闽省大小丛林，虽计二十有奇，惟闽县东关外鼓山涌泉禅寺，建自唐代，清朝康熙三十八（1699）、五十三（1714）等年及乾隆七年（1742），历奉敕赐御书藏经，寺宇整肃，为全省名胜福区。该寺住持、方丈，道行优长，僧众亦皆恪守清规。应请通饬各属，按照庵、堂、寺、观，遍行出示，谆切晓谕，凡有僧尼，年在二十以上、六十以下，应行受戒者，即赴闽县鼓山涌泉禅寺受戒。其虽系丛林，未奉清朝敕赐字样，亦不得开坛秉戒。从前冒开戒坛之处，永行禁止。如有隐匿违犯，一经发觉，严行治罪。"

当时，台湾僧众要取得合法的出家身份，理应前往鼓山涌泉寺受戒。台湾佛教史学者释慧严就说："在日本领台之前，台湾僧侣中稍具有知识身份者，除了少数的例外之外，均是受戒于福州鼓山涌泉寺或来自鼓山。"

这种深远的关系与影响力，从寺中多处可见的台湾人留下的碑刻和楹联也可以看出一二。在大雄宝殿，有1882年季秋台湾信众敬献的两副楹联："象教海滨来，主讲木鱼喧十地；龙灵天半伏，探奇石鼓冠三山。""青简遥传，历唐宋元明，天兴象教；绿榕环护，合东西南朔，佛镇龙灵。"在天王殿，有1908年台

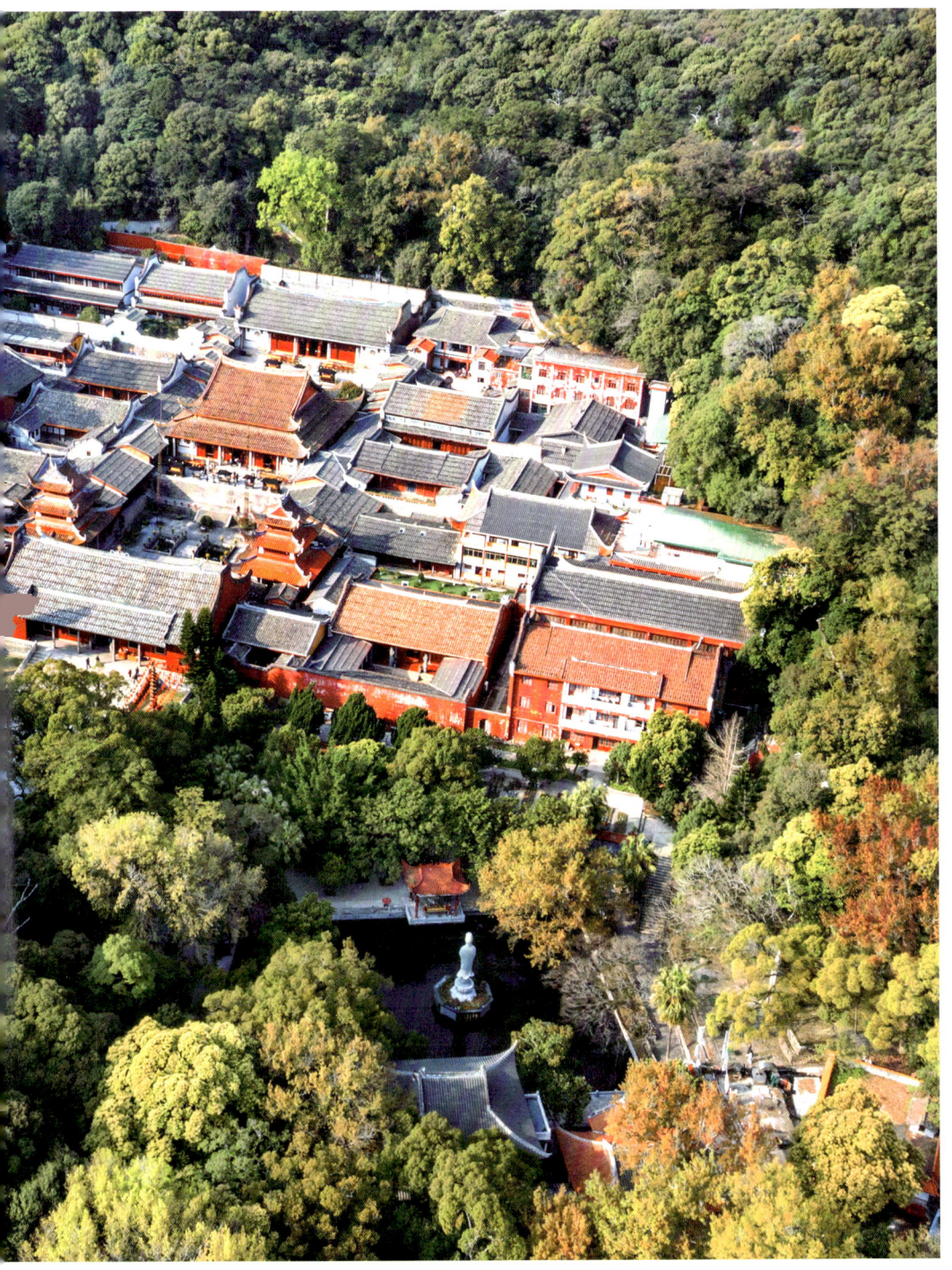

深山藏古寺

湾新竹人敬献的楹联:"世界大千,瞻微笑道容,愿众生皈依此地;法门不二,礼圆隆宝相,看名山高占全闽。"在山门亭石柱上,有1913年台湾台南人敬献的楹联:"石鼓喧海岛;灵泉润寰区。"联中"海岛"即指台湾,表达了涌泉寺传佛法至台湾之意。

三

名山名寺,名僧名流。达官显贵、文人骚客,无数人闻斯地有灵,而登览寻胜。如明福州人、吏部侍郎王克复为重建涌泉寺廨院所写的碑记中所讲:"予惟鼓山,全闽胜境也。……是寺实据江山之会,名公巨卿,骚人墨客登眺游览者,殆无虚日。远方来闽而往游者,十常八九焉。"这些接踵而至的游览者,开拓出了鼓山涌泉寺周边如岞崌峰、十八景、灵源洞、白云洞等诸多人文胜迹,也留下了《鼓山志》《鼓山艺文志》等专属文集涵养后人。

走进今日的涌泉寺,一进山门,松木参天荫古,日影静泊养心,那种不可多得的、经过岁月时间浸润的温厚古朴之气迎面而来。涌泉寺目前的建筑,多属明、清两朝以后重建和扩建,基本上保持了明嘉靖年间的格局,由天王殿、大雄宝殿、法堂、方丈室、祖堂、藏经阁、禅堂、念佛堂、库房、客堂、斋堂等组成,此外还有钟楼、鼓楼、学戒堂、放生池、回龙阁等,计有大小殿堂25个,占地16650平方米。整座寺院以大雄宝殿为中心,沿山坡地形层层上升,构成一组错落有致、庄穆静美的寺院建筑群。如果你是午后清晨早课或者下午晚课时间来到涌泉寺,僧人咏诵佛典经咒低沉绵密的声音,伴随着间歇响起的木鱼木铎等伴奏声,低回在寺中,便会在心中消解其他杂音。灵山梵呗,有一种抚慰的魔力,真可以让人暂时逃离尘劳,忘却心忧。

鼓山奇枫飘兰香

林宇/文 林振寿 马锋/图

鼓山古枫树上生长的寄生兰花

朱德一生对兰花情有独钟。无论是在战争年代，还是在和平时期，他对兰花的钟爱始终如一。

一生爱兰

朱德认为，兰花不是一般的花，而是我国古老文化的象征之一，应该保存下来，为美化环境和建设祖国服务。兰花不仅给他的生活带来了很大的乐

"灵源深处"牌匾前后的多棵古枫香树上都有寄生兰　蔡铁勇图

趣,也使人们看到了他充满生活情趣、感情细腻的一面。

1960年秋,朱德访问福州,见兰圃品种不多,就取出日本小原郎汇编的《兰花谱》三册,对园艺师们说:"日本朋友搜集这么多兰花资料不容易。书中说到建兰由中国秦代传来,种于凌河,又名凌兰。可以看出我国兰史之悠久,中日友好往来久远。我们要编出自己的兰谱来。"他还将春兰珍品"大富贵"送给了兰圃。这说明他对兰艺是何等关切。

朱德还喜欢育兰。他认为,育兰是为了美化环境,陶冶情操,挖掘遗产,流传后世。一次,朱德在著名园艺家周瘦鹃家里鉴赏良种名兰,交流经验。他对周老说:"我是一个兵,也是一个和你一样的园艺师。"临走,朱德把自己培植的一盆名兰赠给周老。朱德除自己观赏之外,还将兰花送给老战友。在毛泽东、刘少奇的办公室和书斋里,常常可以见到他赠的兰花。

鲜为人知的是,朱德挚爱福建的兰花,他曾经在1961年2月4日,第一次发现了福州的鼓山兰,为鼓山的兰艺事业奠定了基础。

循香觅兰

朱德每到一地，总要寻觅兰花的踪影。1961年2月4日，75岁的朱德委员长来福州，到"宁庄"拜会副省长陈绍宽，并赠送他一盆四川家乡的兰花。"鼓山有兰花吗？"朱德问道。"不清楚啊！"陈绍宽道。他请来私人秘书"福州通"潘守正老人询问，潘老也茫然。于是，三人一同驱车上鼓山。

在鼓山，朱德询问涌泉寺僧人："鼓山有兰花吗？"众人都说一向没有。

朱德来到回龙阁往喝水岩的那条羊肠小道，在一株大枫树下，骤然停步不前。朱德生平爱兰，似乎对兰花具有神奇的嗅觉和观察力，他举目察看后，说："鼓山兰花便生在此树上。"陪同人员却无一看到，众人半信半疑。鼓山游客每年总人数在几十万人以上，但从无人曾发现兰花。

此时恰好当家和尚释福慧远远地蹒跚而来，潘守正合十上前，说明朱德、陈绍宽二老来意。释福慧当即派了两个能爬善登的青年和尚上树寻觅，果然发现树上蔓延不少寄生兰，并采下了一束兰花，众人莫不叹服并欢喜雀跃。此后众人便称此树为"兰花树"。

临走时，朱德还向陪同参观的福建省委省政府领导、鼓山管理处的同志提议因地制宜，在那里建一个兰花圃，增加鼓山景区的景点，供游客观赏。他亲自为鼓山题写了"兰花圃"字匾。该匾至今仍嵌于通往福州鼓山胜境涌泉寺必经要道的拱形石门上，成为鼓山颇为吸引游人的景点。游人瞻仰石碑上朱德的笔迹，追怀这位共和国的功臣。

题诗鼓山

游罢鼓山，朱德欣然命笔，题写了《游鼓山》一诗："鼓山高耸闽江头，面貌威严障福州。纵有台风声猖獗，从来不敢到闽侯。"

朱德题写的"兰花圃"字匾　　　　　　　　　　鼓山兰花圃现貌

首句既是写鼓山的英姿，刻画其外形特征，更是赋予鼓山以人的情感，将它看成是一个不苟言笑、面貌威严的志士。他高高屹立，风雨不改，时时刻刻保卫着福州的安全。诗句以拟人化的手法，赋予鼓山以人的性格，为下句一语双关的议论作了铺垫。

"纵有台风声猖獗，从来不敢到闽侯。"这既是指自然界的台风，更多的是指政治上的台风——来自台湾的叫嚣之风。1961年，蒋介石集团叫嚣反攻大陆，并派小股武装骚扰福建沿海。当时，处于前线的福建在对蒋斗争中显得非常重要。因此，诗句表面上说的是自然现象，实际却带有较浓的政治意味，寓意深远。"猖獗"一词带贬义；台风"从来不敢到闽侯"，则是对福建军民粉碎台湾骚扰破坏活动的高度赞扬。这首诗仅仅四句，但让我们看到了朱德元帅在军情紧张之际的风度与气魄。

兰圃今昔

在涌泉寺门口的小径旁的两棵古枫树上，至今生长了几簇寄生兰。它们在离地二三十米的树丫上着生，开着烂漫的嫣红花，新兰放蕊，花香四溢，不少游人翘首观赏，拍手叫绝。

"文革"后，福建人民为了缅怀朱德，特对各种福建名兰如建兰、报岁兰、

每年春天，涌泉寺古枫香树上的多花兰如约绽放　桃小香图

春兰等加以保护发展。

1978年，福州市政府将鼓山的"兰花圃"迁至位于福州市区中心的于山风景区内，独辟10多亩地，配备了20多人的养兰技术栽培管理队伍。

1996年，于山建成的新兰圃景区设有天香亭、天香园、蕙芳亭、蕙芳室、蕙芳苑、赏蕙苑、览鳌亭、幽兰泉、幽兰阁、国兰洋兰观赏区等，并设有山水泉流的动静景观，成为一个古朴高雅、以兰为景的风景名胜区。

如今，福州各地的兰花素心展露，绽开晶莹秀丽的花朵，散发沁人肺腑的芬芳。人们见兰思人，总能深深感到朱德元帅的英魂与兰花同在，永世流芳。

在灵源洞附近，抬头可见树上寄生兰——细叶石仙桃开花

胜迹在山

灵源深处古洞幽

林叶/文 林振寿/图

两峰之间下裂一道深洞，两侧悬崖峭壁上，布满历代摩崖石刻

如果说涌泉寺是鼓山的魂，那么灵源洞就是鼓山的眼。透过这深邃浪漫的眼，人们能看到鼓山穿过了历史的深邃，留下无数浪漫造访者的心。

一

出涌泉寺左行，过迴龙阁，上行之后到"灵源深处"门洞，折行石阶古道而下，曲径通幽，便到了谷中之谷的灵源洞。两峰之间下裂一道深涧，林木荫翳，清邃拔俗，如仙居之处。两侧悬崖峭壁上，布满历代摩崖石刻，证明它曾经吸引过多少仰慕它的人到来。人们来到这里，留下最真挚的辞

39

藻，只为表达这份喜爱之情。

民国时期，作家郁达夫来鼓山游玩，看到这样的景象，也忍不住在他的游记中洋洋洒洒写下一大段："崖石、崖石、再是崖石；方的、圆的、大的、小的，像一个人的、像一块屏风的，像不知甚么的，重重叠叠、整整斜斜；最新式的立体建筑师，叠不到这样的适如其所。《挑滑车》的舞台布景画，也画不到这样的伟大；总而言之，这一区的天地，只好说是神工鬼斧来造成的，此外就没有什么话讲了。可是刻在这许许多多石头上的古代人的字和诗，那当然是人的斧凿；自宋以后直到现在，千把年的工夫，还没把所有的石壁刻遍；不过挤却也挤得很，挤到了我不愿意一块一块地去细看它们的地步。"

明代福州名士谢肇淛则感叹说："宇内名山铭刻之多，未有逾是山者，入灵源洞里许，削壁林立，殆无寸隙。"如果你对此人文典故有兴趣，想必是读上整整一天也不够的。

灵源洞中，最有名的是喝水岩。灵源洞的故事，就是从喝水岩开始的。唐末五代十国时期，闽王王审知以其治理开发闽地有功，而被尊为"开闽圣王""八闽人祖"。勤政简朴之外，王审知也有狂热崇佛的一面，这一点颇为人诟病。908年，王审知修国师馆，也就是今天的涌泉寺，邀雪峰寺高僧义存的徒弟神晏来当住持，倾国贶给之。清人修的寺志里说，王审知施给涌泉寺的财物，仅僧田就多至84000亩。北宋史学家范祖禹就在《王延嗣传》中讲道："闽俗喜佛，而审知亦溺于浮屠氏之说，穷极土木之功，以兴佛宇，财力殆困。"

就是这位备受王审知敬重的神晏，传说他在灵源洞诵经时，嫌山涧溪水激荡喧哗，干扰心神，就大喝一声，至此山涧之水断流，改道从东侧半山观音阁石壁涌出。喝水岩一侧的岩崖边镌刻着一方"宋代书法四大家"之一的蔡襄手书的"国师岩"三字题刻。这"国师"指的就是五代闽王王审知时住持鼓山的高僧神晏。

第一次来灵源洞的人，常会冒出一个同样的问题——"啊，没有水吗？"郁达夫也很好奇这事，他在文章中写道："实在也真奇怪，灵源洞喝水崖前后左右的那些高深的绝涧里，竟一点儿流水也没有，我去的两次，并且还都是在大雨之后，经过不久的时候哩。"

的确,从地理形势上看,这样一个植被茂密的山中深涧,经验上理应是飞瀑直下才是。这个问题科学上的解答只能留待专业人士。但民间文学上的答案,早已有了。那就是神晏用他的神力一喝,把水断流了。这个传说给了后人持续不断抬杠讨论的热情,对于神晏的这个做法,很多人表示不解。他们把这个事情上升到了哲学的高度,说神僧怎么会厌恶水声呢?觉得喧闹抑或是安静,和水有什么关系,还不是在于自己的内心吗?

其实灵源洞不是没有水,猜想是这里花岗岩体,又山体垂降,难以蓄水,所以瀑布水流的景观,往往很难保持太久。为了能够捕捉并且尽情感受灵源洞的水流激荡,清朝末代皇帝溥仪的老师、福州人陈宝琛干脆在灵源洞下方建了一个听水斋。到了降雨生瀑的时候,"始得恣吾听","如飚号雷殷,万马之奔腾也"。陈宝琛境界颇高,觉得这声音洗心涤耳,"喧极生寂",让自己的心找回了平静。

"无水亦佳",清康熙庚寅(1710)画家沈宗敬所题

二

回到自然之中,找到心灵的感动或平静,找到自己,是人类永恒的游戏。对于这样的寻觅,中国人从来不曾停止。灵源洞约200幅的摩崖题刻中,最早的来自宋代,著名的如蔡襄、宋代丞相赵汝愚、李纲,理学家朱熹,元代中书平章政事朵儿只班,明代吏部尚书王翱,册封琉球国使节郭汝霖,清代闽浙总督李率

桥廊中镌刻"灵源洞"三字，系同治庚午孟春题写

泰、福建巡抚佟国鼐，太子太傅陈宝琛，以及近现代的郭沫若等，书体则楷、行、草、隶、篆各体兼备，是鼓山风景名胜区摩崖题刻最为集中的地方。前人留字，后人感怀，重重叠叠，故事越变越长。徐𤊹在他写的《鼓山赋》里说，"摩名贤之篆刻，辨姓氏于前朝"，"怀古迹而心悸，感往事而魂销"。

灵源洞应该是鼓山最有文学氛围的地方。除了石壁上所见，翻开《鼓山志》及福州各代各类志书笔记，写及鼓山灵源洞的诗文极多，用现代人的话来形容，带给人的感觉就是：不到鼓山不算来过福州，到了鼓山不去灵源洞，不算来过鼓山。

徐釚（1636-1709），江苏人，清代著名医学家徐灵胎的祖父，清初著名的辞章家。他在康熙三十年（1691）远道而来鼓山游玩，很幸运的是，恰逢灵源洞山涧有瀑，他与同行的朋友兴致大发，在此品茶喝酒，写了篇很有魏晋名士风流气度的游记，今天读来仍然富有感染力。

这一天，"天渐开朗，再游喝水岩，过昨日所观瀑布，势稍缓，寻源至洞口，犹睹万斛珍珠，喷薄如故。憩涌泉亭，云气空蒙，若断若联，如蒙败絮。倏而白云沸布，微露远山翠黛一痕，又似修蛾横抹，相对叫绝"。

于是，"公漪携茶铛酒具，命童子挈榼至，余偕紫岩拾松子，汲龙头泉，烹武夷茶小啜，两腋风生。更涤器，坐蒲团细酌，襟怀酣适，竟欲忘归"。

玩得忘记了时间，"适僧厨亦携饭至，食毕。余与紫岩道游桥上，闻公漪在十仞下绝壑中呼啸,与泉声相应。余即扶杖拨蒙茸,由石磴蜿蜒而下,水深没胫,跣足涉乱流以济。仰睇岩壁,如龙像狮子,吞逐搏噬。注视久,公漪已冥坐国师岩,余趋至,岩广寻丈,内列石床一、岩外经桥下所受诸水从灌莽中流去,似潜蛟数十,腾跃咫尺。寒气逼人,不能久立。遂循磴而上,复浮数十白,云气渐收,曦光微露,岩际飞瀑,益觉晶莹,薄暮方还"。喝了酒,脱了鞋,踩到涧坑清凉的水中涤足取乐,并仰头冲着山涧肆意呼啸,与泉声响应和,这是怎样的一种快意浪漫啊。

这还不够,更有白天觉得不够过瘾,夜里来露营留宿灵源洞的,"夜矣,夜谈忘归石桥上,云冷露繁,客皆就枕,余独对岩僧趺坐,至月黑不寐。诘朝,从者告粮尽,始归"。此景此情,让人联想起了苏东坡夜游赤壁,"仰见明月,顾而乐之,行歌相答",乃至感到"飘飘乎如遗世独立,羽化而登仙"。

需要提醒的是,灵源洞风景不只此一处,沿着国师岩边窄窄的小径往前走,拐个弯,在它东侧数十米,还有躲在更僻静处的涌泉亭。被神晏改道的水就从这里的石壁上流出,后人在壁上饰龙首,使泉水经龙口而出,所以又称"龙头泉亭"。因供奉有明代铸造的观音像,故也称"观音亭"。这个亭,有说始建于宋,有说始建于元,最新一次是1946年毁于火,1949年重建。中华人民共和国成立后多次修葺,1986年又扩建,由观音阁、茶室、阁房组成。茶室对游人开放,用龙头泉水泡茶,会比平日更为甘美。更重要的是,茶室窗外绿林摇曳生姿,满眼生色;而山风清凉,吹进室内一股清冽,更是沁人心脾。懂得在这里品茗的,大多是极懂鼓山的老茶客。

般若苑外海天阔

六桥/文 林振寿/图

一

　　孔雀，被视为吉祥尊贵的象征，有优雅的体态、美丽的羽毛。孔雀开屏的时候，闪亮夺目，被视为祥瑞。在东方的传说中，孔雀是由百鸟之长凤凰得交合之气所生。在西方的神话中，孔雀是天后赫拉的圣鸟。

　　在鼓山般若苑，很多人就被寺院里优哉游哉的孔雀吸引住了。它们或地上树下悠然信步，或高卧

般若苑放生池和水上长廊

树上房顶发呆，成为寺庙的一道风景。孔雀本就被视为具有灵性的动物，在寺院之中的孔雀，看起来更多了些神秘。想象一下寺中无人的时候，这些孔雀俨然像是寺中守护者，看护着法地的庄严宁静。

不能说因为孔雀让到访者记住了般若苑，但因为孔雀，造访此地的人，的的确确感受到了格外的生机与奥趣，留下了更深的印象。

般若苑，在鼓山涌泉寺东面，绝顶峰的东南麓。从涌泉寺门口可以坐区间电动车，也可以走路，三五公里的行程。般若苑原名般若庵，始建于明，是鼓山涌泉寺的下院。《鼓山志》上说："般若庵，在保老洋。明崇祯间建，以居耕众。"般若，梵语Prajna的音译，读作bo re，音同"波惹"，意为"辨识智慧"，是认知一切事物和万物本源的智慧。现在看到的般若苑，是21世纪初重建的。2015年1月10日，新建成的般若苑进行了揭匾仪式。焕然一新的般若苑与一派古意的涌泉寺相呼应，被信众和游客列为鼓山打卡不可缺的一站。

一进苑门，就会看到一面巨大的石影壁，下有六只赑屃驮着，壁上书"空碎碎空"四个大字。再往里走，便是放生池和横卧其上的九曲长廊。过了九曲长廊，就来到寺庙主体的佛殿前。这是一座四合院，院子的最前面是护法殿，接着是主殿三圣殿，三圣殿后主要有悲智双塔和文殊殿。般若苑布局简洁，有园林意趣，整个寺院与周围的山水融为一体。边上还有"石鼓书香"接待中心，以佛教文化为主题，位于悬崖之上，可以看到山下城景和江景。

如果打开卫星地图查看，会看到，般若苑在整个鼓山景区的东南处，更靠近闽江和马尾，所以虽然不是最高点，但视野上更逼近开阔地带，观景是另外一种感受。如果你是喜欢徒步的人，这里继续往东南方向下山，也是条不错的徒步线路。走差不多一个小时，可以到一个叫天镜岩的地方。《鼓山志》记载："天镜岩……岩中有洞，深八丈，广二丈，上通一窍，其圆如镜，天光下瞩，故名。"这是一个露天的深洞，可以"坐井观天"，做一番别致的遐想。

二

天镜岩再往下，还会到扣冰古佛寺。扣冰古佛，是圆寂后人们对他的誉称。他原是藻光法师，唐末五代十国时期一代高僧，《五灯会元》《高僧传》中都有关于他的记载。关于他，流传最广的传说，就是冬天不用热汤沐浴，而扣冰盥沐。五代闽国天成二年（927），王审知的儿子、当时的闽王王延钧邀请八十五岁的藻光法师到福州讲学，称之为"王者之师"。藻光法师后坐化鼓山，得五色舍利。为纪念扣冰和尚舍利，闽王建了扣冰和尚舍利塔墓与扣冰古佛寺，至今已有一千多年历史。

关于扣冰和尚，还有一则有趣的故事记载在清黄任《鼓山志》的《外纪》中：

藻先禅师，世称"扣冰古佛"。闽王延钧闻其名，请至福州。王亲出城迎

般若苑大门

般若苑

入，馆于府治之水亭。啜茶次，师提起橐子曰："大王会么？"王曰："不会。"师曰："人王、法王，各自照了。"王大喜，延入宫，手持紫衣披之。事以师礼，师曰："感王之恩，止为十日留，愿大王以百姓为念，勿多杀。"留十日，以疾辞。问安往？曰："鼓山。"王遂亲送到鼓山。

闽王找高僧问道，高僧一句"人王、法王，各自照了"，道出你我不同之意，并劝诫王延钧："以百姓为念，勿多杀。"可惜这些话没有真正点化王延钧。从925年王审知去世到945年闽国被南唐所灭，王审知之后短短20年间，儿孙互相残杀，政权变换如走马灯，王延钧只是其中同样不争气的一位。这些让人感叹的闽地往事，虽然经历千年，还是在这片土地上留着一些隐秘的线索，给有心人去深入探究。

扣冰古佛寺再往下，就到了山脚，穿过机场高速，就会到福马路，这里已经是福州的马尾区了。

除此之外，般若苑所在的鼓山东南面，还有磨溪景区。磨溪原名龙溪，发源于鼓岭，向南流出山谷，林木蓊郁，怪石嶙峋，在马尾区快安村附近汇入闽江。磨溪水力资源丰富，民众在溪上设许多磨坊，故有"磨溪"之名。磨溪被文人光顾也很早，曾留有唐代石刻"元和二年（807）天大旱"，宋代长长坝题刻"宋大观己丑年（1109）"。民国二十五年（1936），时任福建省政府主席陈仪将磨溪划为暑期游览区，开辟公路，设茶楼，引福州各界来此远足，后因抗日战争而停止开发。

山中的路、山中的景点，和世间人事一样，成住坏空、兴废更替。即便痴迷鼓山者如魏杰，一生登临上百回，也无法了解其全部。鼓山自唐以来，人文不绝。所以今天的鼓山，在记入书籍、记入导游手册的景观之外，还有很多更小众、更隐秘的地方，是可以不断登临的。如果你已经来过鼓山，走过登山古道，到过涌泉寺、十八景、灵源洞、白云洞这些著名景点之后，还有进一步亲近这座山的愿望，建议你往东面相对偏的路线走一走。舍利窟、古茶园、般若苑……一路往下，捡拾古迹，感受偶遇"历史的角落"之拾遗心境。

山登绝顶我为峰

在东/文 林振寿/图

福州走出的有历史影响的名人，林则徐或数第一。对这样一个值得骄傲的人物，福州坊间自然不乏关于他的各种轶事传说。其中有一则流传甚广，说是林则徐少时就负有文名：一次老师带着林则徐等学童游鼓山，登上绝顶峰后，出题考大家。老师出"山""海"二字，叫学童们各做一对七言联句。当其他人还在苦思冥想的时候，林则徐脱口而出："海到无边天作岸，山登绝顶我为峰。"这不仅展现了林则徐的才气，更显示了他自小不凡的胸襟。同时，也为鼓山绝顶峰贡献了一则无价的广告。

"鼓顶"石刻

一

绝顶峰，也名"大顶峰""另崩峰"，状若覆釜，常年多为岚气笼罩。福州古有"鼓山戴帽，三日泥道"的民谚，就是说从山下看去，如果鼓山绝顶峰云雾密布，则日内将会下雨。

绝顶峰是鼓山最高处，2008年经国务院批准由国家测绘局公布的"第二批31座著名风景名胜山峰高程新数据"中，鼓山海拔高度870.3米。

当代著名作家汪曾祺走遍名山大川。他在20世纪80年代末来过福州，也登上了鼓山，后来在游记中写道："福州附近山都不大，鼓山算是大山了。山不雄而甚秀，树虽古而仍荣，滋滋润润，郁郁葱葱。福州之山，与他处不同。"猜测汪曾祺当时应该没有登上绝顶峰，鼓山虽不高，但卓然于群山，周围无山与齐，并且临江望海，登临山巅，其境界、气魄之雄壮是不逊于许多高山的。它自宋代起，就成为福州人观海观日出的最佳去处，也是俯瞰福州风貌的最好位置。《鼓山志》描述："南望双江，如带环绕，隔江诸山，如象奔虎踞，皆止于江干；西望郡城若图画，远近村落，若聚米，若布棋；北望万山，争奇竟峭，若拥而立其后；东望大海，一气茫然，螺髻数点，隐见烟波中。"

绝顶峰的人文记载，起始于北宋，据福州最早的方志《三山志》记载："先是不通人迹。咸平中，丁谓与诸公翊始披榛以登。"丁谓是北宋大臣，早年曾在福州为官。丁谓之后，随着鼓山名声的扩大，累代留下的诗文越来越多。人们极尽文采来描绘登临后的心境。"山中何所有，岭上多白云"，天地造化，绝美气象的加持，还真的催生了无数至今读来依然鼓荡胸襟的好文。

吴奇逢，福建晋江人，明万历三十八年（1610）进士。他好游山水，写过一篇《游鼓山记》，记录了他和几位朋友登上向往多时的鼓山，夜宿灵源洞，次日一早登上绝顶峰的情形。

"明日晨起，始跻大顶，四望如一。大海在其东南，长江环而为带，群山嶙崩，皆俯其侧，云气腾腾在下，骋目游思，悲欣半之。于是振衣长啸，岩谷皆鸣，不知宇宙间不足容一狂生也，是时天风四至，凛凛不可久留，遂相与抵山下，客各留墨寺壁，余乃援笔记之。"

二

登绝顶峰，最佳时间应该赶在日出之前，所以要享受最佳风景，需夜里就起床动身。福州籍的革命志士陈模，曾于福建船政水师学校肄业，后入芜湖海关佣书，与林森、陈其美友善，旋加入同盟会，又调往上海海关。二次革命，讨袁军兴，在洪宪帝制呼之欲出之际，陈模为陈其美制炸弹，欲刺杀上海镇守使郑汝成，事败被炸死，孙中山书"舍身为群"题其墓。这样一个刚硬之人，他青年时候重游鼓山，留下一篇《重游鼓山记》，其中就描述了夜登绝顶峰观日出的一幕，笔力充沛生动。

"兹山终古不改，得于十年后，使余重游旧地，人缘虽悭，名山之福犹获再享，亦幸事也。是夜辗转不寐，和尚云印极道绝顶胜景，邀余出游，允之。夜半首途，阴雾迷漫，咫尺莫辨。攀危岩，披茸草，踸踔于磊砢中，十余里，至朱晦

绝顶峰上，清同治年间船政大臣沈葆桢的"乐善不倦"题刻

绝顶峰上，宋淳熙年间理学大师朱熹"天风海涛"题刻

翁所题'天风海涛'处，有亭翼然，颜曰：观日。惜为时太晚，日驭已徘徊于空际矣。俯视四野，群山如丸，千林若荠，行云奔逃，疾如飞鸟。宿霭作雨，忽阴忽晴，碧梅接天，一色莫辨。近岩松涛怒吼，气象萧森，拉杂尘心，到此悉寂。"

除了游记文章，诗也极多。南宋赵汝愚的"江月不随流水去，天风直送海涛来"，元代帖木儿的"绝顶一声长啸罢，海天空阔万山低"，明嘉靖福州才子林世璧的"眼中沧海小，衣上白云多"，是其中佳者。

这样一处胜地，自然也少不了用以抒发情志和表明到此一游的石刻。绝顶峰也是鼓山摩崖石刻较为集中的一处，著名的有宋淳熙年间理学大师朱熹呼应好友赵汝愚诗文而写的"天风海涛"、清同治年间船政大臣沈葆桢的"乐善不倦"等等。

时间在走，山川不改。山上草木枯荣，百年如一日，可是山巅之下的城市风景却经历了沧海桑田。随着福州城市不断发展，如今福州中心城区早已扩大至鼓山脚下，闽江乌龙江两江四岸也早已高楼林立，桥梁遍架。今天站上绝顶峰，与宋元明清所见炊烟袅袅、渔歌互答等旧时景象已经截然不同。但那种立于天地，俯瞰人间烟火，由此获得的心灵通透感却是古今一致的。

近些年，沿鼓山、鼓岭至宦溪一线山顶，在视野开阔处修建了数量不少的观景台，让人们多了很多可以便利地登高望远、凝神抒怀的佳处。除了清晨日出时分，入夜其实也是登高的好时段，很多福州人会在晚饭后驱车上山，觅一处观景台吹吹晚风，看看山下万家灯火。一些比较讲究的人，还带上户外装备，就地泡上一壶好茶，三五好友山中漫谈，卸下一日疲惫，享受品质生活。随着好此者愈众，这项节目俨然已经成了这个城市当代惬意日常的一个新注脚。

眼中沧海小，洞里白云多

林叶/文　林振寿/图

白云是自古中国人情思所系，无数遐想寄予其中，以致以白云为名的所在，简直是数不胜数。行政上有白云区、镇、乡、村，再具体还有寨、洞、峰、寺等等。鼓山有白云峰，涌泉寺也曾名"白云峰涌泉禅院"，还有山下的白云廨院。单单在搜索引擎上搜索"白云洞"，也有十几个义项。好在福州的白云洞仅有一处，那就是鼓山的白云洞。至少在本地，没有被混淆的麻烦。

一

鼓山的白云洞，在凤池山西侧海拔超过700米的山崖陡壁中，因"倚岩为屋，石天为盖，白云混入，咫尺莫辨"而名。史志中有言："鼓山洞窟，当以白云洞为第一。"清代福州本地学者、曾为城中另一名山乌石山编著《乌石山志》的郭柏苍，认为白云洞在鼓山众多洞穴景致之中"以险胜"，"彼游石鼓者畏登㟁嵲（绝顶峰），登㟁嵲者畏寻白云，不到白云，不知山骨，而猥以灵源、般若傲人，亦已浅矣。"在郭柏苍看来，鼓山的"山骨"体现在白云洞一带。

白云洞是峭壁间一处200多平方米的平地，距平地2米多高有一块巨石突出，巨石与地面形成"凹"形空间，人们在其三边砌石，构成一间占地面积近200平方米的石屋。内筑僧舍，设佛堂。洞口有清魏杰楷书"白云洞"三个大字，字径70厘米。门额有

魏杰楷书"白云洞"三字题刻

"良心寺"题刻，洞内外及附近有"深处吾家""悬空踏底""空谷传音""登极乐境"等明清摩崖石刻40多段。站在白云洞前，俯瞰崖下，有"悬空踏底"之感。魏杰《夜憩白云洞》诗云："风清月白秋风飒，长啸一声岩谷答。洞门无锁老僧闲，云出云归自开阖。"

都说"天下名山僧占多"。白云洞这样一个好地方，也难以例外。在通往白云洞的积翠庵前，立着一座石构的墓塔，上刻"法海开山碧天宗和尚塔"。这个"碧天宗和尚"就是明万历年间最初开辟白云洞的悟宗和尚。明代福州名士谢肇淛写过一篇《新开白云洞碑》，里面用超现实的笔法，讲述了悟宗开辟白云洞的故事。

悟宗先是在鼓山灵源洞国师岩苦修两年，然后又在鼓山凤池结茅屋苦修五六年。有一阵子，他"每夜见圆光，自他峰飞至，熠熠烛天，初谓野烧，继疑游磷"。于是他就循着光前去，在五里多外，荒草荆棘之中看到一块巨石。"穿石抉土，土尽而得洞二：上小者为海音洞，稍下高广，延袤二丈许，如覆钟，如削玉者为白云洞。"

鼓山史话

白云洞风光

事实当然并不是这样轻而易举，而是"腰镰诛茅，与佣保（雇工）杂作，手足皲瘃（疮）龟坼（冻裂），若不闻也"，辛苦之极。

这样一处原本人迹罕至之地，虽悟宗开发建寺，并渐闻名于当地。但毕竟还是僻静所在，是一个理想的修行之地。自悟宗之后，高僧应不少，但愿意隐居于此的，肯定不求闻达，所以记载不多。郭柏苍曾记录过他遇到的一位在白云洞修行的僧人。向导引路的僧人径直称呼这位在洞里的僧人为菩萨，"见其拥二巨蟒宿，如抚婴儿。今貌愈古，眉交于睫，方以草茎绽衲，见客不理；但拾生薪煮茶，薪香郁郁，从石罅出，茶熟，味之甘洌，倍于寺，盖吼雷湫也。夫草茎易绝，湿薪无焰，僧若不厌其劳，惟道气胜，故能受苦况，此其所以为修身之学欤？"另据记载，在20世纪三四十年代，洞里还住过一位净参禅师，静功很高，每日红光满面，笑如弥勒。

二

通往白云洞的路仅有两条，一条从上往下从凤池山的羊肠小道直下白云洞，另一条是从山脚鼓山镇的埠兴村登山。后者路窄险隘，攀登艰难，但途中殊胜。明福州诗人、名士徐𤊹就说："白云洞之奇，不在洞而在径。"形容这条登山之路"怪绝透蛇"，有"不穷之趣"。如果说前往涌泉寺的古道是话题不断、万众瞩目的流量明星，那么这条前往白云洞的登山道就是有些孤僻低调、却更受认可的实力演员。

登山台阶走上一小段后，可以看到路边刻着几个数字——"到积翠庵路口800级""白云洞3170级""山顶3938级"，比登到涌泉寺的古道要长，也要险得多。登山路线大致被分为4段：一是从起点到积翠庵路口；二是从积翠庵路口到龙脊天梯；三是从龙脊天梯到白云洞；四是从白云洞到凤池顶。其中最被本地登山者津津乐道的就是第三段的天梯"龙脊道"。这段岩壁上凿出的石蹬路，几乎呈45度角。其中一段鸟道，路左边石壁斜垂欲坠，右侧是悬崖，中间宽的地方也就两三尺，窄的地方仅容一脚板。

1936年，郁达夫曾和朋友游历白云洞，这段经历写在了他的系列散文《闽游滴沥》第四篇中："从寺门走出，往下向绝壁里下来，经过陡削直立的头天门、二三天门、云屏、挹翠岩，与夫最危险的那条龙脊路，而到凡圣寺的一段山路，包管你只叫去过一次，就会得毕生也忘记不了，妙处就在它的险峻。同去的何熙曾氏，是曾经登过西岳华山的绝顶的，到了龙脊路上，他也说，这一块地方倒确有点儿华山的风味。"晚清福州学者郭柏苍，也写过一篇《三游白云洞记》，同样描述了这段险路："入一天门，经龙脊道，其石滑泽如瓜皮，上削而旁刿，以手代足。下俯绝涧，行者若着屦登霜桥、雪岑，稍一疎虞，骨辄破碎，至三天门，隘甚，众皆侧度，肥者苦矣。……踏石磴七百余级，磴尽而坪，坪尽而洞。"

1998年，本地登山山友们集资，在这段路上浇筑水泥柱，拉上铁索，安全系数已经大大提高，但初来者还是免不了战战兢兢。龙脊道的右边，长满青苔的绝壁上，刻着"吼雷湫"三个字。"湫"指水潭、水池。听说是雨季时候，一股水流会从高涧飞注而下，声若雷吼。如若不懂得这真正的缘由，"吼雷"两个字看起来挺能壮胆，倒也挺适合出现在这个位置。人们正在逶迤的险道身心紧绷着匍匐向上之际，风吹松动，万仞峥嵘，此刻进退不得，也只能忍住心头的害怕，对着山间吼上两声，虽然不能立马气贯长虹，但大概率还是能添一把力气与勇气。

容易得到的糖不甜。正是有这样的不容易，登山之后，人获得的快感也是加倍的。一路疲惫与害怕甩到后面，抬头看到了白云洞，无不格外兴奋，豪迈之情溢于言表。郭柏苍就用他文人的才情写道："洞前累石为台，溪光山影，海鸟汀云，不可辨识，惟大桥如缕仆地，七城直一团小烟树耳。"

白云洞一线，还有不少其他景观。山脚往上先有积翠庵，也是悟宗和尚始建。当时他常常把积翠庵作为接引之所迎来送往，"香茗名山出，清斋野衲陪"。到龙脊道前原本还有凡圣庵、观瀑亭，庵只剩石外墙，亭已颓圮。白云洞之上，还有海音洞，海音洞继续往前，还有凤池山与浴凤池。虽然也有很多往事可以追溯，但总的来说，都已经远远不及白云洞本身的声名了。

闽溪第一溯鳝溪

林宇/文 林振寿/图

鳝溪美景

闽都第一溪——鳝溪（善溪），是福州环境优美、山水灵秀、充满神话传奇的一处胜地。它位于福州晋安区鼓山之北，其溪水发自鼓岭，汇合蜡山和莲花山南北水流，分流入闽江。

"鳝溪"获名缘由

据史料记载，白马尊王（白马三郎），本名驺寅，是闽越王驺郢的第三子。

驺寅侠义英勇，武功高强，尤其精于骑射。他经常骑着白马，带十八家将巡游，为保境安民、造福百姓做了许多善事、好事，为民众解决了许多难题，因此深受当地老百姓的景仰和爱戴，被尊称为"白马三郎"。

据明代福州学者王应山《闽都记》等书籍记载，在闽越王驺郢的时代,今晋安鳝溪一带有一条巨大的"鳝",三丈多长,经常兴风作浪,毁田、毁船,伤人,老百姓深受其害苦不堪言,便向驺郢求救。

驺郢膝下有三个儿子。他叫来三位王子问:"谁能替本王除害?"三子驺寅挺身而出说:"儿愿拼死相搏。"于是他佩戴弓弩骑上白马,带上五位大元帅和十八位部将,直奔大鱼作恶处而去。一场恶斗,溪水为之变色,山岚为之黯淡,那条大鱼凶恶无比,从溪水里向三太子直扑而来。三太子箭镞三发都射中其要害,并驱马上前挥剑斩杀。受伤的大鱼垂死挣扎,用尾巴把三太子连人带马缠住。三太子虽精疲力尽,但依然和大鱼英勇搏斗,直至同归于尽,同去的五大元帅和十八位部将也全部牺牲。

关于驺寅为民除害的故事,清代道光年间福州学者林枫在其乡土志《榕城考古略》中也有详细的记载:"山峡有二潭,下潭广六尺,深不可测,距上潭五里。相传闽越王郢时,有大鳝长三丈,为民害。郢第三子号'白马三郎',以勇力闻,射中之,鳝缠以尾,三郎人马与鳝俱死,害遂绝。邑人立庙祀之。"

在很长的一段时间内,许多人误传驺寅除掉的是鳝鱼。在南宋淳熙八年(1181),一位叫陈垲的侍郎考证后认为,驺寅除掉的应该是鱕。鱕,古书里记载的一种大型的凶猛海鱼,吻部呈剑状突起,其边缘具锯齿,类似现在的锯鲨、锯鳐一类的鱼。"鱕鱼鼻有横骨,如镭,海船逢之必断。"

遥想两三千前的福州还是一片茫茫海水,只有屏山、于山、乌山和大庙山等如岛屿浮于海中。那条鱕鱼随海潮游入闽江上游至各条溪流,对行舟船的人和岸上百姓造成危害。

为此,陈垲发出布告,"帖县改正","闽令承命易匾,以善溪名"。换言之,在800多年前,鳝溪被改名为"善溪"了。

白马尊王信俗

白马尊王即白马三郎驺寅,他是闽东重要的本土神明。为纪念为民除害的三王子驺寅,西汉百姓们尊崇他为白马王,立庙称"广荫",后称为"广应",春秋

鳝溪白马王祖庙

祭祀。广应庙里塑有驺寅的金身,据说他胯下还压着那大鱼的头颅骨,让它永世不得翻身。

在历史上,为民除害的驺寅多次被朝廷追封。在唐代,驺寅被朝廷封为龙骧侯;五代时,他被封为弘润王;在宋代,他被封为冲广应王、佑王。驺寅的祖殿建造在晋安区鳝溪景区河岸。

自从驺寅被百姓信仰、崇拜之后,历史上在其庙祈雨便十分灵验。据白马王祖庙理事会负责人王立济收集统计,从唐朝贞元十年(794)到1927年的1100多年内,很多达官贵人和名人雅士,都到过该祖庙祈雨,史料中能找到的祈雨记载就有11次之多。驺寅也被尊为"司雨之神",并逐渐在福州及其周边流行。南宋丞相李纲游鳝溪时曾题诗曰"千年鳝骨专车在,百丈龙湫瀑布重"。白马王祖庙可谓流芳千古!

今天的福建和江西、浙江部分地区,曾经属于闽越国的疆土。在这些省份以及台湾岛、马祖岛以及东南亚等地,建有100多座较具规模且和白马王祖庙联系密切的白马王分庙。

鳣溪美景

在马尾有两座白马尊王庙，它们应该是晋安区鳣溪白马王祖庙的分庙。这两座白马尊王庙，其一叫闽安北坛白马尊王庙，其二叫南门外白马尊王庙。

目前，连江县马祖上各村落都保留着摆暝烧马粮的习俗，其供奉对象便是白马尊王。"摆"是陈列、摆放的意思，"暝"即是"夜晚"，意为在晚上摆设好供品祭神的仪式。又，"摆"与"排"方言同音，"摆暝"也指地方庙宇在夜晚举行酬神活动。

闽都第一溪

"山不在高，有仙则名；水不在深，有龙则灵。"鳣溪就是一处山并不高却有仙气、水也不深却有灵韵的名胜。

下游穿越自然村，北为后溪，南为前溪，明代称"桑溪里"。鳣溪之水源自鼓岭，汇合蜡山和莲花山南北水流，从东北折向西南，与城东郊河浦、田地纵横环绕，分流入闽江。

上游山如列屏，林木葱茏，小道崎岖；中游怪石嶙峋，岩洞诡异，幽涧流泉；下游地势舒缓，古榕广荫流水涓涓。20世纪70年代前，周边植被高大茂密，夏日清凉宜人，常有鸣禽翔集又有花草飘香，令人心醉神迷。近几年游人渐多，但仍基本保持原有面貌。站在山上，可以俯瞰双溪及"竹屿、横屿、前屿、后屿"远近诸村的秀丽风光。

鳝溪全长约三公里，蜿蜒曲折，因山势起伏而跌宕，在千回百转中不断展示其千姿百态：或集聚为飞箭般奔突而下的激流，湍急处数步之内难闻语声；或高悬为瀑，从石峡倾泻而下，击起层层浪花；或缓缓地在石面上流淌，像一匹锦缎织着沿溪的树木花草和天空的流云；或幽陷为许多深渊碧潭，以灌心潭、鳝鱼潭为最，深不见底，可供水上游乐。水因山秀、山由水活，塑造了鳝溪的自然美景，也造就了"闽都第一溪"。

鳝溪自高而下，逐级形成落差，溪旁乱草丛中留有多处残垣断渠，间陈残缺的磨盘和石臼，那是昔时水碓磨坊的遗踪。20世纪60年代前，这里的磨坊多至50座，每逢收获季节，乡民聚集其间，水声、轮碓声、笑语声、鸟鸣声喧杂一片，热闹非常。

溪流浅处水清似镜，透明无色，深处碧绿如玉，幽幽然发着潮润的光。溪中有无鳝鱼不得而知，但见一只只黑褐色的小螺，吸附在石上，密密麻麻。乡民说，这种香螺清凉解毒，既是佳肴，又可入药。在或大或小的水潭中，还有一群群小鱼，大小不过一指，悠然自在。只有到了雨季，溪水暴涨，它们才有机会顺流而下，去领略外面的世界。

与鳝溪水的灵动相谐，那遍布溪中的石头，就像刚柔相济的凝固的乐章，又如印象派雕刻大师的巨型杰作。大小、形状各异的溪石，挤挤挨挨地堆满峡谷，如果不在水大的时候来，把鳝溪称为石溪倒很贴切。游玩鳝溪，主要在石头上。年纪大的，喜欢坐在石影里神聊。年轻人，有的几个凑在一起，找块平坦点的石头休闲，有的仰卧石面看云来云去，有的踞石而坐观山景。一些姑娘、小伙溯流攀岩而上，每征服一块巨岩，都有一份胜利的喜悦。如果走得又热又累，可打坐于净溜的岩石上，将赤脚垂浸水中，顿时便觉得如婴儿的嫩手在轻抚，惬意极了！

水量充沛的时候，沿溪谷可见掬珠潭、二龙戏珠、闻音、千流、天石滩、三潭、仰天谷、水云、柯坪等瀑布群，较大规模的近二十处，十米以上的不下十处，有的高达 30 米。鳝溪最妙的情景，是在春末夏初新雨初霁的时候。雨后的阳光饱含着湿漉漉的水气，从松树缝隙洒落在岩壑间和溪水里，拖红曳绿，流光溢彩。"龙首"岩上的瀑布倾注而下，冲潭激石，电炸雷鸣，飞珠抛玉，然后箭一般地直冲下游，令人惊魂摄魄。远观之，则白练如素，长垂天宇，叫人遐思无限。

鳝溪射鳝潭一带有宋朝至清朝的 10 段摩崖石刻，是这里重要的历史文物、人文景观，1961 年 9 月被列为第一批市级文物保护单位，保护范围为鳝溪两岸岩石，包括广应庙及其台地在内。比较著名的有：北宋刘瑾题记、明代黄兴宗等题记、清代胡玠题刻等。

鳝溪榜书

鼓山茶香飘丝路

凡/文 林振寿/图

鼓山，清心福地，闽都镇山，半岩名茶出鼓山。鼓山半岩茶因地处半山腰，茶树多倚岩而生而得名，福州方言"柏"谐音"bó"，即附着之意，故又称"柏岩茶"。鼓山自唐代植制半岩茶，到明清时期鼓山茶园发展鼎盛，茶史绵长而精彩。

清代黄任在《鼓山志》中记述："王敬美督学在闽，评鼓山茶为闽茶第一，武夷、清源不及也。"周亮工《闽小记》称："鼓山半岩茶，色、香、风味当为闽中第一，不让虎丘、龙井也。"半岩茶茶汤色浅黄，入口后回味鲜爽甘醇，被历代文人称为"闽中第一"。如今在鼓山的相怀梅园内还藏着一处古茶园遗址，数十丛古茶树茁壮生长，供游客寻味千年茶韵。

鼓山山脉优渥的环境促成了人与自然和谐共存，孕育出了底蕴深厚的鼓山茶文化。鼓山茶文化是闽都文化的重要元素，它的发展也是"海丝茶路"重要的组成部分，对福州成为"海上丝绸之路"城市产生了深远的影响。

漂洋过海的鼓山茶

五代十国时期，闽王王审知十分重视鼓山茶的种植和生产，以茶叶收成供养寺院费用，鼓山茶园面积不断扩大。为了积极发展海外贸易，王审知曾在福州举办"万人大佛会"，福州港出现了"万国来朝"的盛况，极大地促进了"海上丝绸之路"的发展。

古茶园遗址

在王审知的大力推动下，当时的福州成为中国茶叶出口最早的口岸之一，茶叶出口量巨大，茶叶种植也应时而迅速铺开，"海丝茶路"成为官府主要的财政收入来源。鼓山半岩茶也通过海丝之路远销海外。五口通商后，福州港成为海上丝绸之路上驰名中外的"世界茶港"，鼓山半岩茶销路火爆，并逐步催生鼓山茶园扩大种植，扩展至凤池、茶洋山、鼓岭等地，营造出碧绿馥郁的万亩茶海。

鼓山茶与儒家文化

闽人蔡襄，北宋名臣，著名书法家、政治家、茶学家、文学家。蔡襄在茶史上有两大贡献：一是亲自研制出宋代的绝顶贡茶"小龙团"，蜚声全宋；二是写作继陆羽《茶经》之后最有影响的论茶专著——《茶录》。蔡襄为发展福建茶叶作出了巨大的贡献，曾亲自负责福建贡茶的监制。蔡襄喜欢喝茶，还很喜欢与人斗茶。据传蔡襄任福州知州时，常同友人登鼓山，取灵源洞龙头泉水泡茶，谈古论今。在灵源洞，至今留有宋庆历六年（1046）蔡襄等人的游记题刻："邵去华、苏才翁、郭世济、蔡君谟庆历丙戌孟秋八日游灵源洞。"蔡襄游鼓山煮水喝茶时，经常流连忘返，有一次经随从一再催促，始知暮色已降，遂书"忘归石"三字，镌刻在灵源洞，成为传世经典。

明代文人徐𤊹在《在杭乔卿诸君见过试武夷鼓山支提太姥清源诸茶分赋》中写道："北苑清源紫笋香，长溪旸崩盛旗枪。洞天道士分筠筥，福地名僧赠绢囊。"《八闽通志》载："福州府茶，诸县皆有之，闽之方山、鼓山，侯官之水西，怀安之凤冈尤盛。"

福建省现存最早的地方志《三山志》也引《唐书·地理志》："福州贡腊面茶，盖建茶未盛以前也。"清代李拔《茗溪清泉》中写道："万树佳茗生玉泉，雪花潋滟自溅之。等闲采得香偏胜，活水烹来不用钱。"

以上名流仕宦在不同历史时期，都证明了福州尤其是鼓山在历史上就是有名的贡茶产地，福州自古就出产名茶，鼓山柏岩茶、方山露芽等就是其中代表。中国茶文化受到了儒家思想的极大影响，二者之间互相影响，互相融合，逐渐形成了现如今的样貌。它不仅贯穿着每一个中国人的日常生活，其影响甚至随海上丝绸之路，到达了世界各地，并对世界经济产生影响。

鼓山作为茶产业发祥地，也孕育出了底蕴深厚的茶文化。千百年来，勤劳智慧的闽都百姓演绎着一幕幕质朴感人又富有文化底蕴的闽茶故事。这些故事通过海丝茶路，让福州扬名海外。

鼓山茶与佛教文化

五代时期，闽王王审知通过佛教活动积极发展海外贸易，同时推崇"禅茶一味"，开辟了鼓山茶、福州茶的丛林之路。

扣冰藻光古佛为当时以茶参禅泰斗，王审知将时年80多岁的扣冰法师邀请到福州。《五灯会元》记载："闽王躬迎入城，馆于府沼之水亭。方啜茶，提起橐子曰：'大王会么？'王曰：'不会。'师曰：'人王法王各自照了。'"这段人王法王茶会对话成为经典，法王道出了食茶真谛"以茶净心"，这也是寺必有茶、僧必善茗的道理所在。扣冰法师推进了鼓山半岩茶与武夷山岩茶的交流,并携"禅茶一味""吃茶去"移锡涌泉寺弘法,圆寂于涌泉寺。涌泉寺自建寺以来便有普茶习俗,而扣冰法师创下"涌泉寺普茶"法事,传承至今。他还将中国寺院的禅茶文化推向一个高峰。为此,禅茶界有北"赵州"南"扣冰"的说法。20世纪80年代,一位日本佛教禅门住持带领一班僧众漂洋过海,在大年三十匆匆赶到涌泉寺,就为一睹普茶法事。"涌泉寺普茶"习俗如今已成为鼓山茶文化的重要元素。

明清以后,住持涌泉寺的名僧辈出。随着涌泉法脉的不断壮大发展,涌泉寺甚至被誉为"闽刹之冠",成为明清以来东南禅宗的重要道场。妙莲、虚云、圆瑛等涌泉寺高僧大德在海内外留下了道踪法影,极大促进了涌泉寺在海外佛教界的影响力。同时,鼓山半岩茶也因涌泉寺的影响,沿着"海丝茶路"去到东南亚、西亚等遥远的佛教国家。"茶禅一味"在更广袤的土地上生机盎然,蔚然成林。

万亩茶海"茶洋山"

明清时期,鼓山半岩茶享誉海内外,使得茶叶种植面积不断扩大。茶园扩展至现今的鼓岭,形成万亩茶海——茶洋山。现在鼓山磨溪东侧的山地仍叫"茶洋山"。清初,福州盐商魏杰写的《茶洋山》一诗,中有"孰意高山处,宽平万亩园。武夷茶可种,石鼓岫同尊"之句,意思是说茶洋高山,山顶宽敞平坦,有万亩茶园,可种武夷茶,与鼓山茶一样受到推崇。

五口通商以前,鼓山鼓岭茶同其他闽茶及江西、湖南、湖北等省份部分茶叶,由武夷山邵武一带经陆路北上过江西,经两湖、两河,由蒙古到俄罗斯及欧洲,创造了"万里茶道"的神话。

五口通商以后,福州港成为中国最重要的茶港。鼓岭万国公益社作为近代福州外国人聚集的俱乐部,有英、法、美、荷、俄等20多个国家成员。鼓岭有三大洋行,即万兴洋行、太古行、禅臣洋行,以及怡和洋行、美孚行等从事茶叶贸易和海运的大洋行。这些洋行人员与国内众多商贾名流聚集鼓岭,从事教会、医

位于鼓山半山腰的茶园

疗、教育工作，同时，也从事茶叶有关经贸交流。1900年7月，闽海关下属的鼓岭邮局开埠。这意味着在鼓岭上就能不同程度代办茶叶出口等对外贸易，极大地便利了在鼓岭上避暑的外国商人和国内的商贾。在这个时期，鼓岭鼓山上均遍植茶叶，种茶、制茶、喝茶、买卖茶，一片繁荣。

鼓岭茶与"万里茶路"

自17世纪末开始，伴随着俄罗斯市场对茶叶需求的不断增加和中俄茶叶贸易的逐渐兴盛，以大盛魁商号为领头羊的晋商抓住机遇，贯通了南起武夷山、北达俄罗斯圣彼得堡的茶叶贸易之路。这条长达1.3万公里的贸易通道被称作"万里茶道"。

在近代，鼓岭的美国、英国等国洋行采办，在武夷山、邵武一带都设有洋分行，从事茶叶生意。到了夏天，在闽北的大部分外国

鼓山观景台　陈奇图

古茶园遗址

人与华东、华南及香港、澳门、台湾地区的部分外国人又汇聚到福州鼓岭，进一步洽谈与茶叶生产贸易、出口有关的事务。

江西、湖南一线的茶叶通过闽西北与武夷山邵武周边的西路茶汇合后，从闽江上游水道顺水而下，抵达下游的福州港。鼓岭上的外国人密尔顿·加德纳、福益华、穆爱仁，以及美国驻福州领事馆领事葛尔锡也是著名的茶商，经常往返于福州与南平、宁德一带。鼓山鼓岭形成了"海丝茶路"与"万里茶路"交相辉映的景象，说明"万里茶路"的始发地与鼓山鼓岭有着千丝万缕的联系。

在具有独特地理环境和海纳百川的人文底蕴的鼓山鼓岭这片土地上，演绎出了许许多多感人的故事，也为福州这座古老的海丝城市增添了浓厚的"国际乡愁"，成为闽都推进"一带一路"发展的深邃背景。

第二章 摩崖铭山

神晏诵经叱水改道的传奇曾引发时空相隔的文化论辩。峻拔苍崖间，竟隐藏一个未曾获得关注的女书家群体……

本篇章选取鼓山上最重量级、最具有代表性的摩崖石刻作品，探究那些名宦士绅在鼓山留下精彩题刻的心理动机，深入解读鼓山的深厚历史文化积淀。从独特的角度，展示鼓山被寄寓的情感与向往。

鼓山论剑说"喝水"

林山/文 林振寿/图

鼓山是福州镇山，历来是著名风景名胜区。《三山志》说："建中四年，龙见于之灵源洞。"灵源洞是鼓山名胜的翘楚，其中最精彩的是"喝水岩"。用李纲的话说是："岂惟冠一方，实最东南胜。"

据乾隆版《鼓山志》记载："喝水岩。在灵源洞下。五代时僧神晏诵经于此，恶水声喧聒，因叱之，水乃逆流于东涧，西涧遂涸。"如此，"喝水岩"本该称"叱水岩"。从"叱之"可知，"喝水岩"的"喝"，是"大喝一声"的"喝"，而不是平常"喝东西"的"喝"。

位于灵源洞东侧的民国萧廿亭的"哈？呵！"石刻 桃小香图

说起来，事情挺简单的。五代后梁开平二年（908），应闽王王审知邀请，神晏法师上鼓山居寺住持。某日，估计是雨后，神晏在这里念经或打坐。身边脚下的灵源洞山涧溪水奔腾而下，稀里哗啦，强烈的噪音，分贝很高。法师嫌吵，忍不住大喝一声。神奇的事情发生了：刚刚还喧闹狂叫的涧水，突然缩了回去，悄悄在岩石下改道，从东侧半山观音阁石壁涌出。"岩中独坐时"感到耳根清净的神晏法师留下这段公案。

神晏诵经叱水改道的传奇故事，经宋嘉祐六年（1061）福建提刑施元长题写"喝水岩"后，刻于灵源洞弥勒阁旁峭壁上，相当于"板上钉钉"的史实。此后，历代官员旅者、文人墨客来到这里，听说此事，都触动脑洞开关，围绕这段神奇典故，纷纷"拔剑"参与这场相隔时空的鼓山论剑，或挥毫题刻，或咏诗填词，乃或作文赋句，各抒己见，精彩纷呈。

剑锋所指，首先是对事情的本源提出疑问。

万历十一年（1583），福建布政使、湖北沔阳人陈文烛《游鼓山记》说的版本与《鼓山志》不同："稍北为喝水岩，岩傍有龛，相传水旧穿石壁。五代时有异僧入定龛中，厌其嘈聒，喝令右转。或地脉迁移，偶神其说耳。"说可能是地质变化的原因，造成泉脉改变，然后附会成神话。

明代福建督学佥事游明的《游鼓山记》则毫不客气，直接说此事"诞妄不可信"。

"喝水岩"刻于灵源洞弥勒阁旁峭壁上，楷书，字径67厘米，系宋嘉祐六年（1061）施元长所题

有的人侧面一剑，对神晏喝退溪流的"神通"提出疑问："尊者何年问此禅，一声喝断水之源。如何有许神通力？犹计当年寂与喧。"这是宋时秦王赵德芳八世孙赵希代的题刻。

有的明确表示不喜欢法师的"喝水"行为。如宋时徐锡之在洞南壁的题刻："重峦复岭锁松关，只欠泉声入坐间。我若当年侍师侧，不教喝水过他山。"认为这一带山林风景绝佳，只缺少泉水的声响，如果我当年在法师身边，就会劝他别把泉水喝退。

福建布政司左参政王世懋，在明万历十三年（1585）游鼓山，先是因为这么美好的生态环境，居然没有泉水，感叹灵源洞"洞形势甚伟，而酷恨无泉"，然后鸣不平，"大为游人减兴"。在知道是法师所为后，话如剑锋："今安得复喝之来也？"

明代闽县吴兆衮读了王世懋的文章后，深表赞同。他在《游鼓山记》中说："喝水岩，前督学王公敬美（王世懋）谓'灵源第一奇观，惜无潺湲声，少减其趣，今安得复喝之来'？信然！"意犹未尽的吴兆衮，还吟诗《灵源洞》表示怀疑："当年一喝知何意？未必真禅果避嚣。"

浙江举人张蔚然也对王世懋的说法有同感，他在《游鼓山白云洞记》中说："相传晏安禅涧窦中，厌水声之嘈，试用临济法，乃西枯东溢。王敬美惜之，谓安得复喝之来？"并放开思路说："予姑无论枯涧是晏喝否，第此际自胜，宁必藉水。"最后一剑封喉："即声即空，何西何东？喝去喝来，病一般耳。"

近代福州才女薛绍徽，"上巳日随绎如伯兄游鼓山登喝水岩"，有感而发，填词《玉女迎春慢》，对这个典故进行调侃："笑彼枯僧，倒喝源泉东逝。"

二

来论剑的，也有法师的"剑友"。例如清代龚松年在洞东壁的题刻："如狮吼出无声旨，声到群峰皆耸峙。那许凡音入正音，特特一声众声止。"认为神晏佛法无边。诵经是正音，流水声是凡音，"正音"压倒了"凡音"。

还有"剑友"认为神晏喝退泉水的目的，是让它保留清冷之气，不至落入人世间的"混流"。例如清代鼓山住持僧慧周在洞西壁的题刻："展事神僧幻迹留，

灵源洞附近摩崖石刻群

从教一喝即回头。出山泉水由来浊，不许清冷入混流。"

也有人认为，虽然喝水改流有道理，但"一已甚矣，岂可再乎"。例如清末魏杰在龙头泉西壁的题刻："久断泉声迹尚留，教人何处觅源头？吟题寄语安禅者，莫喝石龙口上流。"说既然喝退了泉水，已经留下了遗憾，希望那些"安禅者"，别把龙头泉这里的水再喝没了。

当然，最好是希望能再有一个高僧，把泉水重新"喝"回来。例如清代何奕鼎在洞东阶旁岩壁的石刻："灵源归去后，惟有白云流。安得高僧者，还将喝回头。"

又有人无奈地把剑抛开：惋惜啊，泉声没有了，只好以松涛声来代替。如清时何际述的题刻："悬岩双壁峭，乱石一桥横。下雨无流韵，松涛作水声。"

元末邵武的黄镇成，偶来鼓山，在灵源洞，就发现"喝水无人空宴坐，摩崖有客漫留题"。明代福州文人徐惟起，鼓山常来常往，论剑时，他把剑放在一边，只作《喝水岩夜坐》："细读名贤迹，苔侵六百年。"毕竟是藏书家，他读纸质书，也喜欢读这苔藓斑驳、历代众多的摩崖石刻。他是懂得享受的。

最特别的是清顺治年间佛门弟子苔水闵题在洞壁的一偈，舞的是无影剑："自性本空，缘何有水？大地山河，缘何喝得？点滴也难消，何况潺潺雪。祖师捏怪束，千季流倒歇。咄！太行有路六月寒，壮士无情三尺铁。这春光难漏泄，蛟宫鼍鼓齐噤声，愁杀天魔不敢说。"偈中说，佛家主张一切皆空，为何担心水声干扰？大地上江河奔流，怎么能喝得退？就是点滴的流水也难喝走，何况是潺潺流水？但是祖师大声一喝，千年的流水竟然退走了。这究竟是祖师爷的法力无边，还是其他原因？偈语的下半部闪烁其词，含混不清，给人一种"佛曰不可说、不可说"的意味。

三

清代浙江秀水人朱彝尊的"剑"很锋利。他"游鼓山题灵源洞壁"一阕《南乡子调》曰：

披露晓同游，竹杖篮舆各自由。翠磴红亭三十里，淹留。行到松门路转幽。

僧饭雨初收，风末钟声树杪楼。多事山僧曾喝水，桥头，只少飞泉一道流。

其节奏感、代入感最有趣味。尤其是讥讽"山僧""多事"，喝水的结果是大煞风景。

清代涌泉寺住持释元贤也注意到石刻上的苔藓："谁人喝水踪尤幻，昔代题名藓半封。"以剑作笔，对祖师的"断喝"背书："灵源流未竭，喝水声非无。"

明代长乐谢肇淛《喝水岩》："去来本无踪，喧寂复何有。月落空涧中，禅心君知否？"自带禅意。令人想起此前，宋李纲游鼓山灵源洞之诗："当年喝水人，端恐溺观听。是心如虚空，动寂岂妨并。"

面对刀光剑影，清康熙庚寅（1710），清代画家上海华亭的沈宗敬，脑洞大开，别开生面，在洞壁醒目处题上"无水亦佳"。即是无可奈何的自慰，也是逆向思维的创新。见仁见智，莫衷一是。

虽然"无水亦佳"，但有水更好。清乾隆壬午（1762），来自福建所辖台湾台南的何希梁题诗"水流因喝返，千古绝喧豗。犹有悬岩瀑，还从雨后来"。认为，当年神晏喝断泉水，从此枯寂无声。但，一场大雨过后，又会有溪流如瀑布从悬崖奔流而下。

清藏书家林佶游鼓山的际遇很幸运："喝水岩向苦无涓流者，兹则奔鲸怒龙，腾跃吼激，与两崖峭壁斗健争奇，真希有之观。向固屡游而不庶几遇焉者也。"清代侯官人、昆山知县金潮《雨后坐喝水岩》，也看到这样奇观："雷殷澄潭百尺台，万峰飞捲海涛来。游人却爱山中雨，水到岩头喝不回。"近代高僧太虚看到此奇观后，想到的却是祖师："一泉湛湛阿罗汉，觅到灵源洞已深。喝水岩前流更急，溪花照澈国师心。"

1921年夏，严复在好友陈宝琛设在灵源洞的听水斋里，写下《灵源洞》："幽绝灵源洞，清游得未曾。摩崖纷往记，说法自神僧。阁接闻思近，斋犹听水称。何当山雨后，据石看奔腾。"说他观赏了古来论剑的摩崖石刻，可能更喜欢在听水斋看溪涧奔腾如瀑。

如今，我们登鼓山，在喝水岩附近还可以看到一些论剑的摩崖题刻，或还可以看到雨后涧水欢快奔腾的场面。

跟李郡守『打卡』鼓山

山雨/文 林振寿/图

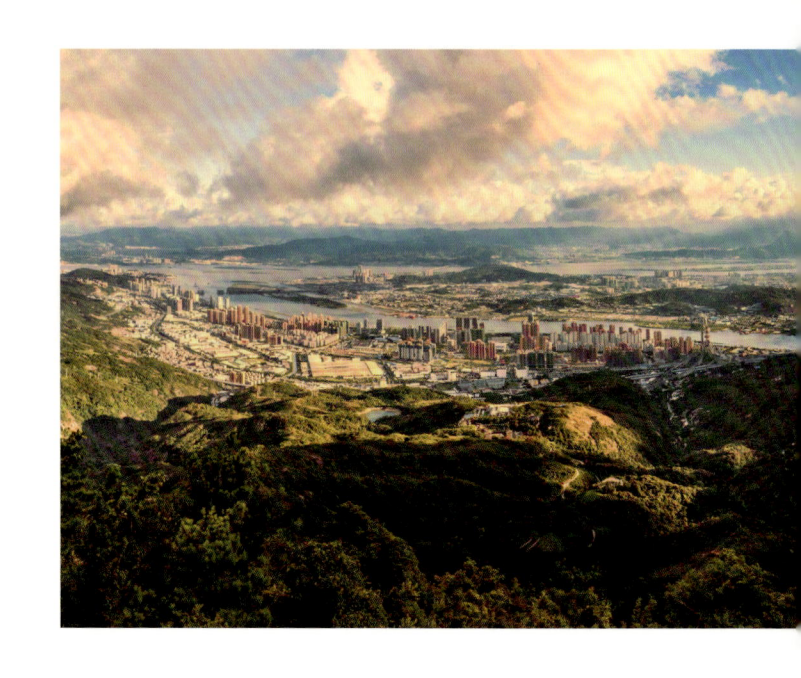

　　太平洋西岸、东海之滨有座神奇的大山，山巅巨石像大鼓，每逢风雨大作，颠簸激荡如响鼓，得名叫"鼓山"。鳌峰书院山长沈廷芳为乾隆版《鼓山志》作序说："福州实为全闽都会，群峰叠，划海襟江。其为之镇者，则鼓山也。"

　　鼓山，是福州的望山。用当年全国人大常委会委员长朱德雄浑豪迈的诗句来说："鼓山高耸闽江头，面貌威严障福州。纵有台风声猖獗，从来不敢到闽侯！"那是20世纪60年代初一个春天的故事。

　　而400年前，王应山在82岁高龄时编纂的《闽都记》中写道："三峰峙于域中，三绝标于户外。"其

摩崖铭山

鼓山风光

"三峰"领峙的就是鼓山,另两峰是旗山和莲花山。民谣说:"莲上山、马下水、旗鼓相错排。"是说莲花峰、马头岩、旗山、鼓山排列的相对位置很特别。也许,这正是福州与众不同的密码。

"福城东际"的鼓山,自古就是"天下名山",吸引了无数高官巨贾、文人骚客乃至于凡夫俗子。清乾隆朝福州郡守李拔就是其中非常特别的一位。

李拔刚来福建工作,不是到福州,而是到霞浦,那里是福宁郡治。但他就想到了福州:"闻鼓山甚高,思一登陟,以穷域外之观。"为什么"思一登陟"?李拔说："余生平最喜登临，遇高山辄动仰止之思，所在多屐齿迹。"他喜欢登山，是有缘故的。家乡有峨眉山，雍正七年（1729），李拔考中秀才，兴高采烈，他爸却告诫说："为学如登山，徙峨眉之巅则视下矣。倘一徙而止，犹未登耳。"李拔才明白，原来做学问是要"天天向上"的，因此取号"峨峰"来自勉。

俗话说，想什么就来什么。李拔在福宁郡工作非常出色，修建城池、兴修水利、劝农桑、倡教化，身体力行，做了许多有益百姓的事，政声卓著，得到提拔重用，第二年就被调任福州郡守。而老百姓却舍不得他走，给立"去思碑"。

到省会执政，肩上的担子明显重了。早就"思一登陟"的鼓山，平时在城中东望就能见到，似乎随时可以实现登山夙愿的。但实际上，李拔几次三番安排好登山，却都因临时有事走不开，"欲行而复止者数四"。毕竟，工作优先，是他作为"循吏"的原则。直到乾隆二十六年（1761）春夏之际，他在下乡抓农业生产的行程中，来到鼓山脚下的远洋。

这里古代是闽江河口盆地，海退滩现的一大片湿地滩涂，后来成为可以耕种的田地。因为闽江上游泥沙的冲积沉积，土地肥沃，是城郊的重要粮仓。民间有"买厝要买龙岭顶，买田要买远洋鼓山边"的俗语。这回，他终于可以如愿以偿登鼓山了。

福州地理生态优秀，"城中有山，山中有城"，登山览胜是福州人的福分。用清光绪年间涌泉寺住持卧云禅师的话说，是能够"静神养气"、修禅悟道的。禅师意犹未尽，还口衔毛笔，将此话书写下来，请石匠刻在更衣亭附近岩石上。这种力透石背的衔笔口书，世界上就算不是绝无仅有，也是凤毛麟角。但如此珍品，在鼓山星罗棋布的摩崖石刻中，却并不罕见。李拔说："磨岩碑刻……一字一句，标奇争胜，遍满岩间，无隙地。"

李拔初次登鼓山，虽然不是计划内的。但登上仰望已久的名山，那还是快意满满的，感受的是"澡浴精神，纵横志气"。登山就登山呗，李拔还喜欢"磨岩碑刻"。他认为"鼓山……自朱子有'天风海涛'之书而名始重；自君谟有'国师岩'之题而名始传"。没有人文的山是"寂然不闻"的。他在登山中，时不时灵光一闪，就会留下有思想的墨宝，刻石留念。例如，《福州府志》记录了一件事："乌石山范公祠前有石特起如台，眺望城外南亩耕者如在目前，李拔夏日悯农,每登其上望之,刻其石曰'望耕台'。"说的是乾隆壬午年（1762）,郡守李拔题刻于乌山石天景区清尘岩的"望耕台",这是农耕社会的地方长官的心心念念,他还留诗为证:"为念民劳登此台,公余坐啸且徘徊。平畴万亩青如许,尽载沾涂血汗来。"

当然,行旅途中,所见所闻常触发灵感。自古文人就好在旅舍乃至于楼堂馆所壁上题字题诗,也算雅事。以至于李白登黄鹤楼,观美景不觉技痒,诗兴大发,直呼:"快取笔来!"一抬头,看到壁上乌压压一片字。定睛看去,是崔颢题的《黄鹤楼》:"昔人已乘黄鹤去,此地空余黄鹤楼。黄鹤一去不复返,白云千载空悠悠……"不由得掷笔长叹:"眼前有景道不得,崔颢题诗在上头。"

二

在鼓山山脚下,意气风发的李拔想着,我终于来了。对省城镇山的敬仰,对山上历代名人留下吉光片羽的敬佩,促使他在鼓山古道的进口旁留下一方题刻"声满天地"。他是慕名而来啊。

登山是步步高,即使有各种曲折,前程仍然光明。起步阶段,他又迫不及待地题了"云程发轫",刻于观瀑亭西侧,宣示美好的登程刚刚开始。

登山至半山第五亭即茶亭附近,人已疲劳,往前走,路途尚远;往后退,又不情愿,真是心情复杂、进退两难。李拔觉得这是借题发挥、自勉励人的好机会,就挥毫题了"欲罢不能"。的确,为学犹如登山,没有坚强的毅力、艰苦的攀登,就不可能达到光辉的顶点。南宋著名学者黄榦登鼓山题的"登山如学道,可

鼓山茶亭附近，李拔行书题刻"欲罢不能"

进不可已，悬崖更千仞，壮志须万里"，也阐明了这个道理。

李拔接着沿古道石阶向上。这古道上建了七座亭，供行者避风躲雨小歇。途中道旁时有摩崖题刻。到了古道第七亭，感觉登山路途过半，汗流浃背，颇为疲惫。李拔留下题刻鞭策自己和随从"毋息半涂（途）"，鼓励登山者坚持到底，切勿半途而废。其实，这里已经是更衣亭附近。当年王审知就是在这里更衣，以便从容进涌泉寺。但李拔是要登上鼓山最高处，那是绝顶峰。所以这里只是半途。

终于，李拔上来了。鼓山的主峰，原名屴崱峰，又称"大顶峰""鼓山顶"。相传"绝顶峰"之名是因林则徐少时在屴崱峰对句"海到无涯天作岸，山登绝顶我为峰"而来。一览众山小，远望无边。看到朱熹的"天风海涛"，真是大气磅礴。李拔手又痒了，他索笔在顶峰的一处最突出的岩石上题了"登峰造极"。既是对先哲的崇拜，又是对大自然的敬畏。但后来者在顶峰附近，特别是岩石的突出部，都没有找到这方题刻。能找到的是他当时在绝顶峰的另一方题刻"欲从末由",用的是颜回的典故:"虽欲从之,末由也已。"

在福州的众多山峦中,鼓山摩崖石刻最为知名,沈廷芳说"是山得人而显,人藉山以传"。李拔还未到福州时,就已听说鼓山"赤文绿字,遍满岩壁,称名迹焉"。等到他这回亲自登山,零距离接触后,确实感慨鼓山"怪石林立,古字争奇,应接不暇,悉如前人所称述"。

下山后,李拔意犹未尽,抽空便写了《游鼓山记》,记录这回鼓山登顶的过程,自称:"上至顶峰,朱子所题'天风海涛'处,俯视众山,如毂、如核、如弹丸,数千里悉在腕下。远望东南,大海空阔无际,徘徊四顾,飘然有遗世独立之意。"他感慨道:"不观沧海,不知丘垤之微也;不登大山,不知天下之小也。吾今乃悟为学之道矣。"从这个经历和心得可以看出,他是古代一位研学高手。自然,他也记录了自己题字的过程:"题'登峰造极'四字,刻之岩端,题山足曰:'云程发轫。'山半曰:'毋息半途。'并作仰止亭于上,以志自勉之意云。"

我们今天登山,脚力心力都好的话,是可以沿着李拔郡守的脚步,"打卡"他感触万千、留下的多处摩崖题刻,并产生我们自己研学的心得。

李拔对鼓山情有独钟,找机会又登了几回。后来恰逢黄任主修《鼓山志》,就欣然为之写《序》,称"福州城东有鼓山,奇特为十闽冠"。当然,如果从为官、为人、为学来看,李拔本人也是一座仰之弥高的山峰。

更衣亭附近,李拔题刻"毋息半途"　　　　　绝顶峰上,李拔题刻"欲从末由"

闺秀风雅镌苍崖

张浩清 文　林振寿 图

福州派江吻海，伴随海上丝绸之路而来的货物与文化，最先影响到这里的人们。鸦片战争后，五口通商，"国门"又从这里被打开。西风东渐，变革剧烈，女性意识开始觉醒，城里的士大夫们也重视起女子教育来。

清朝以来，福州多才女，至今传扬于耳的尚有"八才女十姐妹"的故事。她们多为名门闺秀，兰心蕙质、才情不凡，擅诗文、工书画。有意思的是，有三位女书法家陪家人游鼓山，分别用楷书、篆书、隶书，在苍崖峭壁留下一幅榜书、一幅题名石刻、一幅诗刻，为鼓山摩崖石刻群添上柔美又英气的一笔。这也是福州城区现存的1200多段摩崖石刻中，罕见的女书法家石刻。

灵源洞石刻群

方芳佩：溪山清净

"溪山清净"擘窠榜书，位于涌泉寺灵源洞左侧山壁上，系乾隆甲午（1774）春随宦三山的钱塘女士方芳佩，携子女游鼓山时所题。四个大字每字长宽近1米，在鼓山摩崖题刻核心区——灵源洞林林总总的题刻中尤其显眼。

题刻内容如下：

溪山清净

钱唐女士方芳佩随宦三山，挈子女来游，乾隆甲午春日题。

方芳佩题刻"溪山清净"

正文、旁款均是楷书。旁款注明是随宦，却不提宦者是谁、夫君是谁，不依不靠，以独立女性标识身份，殊为难得。

方芳佩（1728—1808），字芷斋，史载其"工诗文，善治家，有《在璞堂吟稿》行世"。同时代的另一位女诗人徐德音评价《在璞堂吟稿》，"修辞琢句清真沉郁，不类弱女子为之"。同为钱塘人的厉鹗则称赞她"珠光落纸，兰畹生香"。

除了是乾嘉时期著名女诗人，方芳佩的另一个身份是提督福建学政汪新继室。乾隆三十五年（1770），汪新到福建赴任，主管全省教育与科考。这位"督学使者"对鼓山这座州之望山，很是仰慕，认为是"省会钟灵神皋奥区"。题刻中的"乾隆甲午"是1774年。这一年四月，汪新受涌泉寺遍照禅师所托，为黄任主修的《鼓山志》作序，提及"辛卯奉命视学来闽，迄今四阅寒暑，每慕之而未暇一登"。

汪学台公务繁忙，四年来都未能一登鼓山，览天风海涛，憾莫过焉。1774年春天，夫人方芳佩决定捷足先登，她带着子女来此春游，并留刻灵源洞东侧。

汪新对这位才华横溢的夫人一直宠爱有加,曾有一副对联相赠:"心如雪夜潭中月;文似春天雨后花。"上句赞赏她内心纯洁明亮如雪中明月,下句则夸她文采斑斓如雨后春花。

方芳佩家学渊源深厚,"少耽吟咏,砚匣笔床,无时离手"。汪家一门闺秀风雅,在她的影响下,3个女儿和1个儿媳皆工诗,且大都印刻过诗稿。方芳佩被诰封一品夫人,这也是诰命夫人中级别最高的封号。

面对石鼓名山的灵源胜境,这位清代女诗人只淡淡提笔写下"溪山清净"四个大字。此句取自明末清初文学家李渔给家乡凉亭题写的名联:"名乎利乎道路奔波休碌碌;来者往者溪山清净且停停。"

灵源洞泉幽林翳、山色苍翠,在路上奔波碌碌的往来者,暂时停下脚步,摩挲石刻,纵览胜迹,倒也是一种清净舒适。

郭拾珠:篆书精妙

更衣亭东侧,路旁一段篆书摩崖题刻,工整秀雅,静卧林下。题刻的内容是:

> 同治癸酉年冬,侯官女士严蕙怀携女陈媖宜、叶问琴、陈拾珠,女姪郑仲年,姪妇何镜蓉、陈令妲游鼓山,三婿陈懋侯,侄郭调昌、绩昌侍。拾珠篆。

这段题刻,记载的是清同治年间侯官郭氏家族的一次出游活动。郭氏乃晚清声名显赫望族。侯官人郭阶三中举后,曾任连城教谕,他的5个儿子

更衣亭东侧,郭拾珠的篆书摩崖题刻

郭柏心（举人）、郭柏荫（进士）、郭柏蔚（举人）、郭柏苍（举人）、郭柏芗（举人）皆登科第，五子登科，一时传为盛事。其中，郭柏苍是清末福州著名的博物学家、藏书家、刻书家，同时也是著名的学者和诗人。

1873年冬，郭柏苍的夫人严蕙怀带着9位小辈爬了一次鼓山。题刻中，严蕙怀的3个女儿陈媖宜、叶问琴、陈拾珠，均各从夫家姓。郭拾珠嫁给闽县陈懋侯，夫妻二人此次均陪同游玩。陈懋侯，螺洲人，曾官至翰林院编修、四川学政，补授江南道监察御史。工篆书的陈拾珠负责此次出行记录的篆书书写。这段题刻工整秀雅，字体润若珠玉、圆转流畅。有书家指出，其"笔画浑劲、骨气丰匀、结构端严，显得静穆温婉。通观全篇纵横有序，布白均衡，表现出安稳劲重、井井有条的审美特征"。

1884年，郭拾珠在三坊七巷闽山光禄吟台前大碑上，写下另一幅篆书。这段篆刻现已佚失，好在她父亲郭柏苍纂辑的《乌石山志》第六卷结尾部分，对此作了记载：

绕闽山梅花十五树，光绪甲申人日，闽县郭媖宜，妹问琴、拾珠、问琴媳陈闻瑛，拾珠女陈闻瑜、闻琬、闻琛，犹女王珪如，侯官郭凤楣、妹凤楹，沁园主人叶叔艳，冒冻历览，围炉谈诗于柳湄小榭，夜分而罢。拾珠识之。

围炉谈诗的郭家女眷，诗文唱和，夜分而罢，可见其精彩。郭柏荫长女郭仲年，郭柏苍三位女儿郭媖宜、郭问琴、郭拾珠，个个能文工诗、才华拔萃。郭柏荫在湖北任巡抚时曾为爱女刻印《继声楼诗集》两卷，并作序称："女（指仲年）始从予读书于鳌峰书院中，偶学近体诗。"正是家族深厚的文化底蕴与浓厚的书香氛围造就了一代代才女。

刘蘅：墨香未冷

灵源洞蹴鳌桥下石壁上，民国"福州八才女"之一的刘蘅用隶书题了3首诗，含题记及二绝一律如下：

民国十四年重九后十日，明随夫子、偕娣姒游石鼓山，率成二绝一律，以志盛游，工拙不暇计也。

危峰一望枕天腰，古寺云深极目遥。
笑语音传空谷和，尘心猛向净中消。

谁谓佛门不易攀，慈航稳渡入禅关。
上方钟磬剖清耳，新旧闲愁一例删。

结伴同游石鼓山，个中胜境别尘寰。
碑留苔篆浑难辨，僧喝泉声去不还。
峰顶上窥天纬逼，洞门时偕暮云关。
禅宫花草皆参佛，阅尽沧桑未改颜。

吴女士秀明题

这段长幅摩崖石刻，藏得有些隐蔽，它的斜对面正是署名晦翁的"寿"字。摩崖高1.5米，宽0.75米，只有站在蹴鳌桥上才能远眺诗句。想要看清，则要在灵源洞底历经一番跋涉。

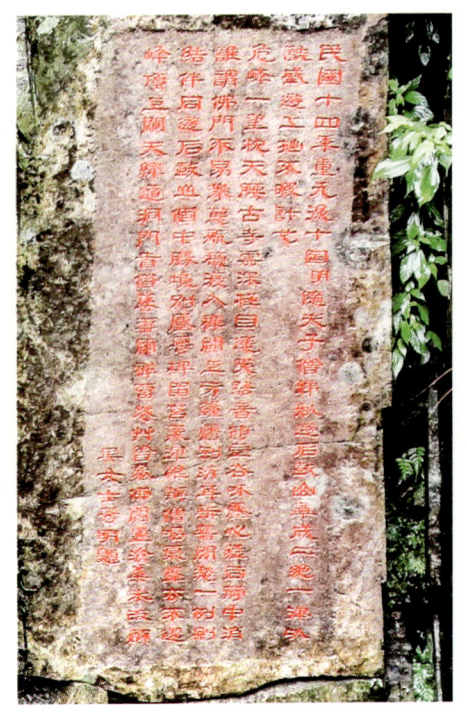

灵源洞蹴鳌桥下刘蘅的二绝一律

站在蹴鳌桥上，刘蘅环顾四周，古木苍天，溪涧干枯，怪石嶙峋，森森然一派清幽之色，两面山崖刻满宋元明清名家题刻。她无意争锋，最终选定了灵源洞左侧隐秘角落，并在诗刻题记中谦卑坦言"工拙不暇计"。但正因不计工拙，才能流畅地书写这一胸中逸气。

刘蘅（1895—1998），字蕙愔，号"秀明"，福州人，为民国"福州八才女"之一。她幼失双亲，由兄刘元栋抚养成人。1911年4月，刘元栋参加广州起义，额中弹牺牲，为黄花岗七十二烈士"福建十杰"之一。刘蘅悲痛不已，次年嫁与螺洲人吴承淇，远走他乡，寓居北平。因夫家吴姓，故这幅诗刻结尾自称"吴女士秀明"。

刘蘅从小凤慧过人，性静好学，从兄长读书识字，并学诗画。旅居北平期间，她与何振岱、陈宝琛、陈衍等福州籍前辈过从甚密，得到这几位"同光体"闽派代表诗人指点，诗词精进不少。回榕后，刘蘅仍随何振岱学诗，与同门王真、王德愔、何曦、薛念娟、张苏铮、施秉庄、叶可羲（即当时著名的"福州八才女"），结成寿香诗社。在动荡的岁月里，她们互相扶持、互相勉励，或吟诵，或联句，或游玩于名胜古迹，或雅聚于阁楼庭院，几乎每月一集，长达数十年，用诗情温暖彼此世界。

吴承淇与刘蘅夫妇在仓山聚和路南端的西式住宅淇园，是她们经常聚会的场所之一。她们常在此吟诗填词、鼓琴作画，时光在她们身上焕发着美丽的光芒。1942年，"八才女"合出了一本词集，名《寿香社词钞》，集中刘蘅词收录最多，计93首。词中记录了她们的共同岁月和姐妹真情。

"福州八才女"，另有一说"八才女十姐妹"，这是加上了外地回榕、同样拜何振岱为师的王闲和洪璞。"十姐妹"中，刘蘅最长寿，终年104岁。

刘蘅在一首名叫《瑞鹤仙·石鼓怀旧》的词作中，呼应了1925年的这次"随夫子、偕娣姒"举家秋游鼓山之事，"看低迴山鸟，衔来秋籁，疑与新愁暗。认前游，石上镌文，墨香未冷"。

"同光体"重视炼篇、炼章、炼句、炼字，讲究"诗要避俗，更要避熟"。刘蘅师从"同光体"闽派代表诗人，十分重视字句锤炼，擅长使用新颖而表现力强的清新词语。陈宝琛曾为刘蘅诗集作序，赞曰"开卷一片清光，写景言情，皆能出以蕴藉""有山水之音，无脂粉之味"。游鼓山的这3首诗有景有情，清苍幽峭，意境悠远，独有英姿飒爽之韵味，不愧时人给刘蘅"闺帏之杰"之誉。

碧树掩映中的涌泉寺

多"福"刻在此山中

十九先生/文 林振寿/图

涌泉寺"万福来朝"牌坊

"福"是中国传统文化中内涵最丰富、众人最喜爱、影响最广泛的元素之一。千百年来,自帝王将相至平民百姓,无不祈福求福、崇福尚福,对"福"的追求不仅凝聚着古代先民的幸福智慧,更是反映了中华民族的传统价值取向、精神追求和对美好生活亘古不变的向往。

作为全国唯一以"福"字命名的省会城市,福州山清水秀、人杰地灵,拥有多姿多彩的福文化资源。唐代李吉甫《元和郡县图志》载:"开元十三年,改为福州都督府,因州西北福山为名。"经过近1300年的熏陶和积淀,福文化早已深深融入这座城市的血脉，成为福州最显著的文化标识之一。

鼓山历为福州首选的游览胜地，素有"今古名山"之称，"蓬莱左股"之誉，是福州国家历史文化名城的重要组成部分。现拥有国家级风景名胜区、国家4A级旅游景区、全国汉族地区佛教重点寺院、全国重点文物保护单位四块国字号招牌。至今，鼓山摩崖题刻仍保有相当数量的"福"字历史印迹，被誉为"福字摩崖石刻博物馆"。其中以下列5段最富代表性。

章寿彝榜书：福

该榜书位于灵源洞，东向。清光绪七年（1881）勒成。正文行书，字径64厘米。旁款"刻者陈相"，楷书，字径8厘米。

光绪七年十月，章寿彝与长乐游学诗、林春培，宜章黄华文，同邑张效宽游鼓山。寺僧明本索书"福"字，章寿彝书并题识。刻者陈相。

章寿彝，字伯和，湖南善化人。清代画家，工书画，善篆刻，精镌碑版，书宗郑板桥，画学陈淳，少游日本习艺事。善结交游历，与左宗棠交好。左宗棠在福州病故时，章寿彝曾撰挽联："长剑倚崆峒，勒石有缘赓载笔；旧巢归故燕，衔泥无计补倾梁。"

清光绪七年（1881），章寿彝与友人游鼓山，恰逢涌泉寺僧明本慕名求书"福"字，故提笔相赠。福者，祐也。"福"字的最初含义即祈福，今从甲骨文、金文200多个造型中，便可体会古人强烈的祈福愿望和丰富的想象力。中国最早的诗歌总集《诗经》中关于"福"的字眼亦是多达54处。

章寿彝所书"福"字流畅率意，生动活泼，在福建省享有很高知名度。而旁款"刻者陈相"四字乃记录工匠姓名，在摩崖石刻中比较少见。此字流芳千古，

灵源洞东向，章寿彝榜书"福"

灵源洞西壁东向，林开斌榜书"福寿"

"刻者"亦可谓"造福者"。

林开斌榜书：福寿

该榜书位于灵源洞西壁，东向。清代勒成。摩崖高120厘米，宽75厘米。楷书，纵2行，字高55厘米，宽46厘米。旁款"林开斌"，字径8厘米。

先秦《尚书·洪范》篇中关于"五福"有释："一曰寿，二曰富，三曰康宁，四曰攸好德，五曰考终命。"这是福文化最早且权威的叙述。中国人追求"五福"，直接表达个人对生命过程的追求，具体体现为长寿、家丰、康宁、厚德、善终。"寿"居五福之首，显见世人对其倾慕之至。

今鼓山还有两段著名的"寿"字摩崖榜书，一为灵源洞蹴鳌桥下朱熹所题的"寿"字巨型榜书，笔力遒健，雄宏大气；另一段则为茶亭北侧后屿望奎楼诸生所题的一笔不间断"寿"字榜书,其字犹若神龙飞舞,引人瞩目。

无名氏榜书：福善

该榜书位于鼓山登山古道乘云亭左侧,西南向。摩崖高80厘米,宽190厘米。楷书,横1行,字径80厘米。

在《尚书·洪范》阐述的"五福"之中,"攸好德"即崇尚美好的德行。视"德行"为幸福的重要组成部分,这是中西方幸福观的分野,也是中华文化的鲜明特色。在中国人心目中,"德"不仅是幸福的构件,更是获得"福"的原因和根本,诚如春秋左丘明《国语》所言:"夫德,福之基也,无德而福隆,犹无基而厚墉也,其坏也无日矣。"因此,行善积德而谋福成为中华优秀传统文化中最为生动的内容之一。

此段题刻虽未留下姓名供后人查证,然中华民族传统美德却在这千年不化的岩石上得以弘扬,薪火相传。从某种角度说,任一行善的有福之人,均是这段"福善"摩崖榜书的落款人。今鼓山亦可见更衣亭东侧镌有清代陈思祖的"为善最乐",以及晚清名臣沈葆桢镌于绝顶峰南坡的"乐善不倦"榜书。

黄家鼎榜书：福地重游

该榜书位于石门,西向。清光绪九年(1883)勒成。摩崖高248厘米,宽150厘米。篆书,横1行,纵14行。正文曰"福地重游",字高54厘米,宽51厘米。旁款字径9厘米,曰:"光绪八年中夏十有一日,镇海恒山陈川华、南丰幼樵陈再兴、鄞县芸馥李涛、俊生黄家鼎同游鼓山,将勒石纪游,匆促不果。明年是日,芸馥、俊生偕嘉善长卿曹晋墀、蛟川憩南杨式棻重游于此,爰书数语,以志鸿印。"

石门西向，黄家鼎榜书"福地重游"

    黄家鼎，字骏孙、俊生，浙江鄞县人。清同治二年（1863），左宗棠升任闽浙总督。其父黄维煊作为幕僚，以福建候补同知身份随行，先后辅佐左宗棠、沈葆桢创建福建船政局，撰有《福建创建船政局厂告成记》，并主持《沿海图说》的测绘工作。后任台湾海防同知。病卒后，黄家鼎依例获荫封，曾两任台湾凤山知县，后官至福建布政司理问。

    光绪八年（1882），黄家鼎偕友游览鼓山，因时间仓促，未能勒石纪游。次年，他偕友再赴，纵情于山水之间，如愿刻下"福地重游"四字。

    明万历《福州府志》载："鼓山，延袤数十里，郡之镇山也。"作为闽都镇山、清心福地，鼓山历代文人骚客慕名而来者甚多，故地重游的也不在少数。清代闽垣名士魏杰就曾一百多次登游鼓山，一生乐此不疲，自称："余自未冠时登鼓山，至今纪游百余度矣。"并在《壬子元日登鼓山》诗中津津乐道："五十六年看不厌，欣逢正始又登临。"

光耀榜书：福城东际

该榜书位于更衣亭东侧石壁，南向。清咸丰四年（1854）勒成。摩崖高60厘米，宽275厘米。楷书，横1行，纵2行。正文曰"福城东际"，字径54厘米，旁款曰"咸丰甲寅，住山光耀"，字径8.5厘米。

光耀，名天明，时为鼓山涌泉寺住持。福城，即"有福之州"福州。明万历《福州府志》载："福城之西，为湖十数里，接北关，通南港，蓄水溉田计一万五千余亩。"又载："福城南去九里，曰南台，又曰龙台，上有汉闽越王庙。王当秦乱，保障吾闽，帅师助汉灭项，显受封爵。"元至正二十五年（1365），理学家吴海与友人黄伯弘、程伯崇、徐宗度同游鼓山，所撰《游鼓山记》开篇称："福为八闽都会。"

早在两晋时期，鼓山已闻名遐迩，形家有言："右旗左鼓，全闽二绝。"在中国古代地理传统称谓中，左为东，右为西，因而江东也称"江左"，陇西又称"陇右"。福州地处东海之滨，故有"左海"之名。其间二绝，鼓山是为东际。元代著名诗人王恽《登鼓山》有诗赞曰："复岭重冈奠七闽，鼓山东峙最崇尊。"萨天锡《望鼓山》吟道："鼓山起千仞，乃是东海垠。"明代"人瑞翁"林春泽则在《石鼓观涛》中写道："越王城东石鼓峰，东嶂炎海摩玄穹。"

古往今来，东海被视为"福气浩大"的地标，进而"福如东海"常被用作祝人多福之辞。鼓山嶂列有福之州、幸福之城东部，襟闽江、带东海，福气充盈，福地洞天。

福是中国人特有的文化符号，是中华文化的基因。福晋州安，福晋鼓山。千年来，福州鼓山始终为历代祈福、求福、谋福、造福的重要见证者，是当代有福之人的寻福首选地。

林海波涛震石鼓

十九先生/文　林振寿　陈琳/图

"啼莺唤起清昼眠，涧松岩竹谈幽禅。秋曦忽随壮士臂，暮景已入诗人肩。"这是宋代爱国名臣李弥逊登游鼓山时所吟咏的诗句。优美的文笔下，一幅推窗见绿、出门即景的美丽画卷徐徐展开。

千年以来，生态资源始终是福建最宝贵的资源。作为我国的生态大省，福建森林覆盖率连续44年保持全国第一。可谓大美福建，美在绿水青山、景色如画。省会福州更是拥有超过15亿株乔木，被誉为"中国最绿最美的城市"之一。而集峻拔挺秀的山水景观和深厚底蕴的人文景观于一体的鼓山，则是"山水之城"福州的典型代表。

鼓山凡圣庵春色迷人

明嘉靖三十三年（1554），长乐知县詹莱来游鼓山，但见峰岩秀拔，峡谷幽雅，古树郁郁葱葱，不禁在登山古道的观瀑亭旁勒石纪之。摩崖西向，高485厘米，宽145厘米。行草，纵2行，正文字高113厘米，宽87厘米；旁款字径16厘米。文："青山绿树。范川詹莱书。"笔势甚伟，姿态横生。

丰富多姿的古树名木，是鼓山的一大特色。鼓山植物种类繁多，百年以至千年以上的古树名木多达1600株，共1000多个品种，有香樟、枫香、闽润楠、苏铁、丹桂、油杉、雅榕、重阳木、榕树、马尾松、荔枝等，稀有珍贵植物有刺桫椤、香杜鹃、金钱松、附生石斛、冬凤兰等。其中，在公布的《福州市城市古树名木名录（2020年）》中，鼓山被列为一级古树名木的就有18株，二级43株，数量均居福州首位。在这里，丰茂的植被从山上的每一寸土地，每一条岩缝，蓬勃地钻出来、站起来，并以其繁茂的、多彩的枝叶为鼓山装扮着春夏秋冬。

一

"雨后新茶及早收，山泉石鼎试磁瓯。谁知屴崱峰头产，胜却天池与虎丘。"赞的是鼓山半岩茶春日新绿之婆。半岩茶，又名"柏岩茶"，因茶树倚岩生长而得名。清代周亮工《闽小记》载："鼓山半岩茶，色、香、风味当为闽中第一，不让虎丘、龙井也。"其茶汤色浅黄，入口后回味鲜爽甘醇，深受名人雅士的喜爱。

鼓山半岩茶的茶园，历史上位于鼓山半山腰。茶园由僧人用心管理，精心培育新品种，并扩大种茶范围到鼓岭的茶洋一带，后成为贡茶的绝品。明代"词林名士"陈鸣鹤《鼓山茶园》吟道："磴险林深一径斜，忽闻鸡犬见人家。半岩结屋还依树，疏竹围园尽种茶。"晋安诗派代表人物谢肇淛则在《鼓山采茶曲》中写道："半山别路出茶园，鸡犬桑麻自一村。石屋竹楼三百口，行人错认武陵源。"

中华人民共和国成立后，鼓山涌泉寺在古茶园遗址——舍利窟重新建立茶园，种植茶树九千株。后又组织僧众复垦了水晶山坡地茶园。如今，在喝水岩以东的山麓、弥勒院遗址旁的梯田上，数十亩的茶园顺坡而下，层层跌落，空气中飘散着沁人心脾的香气。

二

"铁树开花水倒流,涌泉细看莫回头。黄金金舌雌交雄,仙人看了赞不休。"赞的是鼓山千年铁树夏日开花之奇。铁树学名"苏铁",又名"凤尾蕉",为国家一级保护树种,是现存地球上最古老的孑遗植物。其树形古朴,茎秆坚硬如铁,布满叶痕,直立挺拔。通常不分枝,斑然如鱼鳞一般。顶生凤尾样羽状叶片,洁滑光亮,油绿可爱,四季常青。

鼓山千年铁树位于涌泉寺圣箭堂前,共三株,一雄二雌,相连成行,干叶簇拥,主干高耸,约有一人多高。三株主干又长出若干支干,支干上万叶似箭,而箭叶又簇成一个一个的圆球,由此形成一片茂密的铁树之林。铁树本就罕见开花,鼓山其他铁树也不开花,唯这三株灵气独钟,岁岁开花。雌树黄花如绒球,雄树花型似绒塔,风姿各异。

民国时期藏书家郭白阳《竹间续话》载:"鼓山方丈有铁树二株,相传一为闽王王审知手植,一为僧神晏手植。"相传,此二株雌树植于唐五代,其中树头向内的一株为闽王王审知手植,而树头向外者为鼓山开山祖师神晏亲植;雄树则是中华人民共和国成立后从西禅寺移植的。

王审知主政福建近三十年,施政有方,恩泽八闽,使得福建告别"蛮荒海隅",成为"海滨邹鲁",被后世奉为"开闽王"。其间,他罗致人才,大力推行教化,同时兴建寺院,礼聘禅门高僧。五代后梁开平二年(908),王审知在鼓山填潭为寺,迎请名僧神晏,尊为国师。两人共同植下一对铁树,作为建寺的一个标志,闽王所植者头向内,意在表达对神佛的恭敬。

作为我国目前已知栽培最早的铁树之一,三株铁树虽历千年沧桑,依然枝叶繁茂、生机勃勃,蔚为奇观。因此,圣箭堂的千年铁树与三圣铁佛像前的铁木、香积厨的铁锅,并称鼓山涌泉寺的"镇寺三铁"。

绿水青山

三

"另剠闽南第一峰，梵王宫殿倚层空。云归石洞千山霁，霜染林枫万叶红。"赞的是鼓山古枫香树秋日换装之绮。古枫香树为金缕梅科，属落叶乔木，深秋时节，叶色转红，极为美丽壮观。更有趣的是，因变色时间不同步，不同枝叶呈现出墨绿、嫩黄、褐红、橙红、深红等颜色，犹如鲜花争艳，有"五彩枫"之誉。

鼓山古枫香树主要集中于涌泉寺及山门周围。其中，涌泉寺南回龙阁边坡上有一株古枫香，树高30多米，其树干之粗，三人合抱不拢，被称为"三抱树"，为国家一级古树名木。此古枫香树木苍劲挺拔、树冠宽阔、气势雄伟，树上长着许多苔藓植物和兰花。

明万历年间，北宋著名文学家范仲淹第十七世孙范允临迁福建布政使司右参议，未至任而归，相传从福州鼓山带回380株枫香幼苗植于苏州天平山前。经四百多年风雨，现存140多株，为

鼓山植物种类繁多。这是每年四五月盛开的珍稀植物无柱兰（左）、无叶美冠兰（右）
糖醋里脊、心静无痕 图

中国"四大赏枫胜地"之一。由此可见鼓山古枫香的历史底蕴。宋代诗僧释道冲游鼓山即有诗句："数家篱落枫林外，枳壳垂青菊绽黄。"元末明初"学海先生"吴毅偕友登游亦有诗句："枫林翳月秋容绿，松磴盘空石势纡。"今漫步涌泉寺，随处可见高大笔直的枫香，在红墙砖瓦的映衬下，美成了一幅幅油画。

四

"屴崱晴岚翠几重，仙风吹上最高峰。微茫远浦低飞鸟，缥缈寒松晚渡钟。"赞的是鼓山十里青松冬日傲立之气。松树，适应性强，能傲霜斗雪，经冬不凋，故在文人眼里，其不畏严寒巍然挺立，正是气节与尊严的体现。

鼓山多松，诸多景点与松有关，如万松湾、松关亭、松涛楼、甘露松等。因而历代名人对鼓山青松亦多笔墨。其中，位于水云亭下的甘露松，根蟠石壁上，天矫如虬龙，因恒有甘露降其上，故名。清代林枫《榕城考古略》载："甘露松，相传为神晏手植。"明末清初涌泉寺元贤禅师《甘露降松》有诗曰："圣瑞端宜降大都，穷山何得独沾濡？晓来扶杖三门外，笑看松头缀玉珠。"旧址位于万松湾的松关亭周边青松苍翠，如鹤盘旋，有"老鹤巢云"之称。清代名臣杨庆琛题联云："万松刺天，一径通骑；孤月出岭，四山皆禽。"1975 年，罗瑞卿大将登游鼓山时，也曾欣然写下："晨曦初露鼓山游，林海洗却万种愁。劲松亭亭齐挺立，硬石垒垒皆昂头。"

2002 年，鼓山新开辟了两条登山道，分别位于登山古道的东面与西面。后者路线平缓、视野开阔，满坡尽是青松，因而取名"松之恋"登山道。

五

前人栽树，后人乘凉。鼓山的自然景观之所以能够延续得这么久、保护得这么好，得益于福州百姓的共同守护，世代相传，相习成风。至今，鼓山仍存不少保护森林、植树造林的摩崖题刻，数量依然为福城第一。其中，仅 20 世纪 30 年代就有 5 段，遍布鼓山各处。如更衣亭东侧与仰止亭东北侧两处内容相同的闽侯县政府布告："闽侯县政府布告。鼓麓森林各宜保护，禁止糟跶，违即严捕。中华民国十九年四月日，县长欧阳英。"华藏洞的中国近代著名高僧虚云等植树题记："中华民国二十三年三月同主山虚云、闽侯县县长刘肮霆，暨省会政绅在华藏洞植树纪念。欧阳英。"白云洞上侧的闽侯县政府告示："公路森林各宜护珍，如敢伤毁严究罚惩。闽侯县政府，民国二十四年一月。"以及廨院登山古道旁的周赞枢告示："爱护树木。民国廿八年春周赞枢敬告。"

千百年来，人守护树，树荫庇人，最终蔚为大观。鼓山的"林海波涛"与山石、建筑相映成趣，吸引着历代有福之人前来游历，留下了璀璨的历史和丰富的文化遗存，成为有福之州独特的宝贵财富。

山高祈雨兆丰穰

十九先生/文　林振寿/图

祈雨是中国古代农业社会重要的祭祀与礼仪活动，为历代所重视。人们通过祭坛、祭品、舞乐、祈祷等一系列仪式化的符号和象征行为，祭祀天帝及相关神灵，祈求风调雨顺，五谷丰登。"甲子卜，其求雨于东方。"早在商代的甲骨卜辞中就有记载殷王朝官方的祈雨活动。东汉经学大儒郑玄云："山川百原，能兴云致雨者也。众水所出为百原，必先祭其本。"山林川泽是雨水的涵源地，先人认为可为祈雨提供"神力"，因而郡县祈雨的对象通常是属境内名山、大渎以及自然神灵等。

鼓山位于福州市区东部的双鼓横断山脉，方圆逾40平方公里，最高的岇崿峰海拔998米，为福州主城区可见的第一高峰，故以"稳首东日，高山镇寨"被尊为有福之州的镇山，自古便是福建官员首选的祈雨胜地。

一

鼓山的官方祈雨活动最早起于鳝溪。宋代梁克家《三山志》载："鼓山之北，大乘之南山峡间有二潭：下潭广六丈，深不可计。距上潭五里。昔闽粤王郢第三子有勇力，射中大鳝于此潭，其长三丈。土人因为立庙，号'白马三郎'。唐贞元十年，观察使王翃旱祷得雨，崇饰庙貌。自后，太守躬祷辄应。"唐大和元年（827），福建观察使张仲方祈毕回城，才行至圣

鳝溪岩上宋太守刘瑾祈雨题刻

泉寺，就下起大雨，遂题诗曰："入门池色净，登阁雨声来。"北宋庆历六年（1046），闽垣大旱，郡守蔡襄亲自撰写祈雨文告，斋戒数日而至，祭文读毕大雨立至，"中夜水暴出，声闻数十里"。元丰元年（1078）四、五月间，连日不雨，时任福州郡守的"唐宋八大家"之一曾巩出祷鳝溪，亲撰《福州鳝溪祷雨文》，"属吏士分祷群望"。数日后，"夜二更得雨，连三日夜，远近皆有余"，曾巩喜撰《谢雨文》。不日，又提笔写下《题祷雨文后》。

元丰六年（1083）春，郡守刘瑾率众亦赴鳝溪祈雨，在射鳝潭东南侧勒有摩崖石刻一段。摩崖西向，高210厘米，宽168厘米。楷书，纵5行，字高23厘米，宽21厘米。文曰："守刘谨、倅张知古、令叶宗古、法椽雷尧，元丰六年癸亥季春十六日祈雨至此灵渊。"此为福建现存最早记载祈雨的摩崖石刻之一。南宋淳祐八年（1248），田畴缺雨，郡守陈垲祈雨有验，改名鳝溪为"善溪"。

二

　　鼓山屴崱峰的祈雨活动则始于宋代。鼓山原有三面天然石鼓，一大两小。其中"大鼓"在屴崱峰，呈圆形，直径近3米，坐在石鼓架上，架旁有一石如槌，形状逼真。20世纪50年代后期开辟公路时被炸毁，今已不存。两面"小鼓"，一为浴凤池旁的"石鼓岩"，一为登山古道半山亭附近的"小鼓石"。民间传说，石鼓原是东海龙王进贡给天庭的。玉皇大帝将它与一面大旗一起陈列在南天门，作为人间干旱时指挥降雨的信号，结果在"大闹天宫"时被孙悟空打翻而落入凡间，成了福州城一东一西的鼓山和旗山。故此，福州每逢久旱不雨之时，官方便到鼓山祈雨。清代黄任《鼓山志》载："万历初，赴者云集。居民至，开邸舍其下，久之乃息。大旱祷雨，官常请雨于此。"久之，鼓山渐成福州百姓观测气象的著名地标。闽都民谚有云："鼓山戴帽，三日泥道。"就是讲鼓山顶若云雾密布，则当日内将下雨。

鼓山风光

绝顶峰上，徐鹿卿撰《鼓山请雨记》

南宋绍定五年（1232），福州夏秋连旱，群祀不效。时任福建安抚使干办的文学家徐鹿卿遂奉福建安抚使李骏之命，前往鼓山祈雨。黎明登顶，礼毕而雨至。徐鹿卿撰《鼓山请雨记》，并勒石于另崱峰北坡积水池南沿。摩崖北向，高160厘米，宽200厘米。隶书，纵10行，字径11厘米。文曰："绍定壬辰夏六月不雨，至于秋七月。遍走群祀，未效。大帅番阳李公以石鼓闽重镇，其下众水所汇，必出云为风雨，乃命属吏南昌徐鹿卿致祷。丙申，诣寺斋宿。丁酉黎明，登另崱，礼毕而雨。是夕大雨。戊戌又大雨，己亥雨止。槁者获，涸者流。刻而识之，侈神之休。"两年后，福州知州兼福建路安抚使真德秀也亲撰《祷雨疏》到鼓山祈雨。

清乾隆九年（1744），江西新建人周学健任闽浙总督、福建巡抚。时逢福州大旱，周学健带病坚持，率领一众官员上鼓山祈雨。福建布政司参政雅尔哈善一同前往，写有《陪周中丞鼓山祈雨》诗："双旌冉冉拂云过，晓寺疏钟散薜萝。喝水有源声渐沥,另峰如画碧嵯峨。清癯带疢忧民切,慷慨陈词罪已多。伫看丹城来澍雨,千秋佳话在岩阿。"祈雨成功后,雅尔哈善又赋诗《喜雨》:"另峰峰顶晓云生,暮雨滂沱遍郡城。自是天心垂悯恻,敢言人力有裁成。百千里路禾苗润,十万人家暑气清。幸值年丰词讼简,小臣何以答休明。"

乾隆十六年(1751)夏,闽中弥月不雨,陂堰将涸。闽浙总督喀尔吉善亲撰《遣官祷雨疏》,命福州知府徐景熹偕参将杨廷栻、窦宁,闽县知县吴至慎,布政椽属王作人等赴鼓山祈雨。"越三日,戊午,日既中。礼毕,睨峰西有云,簇簇如奔马。俄顷,蔽翳山谷,雷电晦冥,甘雨大注。"徐景熹大喜,引用《左传》名言"小国之仰大国也,如百谷之仰膏雨焉",欣然写下《仰膏序》一文,称"兹山用能洩云兴雨,以膏我禾黍,兆成丰穰",感念鼓山丰泽。

三

除了诗文,鼓山清代的祈雨活动也记录于摩崖石刻上,今灵源洞喝水岩大士殿旧址周边尚存数段。

道光十一年(1831),福建延建邵道祥玺与福州知府托浑布勒成的"灵泉法雨"榜书。旁款字径8厘米,文曰:"鼓山向奉大士磁像,素著显灵。殿之东有喝水岩,志载:高僧讲经时,因水声澎湃,喝退逆流。岁辛卯六月,雨泽愆期,祥玺、托浑布奉檄诣请灵像,并取岩水奉安于山,文武集祷二日,遂得甘霖,年登大有用,撰'灵泉法雨'四字以志显应。时道光辛卯岁,分巡延建邵道祥玺书,知福州府事托浑布撰。"

"灵泉法雨"榜书和题记,清代满族人祥玺书,福州知府托浑布撰

光绪四年（1878）七月，福州府海防同知欧阳骏到鼓山祈雨，"奉檄祈祷，即赐甘霖，秋则大熟"，于是在灵源洞镌刻了一段《喜雨碑》。文曰："喜雨碑。"款字纵7行，行书，字径5厘米。文曰："鼓山距城东三十里，为全郡之镇山也。其峰顶有云气，峰侧有神泉，遇旱时祈雨于此，屡著灵应。光绪肆年戊寅七月，雨泽愆期，民以为忧。时骏权篆福防，奉檄祈祷，即赐甘霖，秋则大熟。爰勒碑志喜，聊仿坡公名亭之意，以示不忘焉。岭南欧阳骏谨撰并书。"光绪九年（1883）六月，福州知府张国正"祷雨于鼓山佛阁，有应"。翌日，会同闽县知县罗大佑、侯官知县张德迪赴山诣谢，又偕友遍揽涌泉寺、喝水岩、岇崱峰等诸胜，后以隶书记之，刻于龙头泉石壁上。

灵源洞一侧，清欧阳骏镌刻的《喜雨碑》

官方祈雨的前赴后继，必然引得福州百姓竞相效仿。清中晚期，榕城民间便兴起了迎请鼓山喝水岩观音大士像到乡祈雨的习俗。迎来送往之间常生嫌隙，欧阳骏遂又在灵源洞镌刻一段官府告示，倡导移风易俗，文曰："福防分府欧阳示：为晓谕事照得鼓山喝水岩奉祀观音大士石像，每因乡民求雨争迎滋事，兹本分府增塑金像两尊，嗣后各乡求雨只许迎请金身，不得再迎石像，其各遵照，特示。"民国之后，鼓山祈雨活动渐没，直至完全消失，取而代之的是全民积极抗旱的实际行动。

"农为邦本，本固邦宁。"农耕时代的祈雨活动，上自君王，下至黎民，都体现了农业生产对雨水的现实需求，承载着天下苍生对国泰民安、人寿年丰的殷切期盼。归根结底，其本质为中华民族对美好生活永恒的向往。从这个角度来看，鼓山不仅是一座神山，更是一座彰显福州人民无穷伟力、无尽智慧和无限激情的福山。

"忠孝廉节"铭鼓山

缪淑秀 文　林振寿 图

"忠孝廉节"是儒家思想的基本内涵。有着"东南碑林"之称的鼓山摩崖石刻中,自然少不了体现古代名儒志士"忠孝廉节"思想及千古美谈的摩崖石刻。

鼓山摩崖石刻"忠孝廉节"位于更衣亭东侧南向的岩壁上,高200厘米,宽900厘米,行书,正文字高173厘米,宽120厘米,旁款字径17厘米。落款:宋忠臣文信国公书,后学林可桐敬录。

文信国公即文天祥(1236—1283),初名云孙,字宋瑞,又字履善,号"文山",江西吉安人,南宋末年政治家、文学家。宋宝祐四年(1256)状元,官至右丞相,祥兴元年(1278)拜少保,封信国公。在广东海丰五坡岭被俘,囚禁3年,几经威逼利诱,誓死不屈,在狱中作《正气歌》。明代追谥"忠烈"。

鼓山更衣亭东侧南向的岩壁上,林可桐"忠孝廉节"四字题刻

文天祥"忠孝廉节"四字榜书最早刻于湖南永州江永县上甘棠村月陂亭古驿道边的崖壁上。据上甘棠村家谱记载,其族人周德厚曾任杭州太守,与文天祥情同手足。文天祥任湖南提刑在江永驻扎时,为周德厚题写了"忠孝廉节"四字。清乾隆二十八年(1763),永明县令王伟士得知文天祥有手书藏于民间,亲自到上甘棠找到原件,摹刻于月陂亭石壁。之后,"忠孝廉节"被摹刻到全国各地,以供后人追思凭吊。

在鼓山,与"忠孝廉节"思想相关的摩崖石刻为数颇多,现选取几段宋代摩崖石刻及相关的先贤故事。

忠：李弥逊

《论语》有云"君使臣以礼,臣事君以忠","居之无倦,行之以忠"。说的是对朝廷、对家国的忠心。

李弥逊(1085—1153),字似之,号"筠西居士",福州连江人,出生于苏州吴县(今江苏苏州),南宋文学家。李弥逊于大观三年(1109)中进士,政和八年(1118),任起居郎,因上奏规谏言辞鲠切,被贬知雅州卢山县。宣和七年(1125),起知冀州,与金人作战,杀敌甚众。高宗即位后,除江东转运判官,改淮南路转运副使,后历知饶州、吉州,迁起居郎,试中书舍人、户部侍郎。李弥逊被贬十余年后,直前论事,仍鲠切如初。

绍兴八年(1138),赵鼎罢相,秦桧专主和议,制造冤案。秦桧劝高宗对金称臣,李弥逊力言不可:"屈己事仇,何以作天下忠义之气。此危国之道也。"高宗下旨廷议,群臣因惧怕秦桧,不敢违背其意,惟李弥逊力争。秦桧邀弥逊至私第,以官爵利诱,弥逊拒之,又上疏,言辞愈切。

绍兴九年(1139)春,李弥逊上疏请求归田,以徽猷阁直学士知端州,改知漳州。次年,归隐连江西山。终身不请磨勘、不乞任子、不序封爵,士论重之。朝廷思其忠节,诏复敷文阁待制,谥号"忠肃"。

李弥逊一生忠君报国,与李纲往来甚笃,多有诗词唱和。其词风豪放,多抒乱世之感慨。文集《筠溪集》凡24卷，集外别行《筠溪乐府》1卷。其中，游鼓山诗作3首：

次韵叶观文游鼓山
宋 李弥逊

谢公忧民馀，妙语继两禅。
兹游瞰沧溟，宛在一叶莲。
木密虚可步，石立高莫缘。
从来看山眼，一洗俱茫然。
蓬莱如有无，空翠蒙云烟。
却疑浩荡中，天津渺归船。
崎岖访幽胜，众象争相鲜。
凌高寓远目，孤云共轩輧。
归来拥寒衾，耳底酒鸣泉。
觅句了不工，青灯暗孤眠。

与诸禅同游鼓山灵源洞
宋 李弥逊

啼莺唤起清昼眠，涧松岩竹谈幽禅。
秋曦忽随壮士臂，暮景已入诗人肩。
尘缘咄咄鱼吞饵，胜事堂堂驹着鞭。
屐齿欲回还小立，隔溪明灭见江船。

留赠无诤堂涌泉利老
宋 李弥逊

户外双峰碧碍天，定回香炷已收烟。
若将峭语撩痴客，借枕重参一味禅。

孝：陈烈

《孝经》曰："夫孝，德之本也。"孝者，上为老、下为子，即子能承其亲，并能顺其意。

陈烈（1012—1087），字季慈，号"季甫"，侯官人。从小天性不凡，笃行孝友，"学行端饬，动遵古礼"，待人以诚，"虽御童仆，如对大宾"。陈烈熟知古代典礼制度，对礼仪细节料想之周至，每为乡人所诚服，故"里有冠昏丧祭，请（命）而后行"，皆乐于向他请教。

陈烈十四岁时，父母相继离世，黄泉之痛，伤心欲绝。他哀戚终日，居丧期间"水浆不入口者五日"。"自壮及老，奉事如生"，寤寐未尝终止，日夜梦寻双亲。他曾对陈襄言："烈今日纵得尊荣，父母之不见，何足为乐！"这也是陈烈无意仕途之根本原因。

陈烈一生饱读儒家经典，与陈襄、周希孟、郑穆合称"海滨四先生"，洞明政教与孝悌关系之真义，希望用这种方法来影响政治，著有《孝报经》三卷遗世。

据《榕城考古略》载："宋熙宁中，陈烈与郡守丁竦、提刑沈绅同游，刻《鼓山铭》于峰头之盘石，而亭其上，后圮。"如今，在鼓山绝顶峰北坡积水池南沿北向仍可见到《鼓山铭》石刻。

鼓岁崩，顶峰特。穷岛夷，颣封域。
屏闽东，拱辰北。岁辛亥，帝司赤。
竦绅烈，从陟陉。搴若华，揖瑶极。
呵虿虺，蹴鳌脊。披霄根，单目力。
高者仰，深必惕。谨其至，惟古则。
丁竦公善、陈烈季甫大顶峰，沈公仪铭。

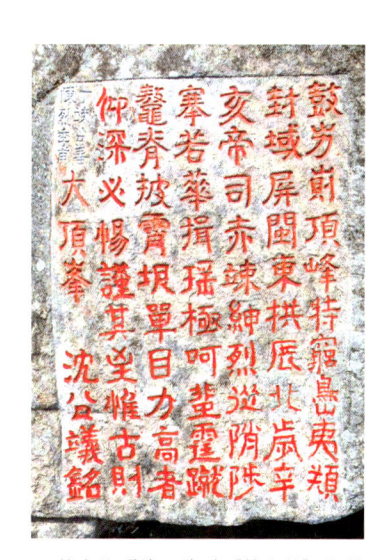

鼓山绝顶峰、陈烈《鼓山铭》题刻

廉：张元幹

《广雅》："廉，清也。"《释言语》："廉，敛也。"廉，即为官清正，不索取。

张元幹（1091—1161），字仲宗，号"芦川居士""真隐山人"，永泰月洲人，曾任陈留县丞、朝奉郎、将作少监、正议大夫等职。

张元幹出生累世簪缨之家，家中皆为忠君爱国、善政恤民、不畏权贵之廉吏。其祖父张肩孟廉正自持，为官二十余载，家无余财，库无余帛，立家训："立身清廉，行正品端。非财莫取，酒色勿贪。"

张元幹从小心怀天下、忧国忧民。25岁进士及第，恰逢北宋朝廷趋于衰落，官风不正，贪腐成风。他疾恶如仇，不愿趋炎附势于秦桧，一直未受重用。在担任抚谕使时，每至一地，必肃清吏治，革除弊端，获御赐金牌"虽无銮驾，如朕亲行"。

张元幹为官清廉，从不接受宴请和贿赂，家无私积，亦无豪华宅府，51岁建一简陋小筑，在后院种朴树，曰："人以积金以遗子孙，吾教子一树耳。"

宋绍兴十九年（1149），张元幹偕友同游鼓山，在石门南向留有一处摩崖石刻。文曰：

锡山袁复一太初，自富沙如温陵，道晋安东山，登白云峰，访临沧亭，尽揽海山之胜。郡人张元幹仲宗、安固丘铎文昭、莆阳余祉中锡、晋陵孙斑子舆同来，泰初仲子嘉猷侍。绍兴己巳十月戊辰，丹杨苏文瑾粹中题。

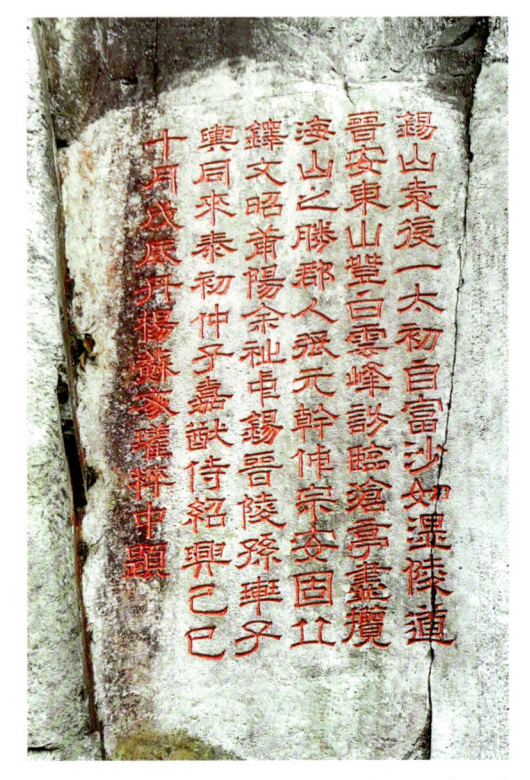

鼓山石门南向张元幹题刻

节：邓肃

"节，竹约也。"《说文》云，从竹，即声，本义竹节，比喻人之操守、品格。《荀子·王霸》："士大夫莫不敬节死制。"

邓肃（1091—1132），字志宏，号"栟榈"，沙县八都邓墩人，唐末崇安镇将、剑州路将军邓光布后裔。

邓肃自幼聪明好学，26岁入太学。宋徽宗当政时，在开封建艮岳，令各地进贡奇花怪石。邓肃呈《花石诗十一章并序》，针砭阿谀奉承之徒，触怒权臣，被逐出太学，仍义无反顾，挥笔写下"填海我如精卫，挡车人笑螳螂。六合群黎有补，一身万段何妨"的诗句。

靖康二年（1127），金兵灭北宋，朝廷大臣中不乏卖主求荣者，邓肃则不为利禄所动，"不食楚粟，饥饿殆不能行，万死一生"。

邓肃忧国忧君，激愤时曾在3月之内上疏20余道奏议。南宋建炎元年（1127）八月，高宗听信谗言，将居相位仅75天的李纲再度罢免，太学生陈东、布衣欧阳澈等为保李纲被斩首。邓肃仍于当月上疏《论留李纲疏》，明言"纲学虽正而术疏，谋虽深而机浅"，触怒高宗。同年十月，邓肃被谪贬回乡。

绍兴二年（1132）五月，邓肃携母避乱于福唐（今福清），数日病逝，年仅42岁。有《栟榈文集》25卷传世，其中《游鼓山》诗云：

> 兰桡舣岸雷霆骇，疾雨狂风欲翻海。
> 吾人作意水石间，素志岂因风雨改。
> 悟适当如未悟人，衡山不知为开云。
> 鲁阳莫试挥戈手，郭泰何妨垫角巾。
> 山僧导我飞芒屦，要看渠师得道处。
> 雪喷鼎烹一叱迴，千古涧流不东注。
> 我笑老师太豪雄，故今鬼神窥吾踪。
> 安得廓然无圣解，苍厓依旧飞白龙。

上述四位宋代先贤皆以"忠孝廉节"为立身之本，也是中国几千年来名儒志士的典范。作为福建人，他们皆与鼓山结下不解之缘，他们的诗词、铭刻为鼓山增添异彩，也为后人留下了不朽的精神财富。

山巅遥望琉球岛

唐丝璐 赖正维/文 林振寿/图

明清时期，中国派往琉球的册封使团皆以福州作为往返口岸。据明何乔远《闽书》记载，"闽人相沿谓登鼓山之巅，远见琉球"，册封使团在福州准备渡海期间，在当地官员的陪同下，鼓山成为他们的必游之处。宾主们在游玩中或吟诗诵唱或赋诗抒怀或挥笔作记，其中的一些即兴之作成为鼓山的摩崖石刻，留下册封使游览山间的生动记录。

现今鼓山中存留着有关明朝嘉靖年间册封正使陈侃和副使高澄、正使郭汝霖、清康熙朝册封副使徐葆光等人的题记、诗刻和题名共3段。

鼓山风光

嘉靖十三年册封正使陈侃及相关题刻

陈侃（1489—1538），字应和，浙江鄞县人，嘉靖五年（1526）进士，授行人，进刑科给事中。嘉靖十一年（1532），陈侃以吏科左给事中的身份，被皇帝任命为正使，偕副使高澄前往琉球册封世子尚清继位。嘉靖十三年（1534）五月，陈侃、高澄到达那霸，七月完成册封，九月归国，回国后将出使过程写成专门的报告呈送皇帝御览，将其命名为"使琉球录"，其内容大致包括册封档案，如皇帝诏书、谕祭文、使事纪略等。

陈侃在前往琉球前，曾两次登上鼓山并留下题记石刻。第一次是嘉靖十二年（1533），陈侃与福建按察使胡岳、左参政黄宗明等人一同登顶鼓山。据《鼓山志》记载，此次游览的题记石刻位于灵源庵塔之下，而今，庵、塔早已不存，题刻亦无处可寻，根据记载，题记内容如下：

> 嘉靖癸巳季夏，左给事中陈侃、按察使胡岳、左参政黄宗明、副使陆铨同游鼓山寺，至灵源洞，见泉石奇异为之开舫，遂登鼓山绝顶，宗明书。

第二次是嘉靖十三年（1534），据使录记载，陈侃、高澄在琉球完成册封典礼后，于嘉靖十三年（1534）十月初到达福州。"嘉靖甲午日月阳止"的题刻，说明这次鼓山之行是在完成使命之后的十月，印证了陈侃两次登上鼓山。此次是在时任巡按福建监察御史方涯的陪同下，陈侃、高澄二使与两位福州籍名仕

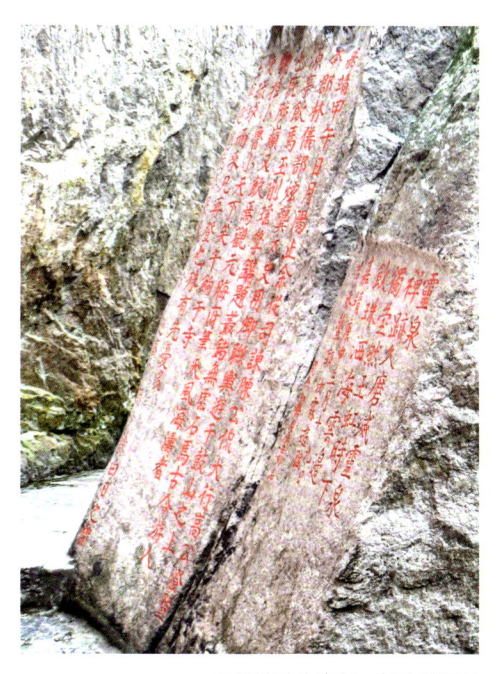

石门附近的陈侃、郭汝霖题刻

——礼部主事林炫、翰林院修撰龚用卿一同游历鼓山,并留下题记石刻。游鼓山的宾主五人中,龚用卿与陈侃同为嘉靖五年(1526)进士,方沆与高澄同为嘉靖八年(1529)进士,可谓是一次巧遇。该题记位于灵源洞石门,石刻面北,幅高约74厘米、宽约93厘米,为纵9行楷书,共170余字,字径约8厘米。该石刻已有些许模糊难辨,多处缺字。题记全文为:

嘉靖甲午日月阳止,余从司谏陈公侃,大行高公澄暨郡林仪部炫,龚太史用卿联游于鼓山之上,憩灵源亭饮焉。玉削瑶擎,镌题丛错,无虚石焉,古今游人意也。既陟巅,又饮焉;观元晦所笔"天风海涛"者,觉目极矣。几于小鲁小天下矣。午饷于寺,□咏□□斯游□□□使琉球而来,凡再登也。殊有先忧□□□土兴趣悠然,吟豪莫□余□巡事□期,少余白日之闲,而从诸大夫后,信不偶矣。命闽县主簿秦廷誉题□石,巡按福建监察御史方沆书。

嘉靖四十年册封正使郭汝霖及其题刻

郭汝霖(1510—1580),字时望,号"一厓",江西永丰人。明嘉靖三十二年(1553)进士,嘉靖三十五年(1556)由行人选吏科给事中。嘉靖三十七年(1558),明朝选定行人司行人李际春、刑科给事中吴时来前往琉球册封世子尚元袭位,因吴时来畏惧不肯前往,继而由郭汝霖顶替,郭为正使,李为副使。二人在福建准备使船、给养时,因风向不顺,耽搁行程。嘉靖四十年(1561)由福建五虎门启航,前往那霸。同年十一月,封事竣,自那霸返航归国后,郭汝霖任南太常寺卿,著有《石泉山房文集》(其子辑)并与李际春同编《重编使琉球录》。

嘉靖三十九年(1560),郭汝霖登鼓山游历,见景抒情,写下五言绝句诗,刻于石门,与方沆的题记左右并排。该石刻幅高约103厘米、上宽52厘米、下宽62厘米,楷书纵7行,共48个字,字径约7厘米。诗文如下:

灵泉

禅迹久磨灭,灵泉独莹然。

玉虹时下饮,珠洒海云边。

嘉靖庚申二月十九日吉,永丰郭汝霖游赋,闽县知县周舜岳刻石。

值得注意的是，清乾隆年间郡人黄任修辑的《鼓山志》中收录了这一作品，但与石刻不同的是，《鼓山志》中未录"灵泉"二字，落款也误写为"吉水郭汝霖"。

郭汝霖出使琉球时，正值东南沿海倭患频发，在福州等待四年才得此行，可谓不易。郭汝霖登高望海，由景抒怀，写下七言诗《鼓山望海歌》、五言律诗《游鼓山》，收录在《鼓山志》中：

鼓山望海歌

鼓山雄峙闽城之东南，危乎突兀苍云参。天风簸荡万岛侧，吹我倏忽青冥岚。一声长啸林谷应，语响以与上帝谈。扶桑翘首积烟雾，澎湖滉瀁如拖蓝。海氛戎戎海日薄，浪花滚滚全银函。长鲸喷沫短鲸骇，蛟龙来驾天吴骖。中山杳霭知何处，飞帆迟阻余多惭。君不见五虎、闽安在眼底，连年倭血赤潮水。挥戈岂无斩馘功，四郊多垒公卿耻。谁能折冲尊俎间，免令黎庶勤弓矢？

游鼓山

春日古招提，风花满曲溪。人从一径入，僧倚半岩栖。拂石悬苔字，视涛没海蜺。兴来登绝峤，一笑万山低。

康熙五十八年册封副使徐葆光及其题刻

徐葆光（1671—1740），字直亮，号"澄斋"，室名二友斋，江苏长洲人。康熙四十四年（1705），皇上南巡，其以诸生献诗赋被取，至京举戊子顺天乡试，虽在康熙五十一年（1712）会试时落榜，却被钦赐一体殿试，并以第三名探花及第，授翰林院编修。康熙五十七年（1718），与海宝奉旨作为册封琉球国世子尚敬的使者，海宝为正使，徐葆光为副使。

康熙五十八年（1719）五月，册封使团由福州出发，册封事毕，翌年二月返闽。徐葆光根据使琉球期间的见闻，撰《中山传信录》六卷，考据精博，为向来所未有。除《中山传信录》外，还著《水经注钞》二卷、《淳化阁帖考》十卷、《海舶集》三卷、《二友斋文集》十二卷、诗集二十卷、词一卷，可谓著述等身。

康熙五十八年（1719）四月，徐葆光与其弟及友人一同登鼓山游玩，并留下题记石刻。该石刻位于灵源洞崖壁上，幅高约150厘米、宽约130厘米，西向，直

灵源洞崖壁上的徐葆光题刻

7行楷书共49字，字径约15厘米。石刻全文为：

　　康熙己亥，长洲徐葆光亮直，以使事至闽。四月之望，偕弟尊光日暄、昆山黄子云士龙、晋江王观涛溶卿、僧常荣载月得人同游。

　　同其他名人墨客一样，徐葆光也为鼓山之景所折服，有感而发，作有多首诗：五言绝句《自浴凤池游白云泉》三首，五言绝句《赠茶园老衲》一首，五言古诗《游鼓山赠恒涛和尚》一首，均收录于《鼓山志》中：

游鼓山赠恒涛和尚

鼓山七闽秀，奇胜兼沧溟。
城东列严嶂，岁崒何亭亭。
混漾浴朝旭，嵯峨矗天星。
清和雨初霁，濯濯开幽坰。
窈窕陟松磴，飘飘敞云屏。
拂衣谢纷乱，洗心及清泠。
灵泉化城涌，岩窦开金庭。

千年象教力，一扫潜龙腥。
梵呗隔山应，烟月连崖冥。
高僧接软语，一夕尘劳醒。

自浴凤池游白云泉（三首）
其一
雨色闭空山，隔岭闻清磬。
俯瞰白云泉，倒落莲花影。
其二
披径陟崇冈，招提指上方。
危崖半边屋，古佛一龛香。
其三
山高别有天，石𪃸疑无路。
脚下乱云浮，一杖凌虚度。

赠茶园老衲
结屋石庐下，尽日风吹雨。
岩上无心云，偶然自飘举。

另外，徐葆光为涌泉寺方丈所题楹联"一天松月流空界；隔岭钟鱼应海潮"，至今犹存。

中琉宗藩关系绵延五百年之久，册封使是中琉友好往来的亲历者，他们在鼓山上留下的石刻以及诗作，更是中琉密切交往的珍贵历史遗存。

鼓山题刻闽东痕

陈仕玲/文　林振寿/图

闽东地区在两宋时期设有长溪（今霞浦县）、宁德、福安、古田四县，一度隶属于福州管辖，其中古田县在中华人民共和国成立之前更是一直隶属福州。

在被誉为中国"东南碑林"的鼓山摩崖石刻中，与闽东地区相关者（包括本土人士，以及任职闽东的外地人士），数量将近20段，时间跨度由南宋至民国。

南宋赵希衮题名石刻

一

在鼓山灵源洞石门附近，有一段南宋右丞相赵汝愚所留的著名诗刻，名句"江月不随流水去，天风直送海涛来"即出自其中。题刻还写道："绍熙辛亥九月二十日，赵子直同林择之、姚宏甫来游，崇宪、崇范、崇度侍。王子充、林井伯不至。"其中提到的林择之，名用中，字择之，号"东屏"，古田县人，曾从林光朝（石刻中提到的"林井伯"即林光朝之子）游，立志求"明德、新民、止于至善"之学。他后来得知朱熹讲学于建阳屏山书院，遂弃举业往投。朱熹重其"志操"，目为畏友，与蔡元定齐名。庆元二年（1196），林择之登邹应龙榜特奏名进士，终不求仕进，著有《草堂集》。

据束景南《朱熹年谱长编》："一一八三 淳熙十年 癸卯……（三月）赵汝愚招致林用中入幕府，有诗送之。……林用中十年赴福州，至十二年底归古田。"可知早在赵汝愚第一次任福州知州时，林用中就已入其幕府。

在灵源洞东侧崖壁，著名的"溪山清净"与"国师岩"两段石刻之间，有一方南宋赵希衮题名石刻，文如下：

淳祐丁未孟冬朔，止泓赵希衮偕客王复、陈士挺来游。子与谏、与諲侍。住山宗信、僧显辉、智灯。

淳祐丁未为1247年。清黄任《鼓山志》卷六《石刻·宋》收录了这方石刻，并对其中人物有所提及：希衮，字君绰，号"止泓"，燕王德昭八世孙，时知南外宗正司事。王复，福宁人，嘉熙二年（1238）进士。

黄任提到的这个福宁人王复，从南宋梁克家《三山志》卷第三十二、刘克庄《阮安人墓志铭》、民国版《霞浦县志》卷之十五也可以找到记载。王复，字仲初，长溪（今霞浦县赤岸）人。嘉熙二年（1238）进士，历任华亭县尉、长林主簿。

接下来要提到的这段石刻，位于"喝水岩"石刻之左，与以上提到石刻不同的是，这段石刻的主人公是闽东人，题写时间在淳祐八年（1248）四月十六日，比王复游山晚了不到一年。文如下：

郡人郑寀同周圭、王璞、郑自牧、张疆、方应泽、刘自、黄士虞游灵源洞。弟宦，甥上官晟、子斿侍。淳祐戊申四月既望。

郑寀（1188—1249），字伯亮，一字载伯，号"北山"，福安穆阳人，绍定二年（1229）进士，历官殿中侍御史、左谏议大夫，同签书枢密院事，《宋史》卷四百二十有传。淳祐七年（1247），郑寀遭监察御史陈求鲁弹劾，罢职归里，遂偕子郑斿寄居郡城乌石山下。次年四月，与子侄友人同游鼓山，遂留下这段石刻。

南宋郑寀等题名石刻

石刻中提到的人士，除了郑寀的弟弟郑宦、外甥上官晟、子郑斿之外，其余7人均为同郡进士。其中的张疆为古田人，刘自为郑寀的福安同乡。

在郑寀题刻附近，靠近大士殿的西侧崖壁，有一段郑仲路等人题名石刻，全文如下：

郡人郑仲路，偕吴起岩、吴秀发、叶亮祖、吴季发、郑窖老来访不□，因游灵源洞，时淳祐庚戌季秋既望。

郑窖老，一作君老，字邦寿，长溪人，咸淳四年（1268）陈文龙榜进士。据民国版《霞浦县志》卷之三十一《文苑·列传五》：

郑君老，字邦寿，大金人。年十七，举咸淳进士。宋亡，元之朝士交荐，不起。居家孝谨，内外无闲言，后进多师之。卒，学者私谥"靖节先生"。著有《五经解疑》《梅壑集》。祀乡贤。

二

闽东籍僧人在鼓山的留题共有4段，其中南宋2段，民国2段。

宗正伦等人石刻位于灵源洞将军石前，文：

> 金华宗正伦、彭城颜廷玉、济南石嗣祖、剡溪姚令威同游鼓山。绍兴乙丑孟夏十三日，是日观才老入院。

其中提到的"才老"指的是释本才。释本才，字佛心，长溪姚氏子，为南岳下十四世黄龙惟清禅师法嗣。绍兴十五年（1145），郡守莫将延请他住持鼓山涌泉寺，为该寺第二十五代住持。清黄任《鼓山志》卷四《沙门·宋》：

> 第二十五代佛心大师，讳本才，长溪人，姓姚氏。年十九，依地藏志平剃度受具。……绍兴十五年，安抚莫公请住当山。衲子辐辏常五千指。……（绍兴）庚午十二月二十二夜，书偈告寂。茶毗，建塔本山历代祖师塔之西。岁久塔圮。崇祯壬午，住山元贤移于香炉之前。

南宋僧雷庵正受《嘉泰普灯录》卷一〇、宋释普济《五灯会元》卷一八亦有本才传记。

从石刻可以看出，莫将延请本才住山，具体时间是在绍兴十五年（1145）农历四月十三日。

在鼓山灵源洞石门东侧，"淳熙丁未"朱熹题刻正上方，有一段石刻，记述了嘉定十七年（1224）甲申春，福州知州胡榘劝耕东郊完毕，偕同僚赵师夏等六人游览鼓山的经过。全文108字，时间、地点、人物、事件无一不备，算得上一篇短小精悍的游记。

> 嘉定甲申春，郡守胡榘仲方劝耕东郊竣事，因至鼓山，与西宗赵师夏至道会盟，饭于妙峰阁，访灵源洞，度蹴鳌桥，瞻喝水岩，探涌泉亭，历石门，登"天风海涛"之榭，临观久之。别驾沈柔、孙明夫茂宰、许之选叔仁、陈宗道原仲、郑窀谦仲与俱，长老自镜瀹茗于半山亭。申漏下二刻乃还。

长老自镜，长溪高氏子，鼓山第四十代住持。清黄任《鼓山志》卷四《沙门·宋》：

南宋胡榘游山记石刻

第四十代枯禅禅师，讳自镜，长溪人，姓高氏。遍参诸方，得法于密庵杰公，出世宁德凤山。嘉定癸未，移鼓山，铸洪钟。……绍定乙丑，移真州北山，后移天童。甫至而寂，建塔天童。

石刻中提到的"郑宷谦仲"，黄荣春《福州摩崖石刻》中认为是"宁德人"，实际上与宁德郑宷非同一人。宁德郑宷为北宋绍圣四年（1097）进士，字志天（一作夫）。字、号不同，而且生活于北宋中后期，与石刻提到的郑宷相差了100多年。

民国时期，福鼎高僧智水曾任福州怡山西禅寺住持，鼓山也有幸留下了与他相关的两段石刻。

民国十六年（1927）春，厦门南普陀寺方丈会泉法师任期届满，他极力推荐太虚继任方丈，兼任闽南佛学院院长，当即推举转逢和尚为代表，赴上海敦聘太虚来厦就任。太虚一行随即抵闽，晚春三月途经福州，在智水邀请下，太虚、会泉、转逢共游鼓山（时常惺受邀未至）。游山之余，太虚留诗一首于灵源洞西侧。石刻如下：

一泉湛湛阿罗汉，觅到灵源洞已深。

喝水岩前流更急，溪花照澈国师心。

丁卯三月，智水、会泉、转逢和尚同游，常惺法师未至，太虚题句并书。

在鼓山白云洞，智水法师还留下了另一段石刻。

民国十二年（1923）七月，鼓山涌泉寺监院心本鸠资重修白云洞，次年四月竣工。适逢佛诞，智水应邀为之题记。末端署名"瑞云了幻头陀"，了幻头陀为智水别号，瑞云指的是福鼎硖门乡的瑞云寺，智水5岁时于寺中剃度，18岁时又在此担任住持，并参与了寺院的重修工作。

三

至于仕宦闽东的外地人士，利用从政之余，寄情山水，在鼓山也留下了不少题迹。

在灵源洞将军石旁，有一段张正子等人的题名石刻：

张正子、赵崇荫、陈灼、诸葛寅、郑黼、周自介、陈淳祖,淳祐壬寅九日同游鼓山灵源洞。

郑黼,字文甫,建宁府崇安(今武夷山市)人。淳祐五年(1245)知福安县,为福安自南宋设县以来的首任知县。

灵源洞之左,有淳祐七年(1247)郑思问等题名石刻,里面提到的"鄱阳徐宪",开禧间(1205—1207)任古田令。民国版《古田县志》卷之十三《职官志·题名·宋·知县兼兵马监押》:"徐宪,开禧间任。"地方志未提徐宪籍贯,石刻所记倒填补了地方志的空白。

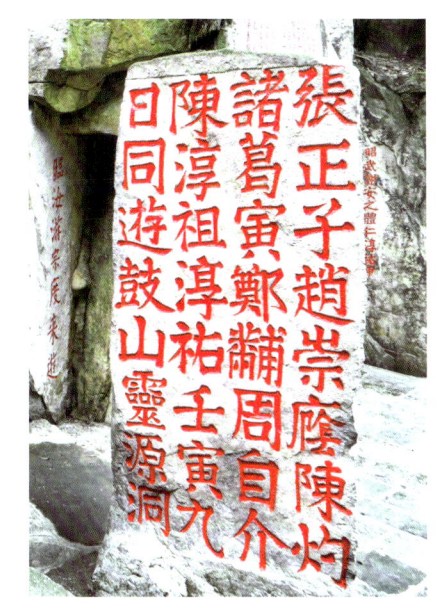

南宋张正子等题名石刻

此外,鼓山还留下了与南宋宁德县令赵与槟、元代福宁州达鲁花赤秃满、古田县尹刘溶等人相关的石刻。

在鼓山留下笔墨最多的外地来闽东的官员,当属清代的四川犍为人李拔。李拔(1713—1775),乾隆二十四年(1759)春任福宁知府,二十六年(1761)五月调任福州知府。在福州居官三载,李拔的足迹遍及郡内名胜古迹,所至之处均留有题刻,仅鼓山就留有9段摩崖石刻。除了鼓山之巅屴崱峰"登峰造极",还有"声满南天""云程发轫""欲罢不能""毋息半途""欲从未由""寻乐处""洗心台""卓尔"皆为榜书,至今保存完好。

此山佳处应记取

高健斌/文 林振寿/图

一

乾隆二十三年（1758），闽浙总督杨应琚登鼓山时发了一通感慨。这一段看似平常的话，如果仔细琢磨，会觉得很有意思：

鼓山为八闽胜地，烟岚泱漭，泉石喷薄。宋时名贤来游，磨岩题壁者指不胜屈。戊寅之夏，余待罪制使，于劝农之便遂登其麓。伏见先公与前制府高文良公唱和之什。先公时任粤东巡抚，奉命来闽清理十郡要务，校阅沿海军营，驻省数月。公余信宿山寺，吟咏其间，迄今三十二年矣。小子应琚，荷圣主之殊恩，食先人之旧德，拜诵之余，不知涕泗之何从也。

杨应琚对鼓山风景的夸赞绝非过誉。谢肇淛在万历版《鼓山志》里曾写道："鼓山距郡城之东三十里，屹立海滨，其高可十五里，其延袤可数十里，实郡之镇山也。"形家有云："右旗左鼓，全闽二绝。"李拔在乾隆版《鼓山志》序中亦言："陟乎其巅，俯视一切，洞心豁目。"但是，元贤《鼓山志》（卷一）又云："溪山之胜，虽本天造，亦藉人显。兹山唐以前但为龙蟒之宫、虎豹之穴而已。自（涌泉寺）法幢既建，榛莽渐开……"很明显，在涌泉寺建立之前，鼓山还未具备成为游览胜地的人文条件。因此，如谢肇淛所说："唐末徐寅《灵源洞记》及《十二咏》已轶，不传。"唐末的那些诗文并不一定刻石。鼓山摩

蔡襄等人题刻被认为是鼓山最早的一幅摩崖题刻

崖的第一批作者，应该是杨应琚所称的"宋时名贤"。

那么，在鼓山留下摩崖石刻者，到底谁是最早的那一位呢？

杨应琚当年看到的宋代摩崖，最早的是哪一方，他自己没有明说。明代的《鼓山志》以及清末刘喜海的《鼓山题名石刻》和其他金石类著作，都把"才翁，庆历丙戌季夏游"篆书题刻列在第一位。晚清的郭柏苍更是直言此刻"于此山石刻最古，刻于岩者皆以继是处"。因此，杨应琚应该也不会例外。

但很遗憾，现今，这一方摩崖题刻已佚。现存鼓山最早的摩崖题刻，坊间书刊均指灵源洞旁的"邵去华、苏才翁、郭世济、蔡君谟，庆历丙戌孟秋八日游灵源洞"题刻。其实，现场细看这一方摩崖题刻，可看出它是在一方年代更早的摩崖题刻上重新刻石的，其中漫漶不清的文字，现在还隐约可见。鼓山最早摩崖题刻的名号，大概应归于这段漫漶不清的小字。如果将来能通过科学手段获取更清晰的信息，找出这段摩崖题刻的作者，那就完美了。

不要小看"宋时名贤"在鼓山上开始摩崖刻石的重要性。自从蔡襄、李纲、赵汝愚,特别是朱熹在鼓山上刻石留名后,鼓山人文历史才真正进入了它的繁荣期。自此后的诸君的游记、诗词,许多都讲到灵源洞观蔡君谟书,至石门观晦翁题名、赵子直题诗,登绝顶峰观晦翁所书大字。永乐年间巡按福建监察御史陈智说:"剥苔读碑,慷慨吊古。观晦庵朱先生遗墨,因其墨,思其人,想其道学文章事业,是虽曾点童冠之风雩,右军兰亭之修禊,其乐无以加也。"晚明的王世懋更是直接说:"自有宇宙便有此山,而夸诩胜事,使人欣然愿往,则以先生(朱熹)石间书。"

水云亭基石上南宋淳熙十三年(1186)诗刻,传为赵汝愚所书

在登完山,观完前贤石刻后,虽然也有像刘克庄这种"饯诗堪覆瓿,不敢镌苍崖"的谦逊君子,但更多的是像南宋端平年间黄登那样"磨崖纪胜,期与此山俱传"。这也使得鼓山上如杨应琚所说"磨岩题壁者指不胜屈"。在晚明的时候,谢肇淛就说:"余游宇内名山足迹几徧。其间识刻镌铭之多,未有逾是山者。"到了晚清郭柏苍来游的时候,"宋、元、明、近人刻诗,题名殆满,篆、隶、真、行、草悉备,是山腹笥,可谓富矣。谋刻题名,以继古人,求片石之隙者不可得"。现在我们在鼓山灵源洞就可以看到,位置最好的地方基本被宋代摩崖题刻所占,清代摩崖题刻往往都在更高、更偏的地方。

当然,尽管刻石者众,但是在杨应琚来时,能在鼓山上摩崖刻石的,还都算得上是"名贤"。正如晚明长乐举人蒋奕芳所言:"非名人魁士,磨崖勒石,不足以发舒山灵之气。"但时代在变化中,到了民国,鼓山摩崖中就出现了台江华来参药行的广告"小儿疳积散""换骨露"。这种完全不符合传统审美观念的摩崖题刻的出现,确实让人感慨万千。大概只能以现代学术的眼光来看待其间体现出来的商业时代及还山于民的气息吧！

二

杨应琚来登鼓山，是"劝农之便"。梳理鼓山的摩崖石刻可看出，北宋时期，所有的摩崖内容中都没有刻上游鼓山的理由。第一次明确记录登鼓山理由的是南宋乾道三年（1167）的石刻："乾道丁亥暮春廿三日，余出郊观稼，劳田夫野老而访其疾苦，遂至鼓山烧香供茶，登临沧亭而返。男铢、錞、铿、鋠，孙淙侍行。襄阳王瞻叔书。"

"出郊观稼"自然也是"劝农"，自此之后，这其实是很多官员来游鼓山的理由。另外值得一说的是，杨应琚来登鼓山看到父亲的题刻，感慨万千。鼓山上第一次记载后代登鼓山睹先人刻石而感慨万千的，也正好是在"王瞻叔等题名"后，刻有"淳祐癸卯曾孙亚夫来此拂石"。

杨应琚来鼓山看到壁上刻着的是原闽浙总督高其倬与其父杨文乾的唱和诗，这属于摩崖诗刻。在鼓山，尽管包括蔡襄在内的大量北宋文人墨客写过游鼓山的诗，但都未见刻于石上。北宋时期仅有过一个勉强算得上摩崖诗刻的孤例，即熙宁四年（1071）沈绅在大顶峰刻过一段三字铭刻：

鼓岁崺，顶峰特。穷岛夷，频封域。
屏闽东，拱辰北。岁辛亥，帝司赤。
竦绅烈，从陟陟。寒若华，揖瑶极。
呵蛰霆，蹴鳌脊。披霄垠，单目力。
高者仰，深必惕。谨其至，惟古则。

丁竦公善、陈烈季甫，大顶峰，沈公铭

真正的诗刻，还得算南宋淳熙十三年（1186）刻于在水云亭基石上的：

灵源有幽趣，临沧擅佳名。我来坐久之，犹怀不尽情。
褰裳步翠麓，危绝不可登。豁然天地宽，顿觉心目明。
洋洋三江汇，迢迢众山横。清寒草木瘦，翠盖亦前陈。
山僧好心事，为我开此亭。重游见翼然，险道悉以平。

清代为霖（涌泉寺住持）诗刻：削壁天开巴峡同，怒雷常吼此山中。谁云水是无情物，一喝回头万籁空。 心静无痕图

会方有行役,卬蜀万里程。徘徊更瞻眺,斜日下云屏。

淳熙十三年正月四日,愚斋

自此之后,鼓山摩崖石刻内容越来越丰富,体例多样。题名刻、榜书、诗刻、游记都出现了。

杨应琚在鼓山看到的其父与高其倬的唱和诗刻,与"才翁"篆书摩崖石刻一样,现在都佚失了。其实,何止这两处,鼓山古往今来佚失的摩崖可谓难以计数。联系到前面提到的南宋端平年间黄登所说:"磨崖纪胜,期与此山俱传。"我们又可以简单梳理一下鼓山摩崖石刻的种种命运。

前文已提到,蔡襄等人的题名将在其之前的摩崖石刻破坏了。此外,还有山崩、滑坡掩埋等天灾。而人类活动的"创庵围垣所蔽而毁者"亦不在少数,使不少摩崖石刻主人未能实现与"此山俱传"的理想。

即便是山石仍在,但"苔封藓侵,观者艰于览诵"。尽管"满壁题名苔翳尽,闲来摩洗辨银钩"确实风雅,但实际上在明代,蒋奕芳就感慨:"可读者十得五六。"那不可读的十之四五,亦未能实现与"此山俱传"的理想。"诸勒铭者,欲寄于山以存也。乃山又不足恃,亦可悲矣!"

据最新统计,目前鼓山上幸存又可读的摩崖石刻尚有600多处。近年来,对鼓山摩崖的保护、利用大大超越了古人。现今鼓山摩崖基本都已描红显字,再也不用"扫苔细读题诗壁"了。但是,真正能让人记住的摩崖,又能有几处呢?

还是清代人潘耒说得透彻:"自有兹山,古今来游者何限,皆泯泯无闻,即题名勒石者四百余人,亦若存若亡,惟蔡君谟、李伯纪、赵汝愚、朱晦翁、真西山诸公炳若日星,使人摩挲遗迹不忍去,岂非金石不足恃以久存,而道德文章为可贵耶!"

有心登鼓山赏摩崖者,游观之后,大概最应该于此段文字"拜诵之余,不知涕泗之何从也"吧?

第三章 名人访山

讲述历代文人墨客、王侯将相、高僧大德等历史人物与鼓山相关的经典故事。带领阅读者跟随古人的脚步,体味他们登高望远的心情,见证名人雅士的深情,寻找千年法脉的源流。

王审知：鼓山兴法赖闽王

林叶/文 林振寿/图

涌泉寺天王殿和大雄宝殿之间的两侧堂庑，一边各两间，共有四间祠堂，分别是闽王祠、伽蓝殿、祖师殿、寿昌堂。

祖师殿供奉达摩，伽蓝殿供奉关公，寿昌堂供奉涌泉寺开山鼻祖神晏法师，而闽王祠供奉着王审知，这是在别个寺院所没有的，也让很多外地游客感到好奇。

对于福州这座城市来说，王审知是最受敬重的王。对于涌泉寺和福州一些寺庙来说，王审知则是理应被纪念的创始人和大功德主。

闽王祠正殿内供奉的王审知塑像

一

　　唐末大乱，王氏三兄弟王潮、王审邦、王审知从河南一路南下，最终在福建站稳脚跟，成为闽地的实际统治者。王审知接过大哥王潮的班之后，898年春，唐朝廷正式任命其为威武军节度使。到907年，当朱温通过禅让的形式夺取了帝位，建立后梁后，王审知又被后梁朝廷封为闽王。

　　闽王王审知，统治福建近三十年，后世尊称"开闽圣王"。在卓越的政声之外，王审知是一位虔诚的佛教信徒。他在位期间，在福州兴建佛寺，倡兴佛法。王审知主政的这些年，福州市民百姓开始习惯于见到一座座新修寺庙拔地而起，还有很多旧废寺也得到修复，福州变得愈发香火梵音缭绕。

　　关于王审知对佛的迷恋，事例不胜枚举。

　　904年，他在九仙山（于山）建报恩定光多宝塔，现俗称"白塔"。906年，他又为开元寺铸金铜佛像阿弥陀佛，有一丈六尺之高。后又接着铸菩萨二尊，丈有三尺高。铸成之后，办无遮普供大法会来庆祝，设二十万人斋，规模之大，几乎倾城。王审知的助手、晚唐著名诗人黄滔为此写了篇《丈六金身碑》，里面形容当时盛况，"是日也，彩云缬天，甘露粒松。香花之气扑地，经梵之声入空"。

　　他与福州雪峰寺（在今闽侯大湖乡）的名僧义存交往很深，曾数次请义存到福州王府里为他说法，并舍巨资，为义存在雪峰寺大兴土木，修葺梵宇，使雪峰寺成为南方最有名的大寺。义存死的时候，闽王泪如雨下，呼号着说："师其舍予一何遽乎。"

　　908年，王审知又从雪峰寺请来义存的弟子神晏，在鼓山原来华严寺的废墟上主持修建新寺。南宋《三山志》记载："梁开平二年，闽王审知复命僧神晏居焉，号'国师'，馆徒千百，倾国赀给之。乾化五年，改为鼓山白云峰涌泉院。"由此，涌泉寺绵延至今，成为今天的"闽刹之冠"。

　　"倾国赀给之"，这句话分量不轻，虽然王审知在福州城内外资助的寺庙工程不在少数，但似乎涌泉寺是他极为重视的一处：封神晏为"国师"，寺中僧徒有千余人，而且供养寺庙的僧田最多时候有84000亩，令人叹为观止。这也使得涌泉寺迅速成为闽中大寺，"四方净侣，云集雾拥"，盛极一时。"因资其余羡，启辟田畴，养徒岩谷。使学道之士，得栖神净域，不以衣食婴其心，王氏之赐也！"因为有着神晏的名望，四方僧侣纷纷来涌泉寺挂单修行；因为有着王审知的推崇和财力上的强大支持，寺庙资产雄厚而常有盈余。所以涌泉寺能够在周边不断开辟田产，以维持日益庞大的僧人团队和慕名前来求法的各路信徒，为他们修行创造一个相对无忧的优渥环境。

二

这样一处地方，王审知自然常来。

所以在修建寺院后，他又把原本樵夫农人走的登山小道改造升级为石板路，方便上山听法礼佛，这就是今天鼓山登山古道的前身。道上又建数个亭子，以供休憩，今天鼓山登山古道还保留着与王审知相关的更衣亭。传说王审知每次到涌泉寺，都要在此亭中换上袈裟，方才进寺，以表尊敬。

此外，王审知还在寺外寻一地（现在梅里景区舍利窟一带），把闽地一部分犯罪之人谪居于此，安排他们开辟茶园种茶，供养给寺庙和王室所用，这是鼓山有文字记载的茶种植历史的肇端。到了明清，鼓山所产半岩茶名气很大，曾被作为贡茶。明万历《福州府志》记载："茶，诸邑皆有，闽之方山、鼓山为最……"清代黄任《鼓山志》载："王敬美督学在闽，评鼓山茶为闽第一，武夷、清源不及也。"

王氏在闽地的统治没有很长。王审知925年去世，王审知之后仅仅过了20年，闽国就被南唐所灭。再往后，进入大一统的宋朝。宋神宗元丰年间，鼓山涌泉寺第十六代定慧大师在寺中始建闽王祠，初名"忠懿王祠堂"。留下的碑文中写道："定慧大师来主是山。曾未半纪，废事毕举。甲子岁，始卜上创王氏祠宇，严香灯，奉荐羞，晨夕无阙。每于讳日，营斋供僧，资彼净土之报，亦不忘其德也！"此后，涌泉寺里就有了特别的专祀王审知的闽王祠，而它也随着寺庙在之后岁月里的兴衰，遭受损毁和重建。明嘉靖二十一年（1542）随寺毁，明崇

涌泉寺全景

祯十七年（1644）又随寺重建。现在看到的，是1987年在此基础上又修缮过的。

来到涌泉寺，看到闽王祠，除了谈及他对寺庙的爱与贡献、他崇佛的那些故事传说，或许我们还可以从更大的城市历史的视角来理解对他的这份尊崇。

在唐末五代王审知期间，福州城市人口得以大大增加，农业、手工业、商业，包括城市建设，都在这一时期得到很大发展。他拓建城池，在原先子城基础上，又建了罗城、南北夹城（也叫"月城"），罗城的南门已经到了现在安泰河一带。南夹城已经把福州三山的乌石山和九仙山（于山）包在其中，至此，福州才算形成了相对完备的城郭规制，也奠定了之后1000多年福州城市的核心布局。

因为城内面积的增大，可以住进去更多居民，不再局限于官吏士卒，也有了城中市集和连片的民居，福州的街坊里巷在这个阶段得以孕育发展，今天的三坊七巷等在此基础上得以形成。城墙的扩大也伴随着新护城河的开凿，旧的城河成为城市内河，之

鼓山更衣亭

间错杂联通，形成颇为密集的内河水网，它们既是普通居民的日用水源，也促进了城内外的交通和贸易，乃至成为今日福州一个重要的城市风貌特色。

王审知在福州广修塔寺庙宇，留下了不少宝贵的城市文化景观。除了涌泉寺，福州作为历史文化名城，标志性双塔中的白塔也是他建的。差不多100年后，1004年左右的宋景德年间，谢泌写下《福州即景》："城里三山千簇寺，夜间七塔万枝灯。"这种入诗入画的城市风情，正是从王审知起开始形成，并至今仍是这个城市一种显著的风格。

了解了这些，就可以理解这个城市对王审知的感情所在。除了涌泉寺的闽王祠，在福州北郊莲花峰下，森林公园东侧，有闽王王审知陵园，又称"唐闽忠懿王墓"。在鼓楼区庆城路，有闽王祠。在仓山区下藤路有开闽王祠，上渡路还有闽王庙……有兴趣了解的人，可以单列一条王审知主题的城市旅行线路，走上一趟，会是极有意思的。

蔡襄：落笔鼓山竟"忘归"

危砖黄/文　林振寿/图

一

福州鼓山灵源洞喝水岩边上，醒目地刻着"忘归石"三个楷书大字。它出自一代名臣、北宋书法家蔡襄之手，是蔡襄留在福州最有名的一处石刻。

"忘归石"旁三四步开外，另有题刻："邵去华、苏才翁、郭世济、蔡君谟，庆历丙戌孟秋八日游灵源洞。"

蔡君谟就是蔡襄，庆历丙戌即1046年，那是蔡襄到任福州知州的第二年，他和福建提刑苏舜元（字才翁）、福建武臣提刑郭承规（字世济）一起，陪同

蔡襄像

福建转运使邵饰（字去华）游览灵源洞。这两处题刻未必是同一次游览的印记，陪同上级官员和同僚的游览，是很难独自"忘归"的。"忘归石"附近，又有"国师岩"石刻，据说也是出自蔡襄之手。

蔡襄题写"忘归石"，是对此山此水的喜爱。因喜爱而忘返，陶然忘机，那种身心的满足、愉悦和自在，在字迹里行走。诚如他在《游鼓山灵源洞》诗中所写：

郡楼瞻东方，岚光莹人目。
乘舟逐早潮，十里登南麓。
云深翳前路，树暗迷幽谷。
朝鸡乱木鱼，晏日明金屋。
灵泉注石窦，清吹出篁竹。
飞毫划峭壁，势力忽惊触。
扪萝跻上峰，大空延眺瞩。
孤青浮海山，长白挂天瀑。
况逢肥遁人，性尚自幽独。
西景复向城，淹留未云足。

灵源洞喝水岩旁，蔡襄所书"忘归石"

"乘舟逐早潮，十里登南麓。"这说明蔡襄一行是乘船沿闽江前往鼓山的。闽江从鼓山南麓流过，弃舟登山，一步步进入云深之处。山谷幽幽，灵泉飞出，清风吹拂篁竹，飞毫划过峭壁，诗情画意，自在其间。

这首诗描写了鼓山的清幽之美和奇幻之美，让人感受到大自然的多姿多彩和生命气息。"郡楼瞻东方，岚光莹人目。"从城楼上向东方眺望，鼓山的岚光明亮夺目。"西景复向城，淹留未云足。"回过头来，从鼓山向西望，夕阳（即"西景"）映照着福州城，似乎在呼唤人们回城，但鼓山总是让人流连忘返，总是让人觉得兴犹未尽，这就是鼓山的魅力。

和蔡襄一起登鼓山的福建提刑苏舜元,是苏舜钦之兄。蔡、苏时常在一起切磋书法,过从甚密。蔡襄《苏才翁墓志铭》称:"某与才翁兄弟游最久。"

和蔡襄一起登鼓山的福建转运使邵饰(江苏丹阳人),在《宿鼓山寺(庆历丙戌秋)》诗中写道:

> 玉磬声流夜阑寥,天风吹送海门涛。
> 鹤来松顶云归后,人倚阑干月正高。

据文献记载,此诗刻于灵源洞,但今已不存,黄荣春编著《福州摩崖石刻》把它列入"佚刻"。从此诗可知,邵饰、蔡襄一行,当时在寺中住了一晚。明月高照,天风送涛,好友同行,志趣相投,人倚栏杆,意兴阑珊。

二

蔡襄曾两次"知福州",第一次是宋仁宗庆历年间,任职时间为1045年至1047年,第二次是嘉祐年间,任职时间为1056年至1058年。

蔡襄是宋仁宗天圣八年(1030)进士。此届科考由晏殊任主考官,蔡襄与欧阳修、陈希亮、张先、孙甫、富弼等同登进士榜。"庆历新政"期间,蔡襄曾与欧阳修、余靖、王素同列"翰林四谏"。

庆历四年(1044)十月,蔡襄请求外放,以亲老乞乡郡,旨授右正言,知福州。庆历五年(1045)春,蔡襄还乡拜亲,随后迎奉双亲,赴福州任。

初到福州上任,蔡襄心情开朗起来。他在《春潮》诗中写道:"纳纳春潮草际生,商船鸣橹趁潮行。封书欲寄天涯意,海水风涛不计程。"

蔡襄在福州,着力于民生和文化,政绩卓著。

庆历六年(1046)六月,福州遭遇大旱,蔡襄于鳝溪白马王庙为民祈雨。雨后,旱情大解。七月,蔡襄偕邵饰、苏舜元、郭成规同登鼓山,游灵源洞,这便有了上述四人的题名石刻。

九月,蔡襄在州学举行仪式,为发解进士饯行。他在《州学饯送解发进士》诗中写道:"朝家岁取天下士,官守小大悉分治。育材论荐苟失宜,德业英豪苦难致。予尝备员内供奉,作书参议科场事……"

为了兴办教育，蔡襄延聘儒士周希孟等在福州讲学，并亲至学舍听讲。欧阳修撰《端明殿学士蔡公墓志铭》载："公得先生周希孟，以经术传授，学者常至数百人。公为亲至学舍执经讲问，为诸生率。延见处士烈，尊以师礼。"

蔡襄提倡有病就医，反对民间蓄蛊害人。为改变当时福州地区流行的"左医右巫"之俗，他亲自撰写《太平圣惠方后序》，书碑立石："闽俗左医右巫，疾家依巫索祟，而过医门十才二三，故医之传益少。余治州之明年，议录旧所赐书（按，指《太平圣惠方》），以示于众……"

蔡襄时常亲往城外乡间考察民情风俗。其《达观亭》诗云："……城郭烟火稠，水陆渔樵蕃。偶暇按民俗，适游心意欢……"达观亭，位于福州大庙山钓龙台上侧。

庆历七年（1047）夏，蔡襄由福州知州改任福建转运使。他在《移居转运宇，别小栏花木》诗中说："三年对小栏，花藕见颜色。红薇开已久，春风长先得。素馨出南海，万里来商舶。团团末利丛，繁香暑中拆……"诗中写到了福州茉莉花的风姿和馨香。蔡襄担任福建转运使的一个重要使命，就是赴北苑（建瓯凤凰山）茶园监制贡茶，这为他后来撰写茶学名著《茶录》打下了基础。

庆历八年（1048）十月，蔡襄父亲蔡琇病卒，蔡襄携眷返乡奔丧，并居家守制。

三

宋仁宗至和三年（亦嘉祐元年，1056）闰三月，蔡襄在泉州任上接诏命改知福州。蔡襄以病体不堪重任，上表请求留任泉州，但未获恩准。八月，蔡襄抵福州上任，这是蔡襄第二次"知福州"了。

蔡襄非常重视文化教育，甫到任，即再聘周希孟等为教授。

蔡襄提倡移风易俗，禁侈丧，整饬吏治和社会劣俗。

嘉祐二年（1057），蔡襄先后作《福州五戒文》《戒山头斋会碑》《教民十六事》等，教化民众，整治世风。其中，《戒山头斋会碑》《教民十六事》由蔡襄亲自书写，刻碑立于福州虎节门下（据《三山志》）。只是此二碑今已不知其踪。

欧阳修《端明殿学士蔡公墓志铭》载："闽俗重凶事，其奉浮图，会宾客，以尽力丰侈为孝，否则深自愧恨，为乡里羞。而奸民、游手、无赖子，幸而贪饮食、利钱财，来者无限极，往往至数百千人。至有亲亡秘不举哭，必破产办具而后敢发丧者。有力者乘其急时，贱买其田宅，而贫者立券举债，终身困不能偿。公曰：'弊有大于此邪？'即下令禁止。至于巫觋主病蛊毒杀人之类，皆痛断绝之，然后择民之聪明者，教以医药，使治疾病。其子弟有不率教令者，条其事，作《五戒》以教谕之。久之，闽人大便。"

蔡襄在《福州五戒文》中提出的"五戒"，包括戒为父母者视己之子有厚薄，戒贫富之家父母异财兄弟分养，戒兄弟之爱生憎恶怨隙，戒娶妇直求资财而致家庭不睦，戒欺谩刻剥贫民。

《教民十六事》则是很具体的行事要求，相当于一份"办事指南"，它以民为本，着眼民生，甚至有教导百姓如何告官的条文，堪称整饬吏治、反对腐败的檄文。

这一年，蔡襄还在闽县、侯官、怀安诸县倡修水利，开淘护城河，开挖水渠，架设桥梁，大大地改善了福州城内外的水环境。

嘉祐三年（1058）春，蔡襄于福州孔庙行春奠礼，并号召父老、诸生举荐治郡人才。他在《谕乡老诸生文》中说："某备位刺史，行春奠之礼于孔庙，郡之士人来相子职……诸生条陈其人，实密其封，予将择焉。"

为了加强城市建设和城防，蔡襄又作《乞相度开修城池》《乞相度沿海防备盗贼》等，上奏朝廷。

这年六月，朝廷来了诏书，命蔡襄再知泉州。

在福州任职的时候，蔡襄在繁忙的公务之余，时常到城里城外各处走走，并留有诗作。

鼓山支脉东山，有个榴花洞，蔡襄游览之后写下《榴花洞》："洞里花开无定期，落红曾见逐泉飞。仙人应向青山口，管却春风不与归。"

"终日行山不出城，城中山势与云平。万家市井鱼盐合，千里川原彩画明……"这是蔡襄《饮薛老亭晚归》的诗句。山在城中，城在山中，诗中既写到福州这座山水城市的特点，又写到百姓生活的安定富足和商贸的繁荣。

蔡襄在鼓山灵源洞题写的"忘归"，流露出他为官一任、造福一方的欣慰。

李纲：鼓山风物宛如昨

危砖黄/文　林振寿/图

历史上书写李纲，最突出的事情有二。一是北宋末年，东京汴梁第一次被围时，李纲主导守城，并且守住了（第二次围城由于主战派失势，宋廷主和，终至城陷）；二是南宋之初，李纲做过75天的宰相。

罢相之后，李纲先后居于鄂州、澧州、雷州、饶州等地，最后定居福州。居福州期间，曾两次被起用，一次出任荆湖广南路宣抚使，一次出任江南西路安抚使。

一

建炎四年（1130）七月，李纲自海上"蒙恩"北归。八月，李纲携家人自祖籍地邵武，经泰宁、沙县往福州，这已是李纲罢相之后三年的事了。

绍兴元年（1131）三月中旬，李纲一家经沙县由水路抵达福州。

到福州之后，李纲先是寄居于安国寺，六月，移居南台岛天宁山（今

李纲像

烟台山）天宁寺。他在《迁居南台天宁寺》诗中感叹道："壮年几何时？倏忽成衰翁。"同时安慰自己："风月应更好，清欢永相同。"

李纲来福州的这一年，与好友王仲嶷邀约、唱和颇为频繁。王仲嶷，字丰甫，华阳人，北宋宰相王珪次子。李纲曾邀王仲嶷等人同登鼓山，鼓山石门至今留有他们的题名石刻：

> 昭武李纲伯纪邀华阳王仲嶷丰甫、建溪吴岩夫民瞻、临川陈安节巽达、淮海周灵运元仲游鼓山灵源洞。丰甫之子升叔明，伯纪之弟经叔易、纶季言，甥张津、子知同来。绍兴元年五月二日。

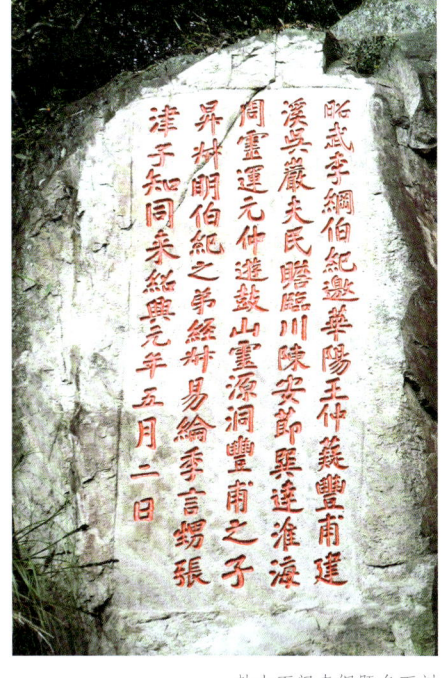

鼓山石门李纲题名石刻

昭武，即今邵武。出现在石刻中的人物，除李纲和王仲嶷之外，还有八人：吴岩夫，字民瞻，建炎间知南剑州。陈安节，字巽达，淳熙间知南剑州。周灵运，字元仲，淮海人。王升，字叔明，王仲嶷之子。李经、李纶皆李纲之弟（三弟四弟），李经，字叔易，宣和六年（1124）进士，官漳州教授，绍兴八年（1138）除校书郎，绍兴九年（1139）致仕；李纶，字季言，官漳州教授、右奉议郎、洪州通判等，绍兴二十六年（1156）作《李忠定行状》一卷，记录了李纲的主要事迹。张津，李纲外甥。李知，李纲之子。

李纲在《游鼓山灵源洞次周元仲韵》诗中写道：

> 碧海吸长江，清波逾练净。我为鼓山游，潮落初放艇。
> 连峰翠崔嵬，倒影涵玉镜。舍舟访招提，木末缭危磴。
> 凌云开宝阁，震谷韵幽磬。乃知大丛林，栖托必深夐。
> 灵源更瑰奇，岩壑相隐映。森罗尽尤物，无乃太兼并。
> 伟哉造化力，智巧于此罄。烟云互卷舒，变态初不定。
> 岂惟冠一方，实最东南胜。周行洞峡中，泉石若奔竞。
> 飘萧毛发清，涤濯肺腑莹。当年喝水人，端恐涸观听。

鼓山风光

　　是心如虚空，动寂岂妨并。兵戈正联绵，幽讨亦云幸。
　　相携得佳侣，散策谢轩乘。偷安朝夕间，未可笑赵孟。
　　淹留遂忘归，怅望云海暝。不负惠询期，更起沧洲兴。

诗题中的周元仲，就是石门题刻中的"淮海周灵运元仲"。诗中有"我为鼓山游，潮落初放艇""舍舟访招提，木末缭危磴"之句，说明那次游鼓山之前，他们是乘船渡闽江而去的。当时李纲住在南台岛，一行十人前往鼓山，乘船是比较合适的选择。李纲在诗中描写了灵源洞的"瑰奇"，称赞鼓山"岂惟冠一方，实最东南胜"。他借登鼓山之机，排遣退居的郁闷，一方面感叹"偷安朝夕间"的无奈，一方面抒发"淹留遂忘归，怅望云海暝"的惆怅。

李纲对鼓山似乎特别钟爱，多次登鼓山、游鼓山，并与友人唱和、抒怀。

冬季的一天，趁着鼓山有新阁落成，李纲登鼓山观礼、游览，而赋《冬日来观鼓山新阁，偶成古风三十韵》一首。诗云：

　　寻盟访鼓山，风物宛如昨。山中有开士，弹指成杰阁。
　　应真飞锡来，一一得所托。翚飞骞栋甍，绚烂丽丹雘。
　　峨峨大顶峰，孤影入檐角。乃知象教力，建立必卓荦。
　　却为灵源游，云木互参错。岩深松桂香，石古苔藓剥。
　　冬温日清美，景短气萧索。天然资野逸，安用遮翠幕。

快哉缅登临，及此小摇落。乘高望瀛海，南极露垠堮。
　　蓬壶在跬步，谁谓仙山邈？苍茫杳霭中，万象恣磅礴。
　　回头睇中原，郡国半沙漠。犬羊污宫殿，蛇豕穴城郭。
　　畴能挽天河，一洗氛祲恶。我生多艰虞，久矣衰病作。
　　君恩听言归，养拙侣猿鹤。忽忽岁适尽，平子殊不乐。
　　幸同二三子，杖履遍丘壑。跻攀力尚强，谈笑心无怍。
　　野鹿饱丰甘，冥鸿在寥廓。翻思轩冕间，何异遭束缚。
　　斯游信清绝，妙赏寄寂寞。晚来凄以风，远色秀增岳。
　　泠泠钟磬声，随月度林薄。惄焉感时心，未免如陨箨。
　　倘能驾云螭，岂复忧世瘼。会当期若士，相与踞龟壳。

诗中描写了鼓山的奇秀之景，也诉说了诗人自己的心情。从"寻盟访鼓山，风物宛如昨"，到"回头睇中原，郡国半沙漠"，身在鼓山，最让他难以释怀的还是北方故国蒙尘，他总是寄望于"畴能挽天河，一洗氛祲恶"。

诗中"弹指成杰阁"说的是鼓山寺中新阁落成。

对于鼓山新阁的建成，李纲又在《福州鼓山斋僧疏》中说："右伏以名蓝清净，雄踞海山；宝阁巍峨，肇新栋宇……大顶峰前，觉林峦之秀发；灵源洞里，增泉石之幽奇。成此胜缘，实为盛事。大比丘有神通之妙力，病居士以庆赞而特来……"

其《游鼓山拙句奉呈珪老并简诸公》诗中又提及：

　　　　嘉客同游海上宫，高僧问道得从容。
　　　　乍惊暑退灵源洞，最爱庭开大顶峰。
　　　　（自注：峰旧为阁所遮，师徙阁而峰见，气象雄伟）
　　　　杰阁初成切星斗，飞云时到绕杉松。
　　　　我来未尽登临兴，更待秋高灏气浓。

诗题中的"珪老"，是李纲的僧友。

这次和李纲同登鼓山的，还有他的老部下、同样早已罢职退居的张元幹（守东京时担任李纲行营属官），张元幹在《和李丞相游鼓山》诗中写道：

　　　　海山幻出化人宫，楼观新崇万指容。
　　　　云雾入檐银色界，藤萝昏雨妙高峰。
　　　　放怀久已参黄檗，雅志无疑伴赤松。

欲去更闻狮子吼，忘归桥下兴犹浓。

张元幹这首诗的用韵与上面李纲那首完全相同。一句"忘归桥下兴犹浓"，说的是他们在鼓山灵源洞蔡襄题刻"忘归石"下游览的兴致。"放怀久已参黄檗"，则是表示功名之心久已淡泊，寄意于参禅向佛。"黄檗"，福清有黄檗寺，这里代指佛家。

二

绍兴二年（1132），李纲五十岁了。这年二月，李纲获除观文殿大学士，出任荆湖广南路宣抚使，兼知潭州、湖东路兵马钤辖，后又兼湖南安抚使、马步军都总管。李纲力辞，朝廷派内侍来福州抚问，李纲推辞不掉，便于五月起行，离开福州，赴任湖南。同时，朝廷另有旨，将孟庾、韩世忠下拨统制辛企宗、郝晸两军，及在湖南的岳飞、韩京、吴锡、吴全等军，听受李纲节制。到湖南后，李纲很快着手平定地方群盗，并弹压曹成七万之众出界（曹成部众终被岳飞击溃）。

一旦湖南平定，李纲又遭弹劾，再被弃用，他便上疏请祠（宋代给退职官员享受"祠禄"是一种通行做法）。

绍兴三年（1133），朝廷批准了李纲的请祠报告。

于是，他由醴陵经江西、武夷回福州。

此番回到福州，李纲身体已大不如前。有一次，李纲的弟弟和友人登东山和鼓山，而李纲因病不能前往，只有作诗记之。

如《诸季招客游东山，置酒赋诗，以病不果往，次其韵》：

衰病年来百事阑，禅居环绕尽青山。
登高选胜从君乐，隐几忘言输我闲。
一枕清风消永日，三杯浊酒发酡颜。
雀罗可没从来事，东阁常关不是悭。

东山，属鼓山支脉。"一枕清风消永日，三杯浊酒发酡颜。"苦闷随风而去，闲暇有酒则欢。

再如《诸季邀德久申伯同游鼓山灵源洞，仆以病不果往，赋诗见志》：

灵源韫秀异，杰出闽粤间。神功谢镌凿，妙境森回环。
曲磴下窈窕，高岩上屭颜。松萝互荫翳，正暑生清寒。
路转人寂寂，泉飞涧潺潺。乘高望云海，天末波涛翻。
伟哉宇宙中，有此气象宽。诸子雅好游，蜡屐履山樊。
佳客来自远，复共一日欢。而我抱衰疾，屏居方杜关。
岂不乐山水，宴坐心不阑。神游八极表，目寓无髳蛮。
块视众岳小，杯看五湖悭。矧兹几案物，安用劳跻攀。
登览务得隽，无乃见一斑。作诗调诸子，醉语不可删。
秋风动林壑，冻雨洗尘寰。新凉至万里，浓翠浮千山。
白云出何心，飞鸟倦自还。兴尽盍遄返，胜游宜勿殚。

"诸季"指李纲的几个弟弟。在诗中，李纲一再赞赏鼓山之奇秀、灵源之幽深。"路转人寂寂，泉飞涧潺潺。乘高望云海，天末波涛翻。"他的思绪没有停留在鼓山，而是飞出了云海之外。

这一年，李纲在福州安心养病，较少远足。

绍兴四年，李纲在福州城东报国寺营建书斋及居所，并取名为"桂斋"。其《桂斋上梁文》也提到鼓山："突兀东山，揖灵源之胜概；岧峣西岭，藉高木之清阴……"可见他对鼓山的喜爱。

迁居城东桂斋之后一年多，绍兴五年十月，朝廷委任李纲为江南西路安抚制置使，兼知洪州。绍兴六年正月，李纲先赴行在，于四月至洪州赴任。

绍兴七年，江西安定，李纲更显年迈体弱，一再请祠，又以犯台谏之怒而罢职。

绍兴八年（1138）正月，李纲再次回到福州。

这次回福州之后，李纲没有再出去担任实际执政的官职，只享虚衔和祠禄。朝廷一度于绍兴九年二月要他再知潭州兼荆湖南路安抚使，但他以疾病在身，再三推辞未就。

此番居福州，李纲已绝少诗文。

前文已提及，李纲有个弟弟叫李经，石门题刻之中，留有他跟随李纲登鼓山的记录。绍兴十年（1140）正月十五日，李纲祭奠他的时候，哀痛难抑，突然感疾，竟就此逝世。

李纲留在鼓山的题刻和关于鼓山的诗词，是他对鼓山的情意所在。

朱熹：仁者藏"寿"归灵源

危砖黄/文 林振寿/图

灵源洞蹴鳌桥下的"寿"字题刻

朱熹一生多次来到福州，或讲学，或访友，或途经、逗留，空闲时登鼓山一游，留下他对友人、对鼓山的寄语。

鼓山灵源洞蹴鳌桥下西壁上留有他的"寿"字巨幅题刻。此字楷书，高4.15米，宽3.05米，字迹刚劲敦厚，是鼓山单字最大的摩崖石刻，也是福建省内罕见的巨字摩崖榜书。"寿"字左侧下方有署"晦翁"，右侧下方刻着"淳祐壬寅季秋"，淳祐壬寅已是1242年（此时朱熹已去世42年），为什么刻着这个时间？存疑。这个"寿"字之所以刻在蹴鳌桥下隐蔽处，据说是取"藏寿"的谐音，寓意"长寿"。

鼓山登山古道第一亭，因以朱熹所题"闽山第一"为额，遂被称为"闽山第一亭"。

灵源洞水云亭内东壁正中，镶有一块青石，阴刻朱熹对镜自画像，乃清道光十四年（1834）福州名士魏杰捐资重修时所刻。这是存世不多的朱熹自画像。水云亭也因此被称为"朱子亭"。

那么，朱熹是在怎样的情况下来到福州、来到鼓山的？

一

朱熹第一次到福州是在宋高宗绍兴十二年（1142），这一年他只有十三岁。

这年九月，少年朱熹跟着父亲朱松来到福州。朱松此次来福州，一个比较直接的目的，是拜访福建安抚使程迈。这年底，朱松和朱熹离福州归建安。次年三月二十四日，朱松在建安去世，临终前以家事托付刘子羽，随后朱熹母子移居崇安五夫里，朱熹在五夫里入刘氏家塾求学。

朱熹第二次到福州是在绍兴二十三年（1153）。这年五月，二十四岁的朱熹赴任泉州同安县主簿（任命早已下达），途经福州，然后经莆田往同安，于七月抵任。朱熹在福州逗留了一些时日，他拜访了几位知名学者，包括李樗、林之奇、刘藻、任文荐，请教和探讨诗、书、礼方面的学问。

绍兴二十六年十二月，朱熹（几个月前已"秩满"）携老幼归崇安，途经福州。

绍兴二十七年（1157）春，朱熹返回同安"候代者"，直到十月，代者不至，朱熹"以四考满"罢归，北归途中再经福州。

宋孝宗隆兴元年（1163）四月，朝廷决意出师北伐，召枢密使、江淮都督张浚入朝制定作战方略。朱熹应福建安抚使汪应辰之请，到福州讨论北伐用兵有关事宜，以及闽中盐法。汪应辰问到闽中"卖盐一事"，朱熹主张"宁可作穷知州，不可与民争利"，然汪应辰没听进去，朱熹无奈归闽北。

隆兴二年（1164）正月，朱熹到延平哭祭老师李侗。二月，从延平到福州，再见汪应辰，一个月后归闽北。四月，李侗安葬，朱熹再往延平挽祭，然后又到福州，再见汪应辰，既讨论和战之事，也探讨学问之道。

这期间，朱熹还在福州开讲堂，讲学传道。福州今天留下的"紫阳""讲堂前"等地名，即缘于朱熹曾在这里讲学。

宋孝宗淳熙十年（1183）十月，朱熹南下福州、莆田、泉州，先后访赵汝愚（时任福州知州）、陈俊卿（南宋名相，淳熙九年（1182）致仕，退居莆田）、陈知柔（永春人，号"休斋"）等，吊唁故友傅自得。朱熹的此次南行，是应了赵汝愚、陈俊卿之邀，他先经福州往莆田，再往泉州，返程再到福州。朱熹于这年的十一月中旬到福州（返程），至十二月九日离福州回闽北，在福州待了近两个月（此年有闰十一月）。这是他平生在福州时间最长的一次。

这次在福州期间，朱熹与赵汝愚交游甚欢。赵汝愚在福州开浚西湖，早已完工。他邀请朱熹游览西湖，并把此前和陈俊卿在西湖唱和的诗作拿给朱熹看。于是朱熹写下《游西湖》二首，诗中有句云："酬唱不夸风物好，一心忧国愿年丰。"朱熹心里装着百姓，装着国家，所以才会写下这样的诗句。

十二月九日朱熹离开福州，赵汝愚、林亦之等为他送行。饯别之际，朱熹作诗《伏承子直都督侍郎临饯远郊，仍邀严州郎中及诸名胜，相与燕集分韵赋诗，熹得时字，辄成鄙句》（见《朱文公文集》卷八）。诗中有句"昨夕西门道"，说的是从西门出福州城。"但觉四坐欢，不知寸晷移。流云暗寒空，苍烟染人衣。相看暮色至，我去公当归。"相谈甚欢，不觉时光已逝，流云苍烟里，知己者依依不舍，但也不得不告别了。船从怀安出发的时候，朱熹写下《腊月九日，晚发怀安》一诗，叙友情，表心志。

二

自少年时第一次到福州之后的数十年间，朱熹多次来到福州，应是到访过鼓山，只是史料上大多没有明确记载具体时间。

朱熹登鼓山曾被明确记载下来的，是在宋孝宗淳熙十四年（1187）。这年正月，朱熹南下莆田，吊唁陈俊卿（陈俊卿于上年十一月二十一日辞世），然后往泉州访旧，返程经过福州，二月离福州归闽北。

在福州逗留的时候，朱熹和友人、学子游了一趟鼓山。行至水云亭后，朱熹想念老友赵汝愚（已调任四川制置使），提笔写下题记：

淳熙丁未，晦翁来谒鼓山嗣公，游灵原，遂登水云亭，有怀四川子直侍郎。同游者：清漳王子合，郡人陈肤仲、潘谦之、黄子方、僧端友。

淳熙丁未，即1187年。晦翁即朱熹（朱熹字元晦，又字仲晦，号"晦庵"，晚称"晦翁"）。嗣公即鼓山僧人元嗣。子直即赵汝愚（字子直）。王子合名遇，时称"东渊先生"；陈肤仲名孔硕，淳熙二年（1175）进士，有《北山集》；潘谦之名柄，怀安人，时称"瓜山先生"，这几位都是朱熹门人。

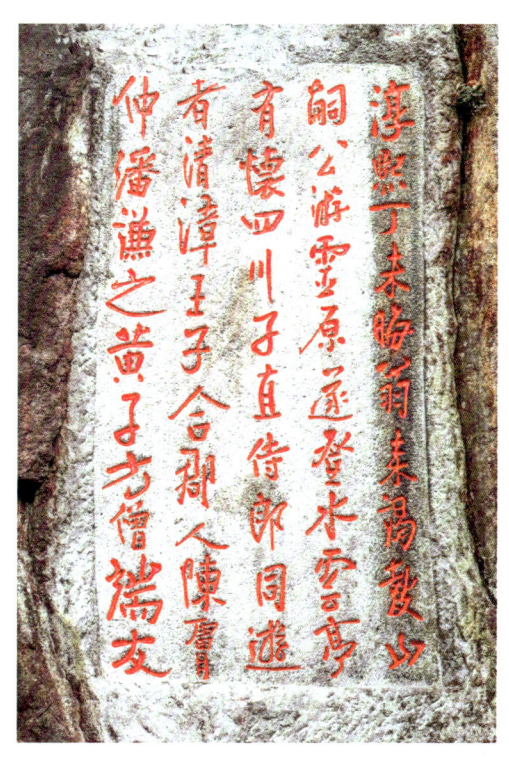

"淳熙丁未"题记，位于鼓山灵源洞东边石门附近

此题记镌刻在鼓山灵源洞东边石门附近，至今犹存，表达了朱熹对故友强烈的思念之情，是朱熹、赵汝愚深厚友谊的见证。

朱熹的"淳熙丁未"题记，赵汝愚几年后再任福州知州时才看到，并感慨赋诗。那是宋光宗绍熙元年（1190）十一月，赵汝愚再次奉命担任福州知州兼福建安抚使。当时朱熹在知漳州任上，并奏命在漳州施行"经界"。绍熙二年（1191）九月，赵汝愚接到朝廷新的调令，"召知福州赵汝愚为吏部尚书"。启程入朝之前，赵汝愚登了一次鼓山。在鼓山灵源洞东边石门的崖壁上，看到了朱熹的题记。老友不在，只见字迹，不禁感慨赋诗，即《绍熙辛亥九月二十日游鼓山》：

几年奔走厌尘埃，此日登临亦快哉。
江月不随流水去，天风直送海涛来。
故人契阔情何厚，禅客飘零事已灰。
堪叹人生只如此，危栏独倚更裴回（徘徊）。

其诗后小记云:"绍熙辛亥九月二十日,赵子直同林择之、姚宏甫来游,崇宪、崇范、崇度侍,王子充、林井伯不至。"崇宪、崇范、崇度均为赵汝愚之子。

此诗亦刻于石门附近的崖壁上,紧挨着朱熹的题刻。

古人交往不像现在这样方便,赵汝愚与朱熹以石刻"留言",虽是无奈,却成一段佳话。

这首诗抒发了赵汝愚在多年政治生涯中壮志未酬的惆怅心情和对故友朱熹、涌泉寺住持元嗣等人的思念情怀,历来被推为游鼓山的绝唱。

赵汝愚题写这首诗的时候,朱熹已离任漳州知州归闽北(朱熹于绍熙元年二月赴漳州任)。几年后朱熹离任湖南,才有机会再到福州,并携黄榦等人游历鼓山,当他看到赵汝愚的题诗时,感慨系之,便从"江月不随流水去,天风直送海涛来"诗句中取"天风海涛"四字,题刻于鼓山绝顶峰,题款特别注明:"晦翁为子直书。"

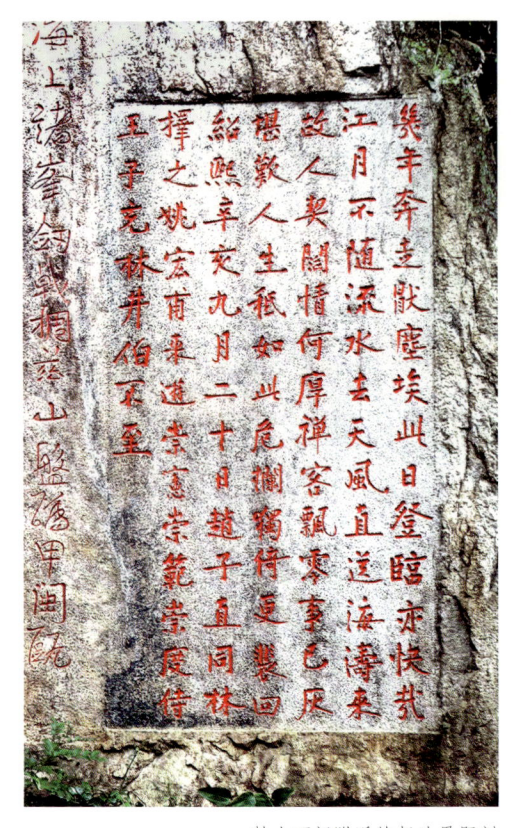

鼓山石门附近的赵汝愚题刻

三

绍熙五年(1194)正月,朱熹有书信致福州州学教授常濬孙,助辛弃疾(时辛弃疾为福州知州)、常濬孙修建整顿州学。常濬孙,字郑卿,常同之孙,绍熙四年来福州任州学教授,按照辛弃疾的意图,他大力整顿州学。朱熹《福州州学经史阁记》对常浍孙大加夸赞:"福州府学,在东南为最盛,弟子员常数百人……今观常君之为教,既开之以古人教学之意,而后为之储书以博其问辨之趣,建阁以致其奉守之严,则亦庶乎木末之有序矣……"二月,朝廷催促朱熹赴潭州(长沙)任职,朱熹推辞不掉,于四月中旬启程赴潭州,任潭州知州兼荆湖南路安抚使。

不久,宋宁宗庆元年间,朱熹理学遭到打压,被指为"伪学",一场"庆元党禁"向朱熹袭来。"庆元党禁"时期,是朱熹人生的最后几年,他不止一次来到福州,一是为了避祸,二是讲学传道,福州多地留有朱熹讲学的遗迹和故事。

朱熹一生为什么这么多次来到福州?或者说,他来福州都做了什么?大致来说,一者是职事的往来,包括政事的奔走;二者是访学讲学,这过程中很多人跟朱熹结成既是师生也是朋友的关系;三是访友,包括协助、参与友人的政事,就政事交流意见。

南宋时,中国政治、文化中心南移,福州成为一个大后方,是一个相对安定的福地。朱熹长期居闽北,福州是福建的经济、政治、文化中心,他来福州自然比较频繁。另一方面,福州自唐宋以来文化教育兴盛,至北宋已有"海滨邹鲁"之称,出现了"海滨四先生"等一批理学先驱,涵养了丰厚的文化教育土壤,读书之风、学术之风盛行,朱熹的到来更把福州的文化教育推向了一个高峰。

孔子有语云:"知者乐,仁者寿。"仁者,仁爱、仁厚、仁义也。朱熹,正是这样一位仁者,他的思想也是仁者的思想,他用一生实践之。朱熹留在灵源洞的巨幅"寿"字,寄托着他对鼓山、对福州的祝颂,也寄托着他对生活在这片土地上的人民的期许。

鼓山长存"文忠"迹

十九先生/文　林振寿/图

一

"当官期于世有济；行事求其心所安。"今天我们游览鼓山，可发现不少林则徐的名言警句被镌刻在鼓山十八景的巨石上，此为其中之一。

林则徐的博大胸怀、高尚品格，以及对国家的忠诚和责任感，在字里行间体现得淋漓尽致。相传林则徐少时登上鼓山绝顶峰后所吟出的名句"海到无边天作岸；山登绝顶我为峰"，因示意做人要顶天立地，抒发满腔凌云壮志，更是家喻户晓，被八闽儿女广为传唱。

林则徐（1785—1850），字元抚，又字少穆、石麟，号"俟村老人""俟村退叟""瓶泉居士""栎社散人"等，福建侯官（今福州）人。近代杰出的政治家、思想家。历任江苏巡抚、湖广总督、陕甘总督、云贵总督等职，治绩卓著。曾受命钦差大臣，开展禁烟运动，抵抗西方列强侵略，成为世界禁毒先驱和中国历史上著名的民族英雄。同时，首倡"师夷长技以制夷"，被誉为中国近代"开眼看世界第一人"。

清道光三十年（1850）十月，林则徐病逝于广东普宁。翌年，晋赠太子太傅。内阁拟定上奏"文忠""文襄""文毅""文肃"四组谥号。咸丰皇帝最终在排在第一的"文忠"上方加以朱圈。于是，林则徐成为继清初开国功臣索尼、乾隆前期中枢首席重臣傅恒之后，清代第三位得谥"文忠"的大臣。

谥号，是指古代皇帝、皇后、诸侯大臣等社会地位相对较高的人物去世之后，朝廷依据其生前所作所为，从而给出一个具有评价意义的称号。其制度形成于西周时期，至今已有约3000年的历史。《逸周书·谥法解》载："谥者，行之迹也；号者，表之功也；车服者，位之章也。是以大行受大名，细行受细名。行出于己，名生于人。"谥号可以高度概括一个历史人物的生平和功过，相当于盖棺定论。其中亲贵、大臣死后赐谥，唐宋有议驳制度，即由太常博士议上，若名实不相符，给事中可以驳奏再议；明清则由礼部拟谥，皇帝核定，礼部有时也会多拟几个以备皇帝选择。

在中国历史上，对文官的赐谥多以"文"字开头，武官多以武、忠等开头。自宋代以后，士人多以"文正"为谥号之极美，认为文是道德博闻，正是靖共其位，是文人道德的极致。而历代统治者并不轻易赐予这个谥号，至清代更需"特谥"，因此能得谥"文正"者寥寥无几。"文忠"则通常被视为"文正"之外，人臣最高级的谥号之一，得谥者多为德高望重的名臣，如唐代的颜真卿、裴度，两宋的苏轼、欧阳修，元代的张养浩，明代的杨廷和、张居正等。福建历史上被赐予谥号"文忠"者共三人，分别为真德秀、叶向高和林则徐。与林则徐一样，真德秀与叶向高也曾在福州鼓山留下深刻的印记。

二

真德秀（1178—1235），本姓慎，字实夫，因避宋孝宗赵昚的名讳，改姓真，字景元、希元，号"西山先生"，福建浦城人。南宋理学家、名臣。曾任泉州、隆兴、潭州、福州知州。后拜户部尚书，迁翰林学士、知制诰，累官参知政事、资政殿学士。端平二年（1235）五月，病逝于任上，获赠银青光禄大夫，谥"文忠"。

真德秀在朝中素有刚直之称，治理地方时，仁惠施政，深得民心，曾累疏数十万言，皆切当世要务，名声震中外。其学以朱熹为宗，开创"西山真氏学派",在确立理学正统地位的过程中发挥了重大作用,是朱子学最重要的传人之一。嘉熙三年(1239),宋理宗下诏以真德秀配飨朱熹祠。明正统二年(1437),从祀全国孔庙。

宋庆元五年(1199),时年22岁的真德秀进士及第,出任南剑州判官。开禧元年(1205),经勤奋钻研,又中博学宏词科,被福建路安抚使、福州知州萧逵聘为幕僚,协助处理政务。翌年五月,好友陈宓来访福州,久闻名相赵汝愚与先师朱熹"天风海涛"故事,慕名前往鼓山;真德秀随之登游,一同畅览了赵汝愚诗刻、朱熹题刻等众多摩崖石刻。此行题记今镌于鼓山龙头泉,摩崖南向,高214厘米,宽140厘米。楷书,纵7行,字径14厘米。文:

莆阳陈宓师复,建安谢汲古深道、黄应酉说之、真德秀景元,清源留元刚茂潜,以开禧丙寅五月三日同游鼓山,历灵源、摩挲苍崖,纵览奇观,诵浚仪相国之诗,载瞻晦庵先生遗墨,慨然兴感,一酹而归。

陈宓,字师复,莆田人,少登朱熹之门,长从黄榦游,后知南康军、南剑州,有惠政。其父陈俊卿曾两度知福州,政声显著,累官左丞相。谢汲古、黄应酉俱为嘉泰二年(1202)进士,与真德秀皆为闽北人。留元刚,字茂潜,晋江人,与真德秀同年试中博学宏词科,特赐同进士出身。嘉定元年(1208),真德秀与陈宓一别两年再度重逢,后者不禁缅思旧游,赋诗曰:"一时盛事擅南闽,惊世词宗幕府宾。今日恰同当日会,道山元是鼓山人。两年君几封囊上,百里予方束带新。岐路不同俱自勉,何年重此拂坚珉。"

绍定六年(1233)十一月,真德秀以显谟阁待制知福州,兼福建路安抚使。在任期间,他训诫下属不得滥用刑法,不得横征暴敛,不得徇私舞弊,不得罢行欺市,称:"物同则价同,宁有公私之异?"《宋史》载:"闽县里正苦督赋,革之。

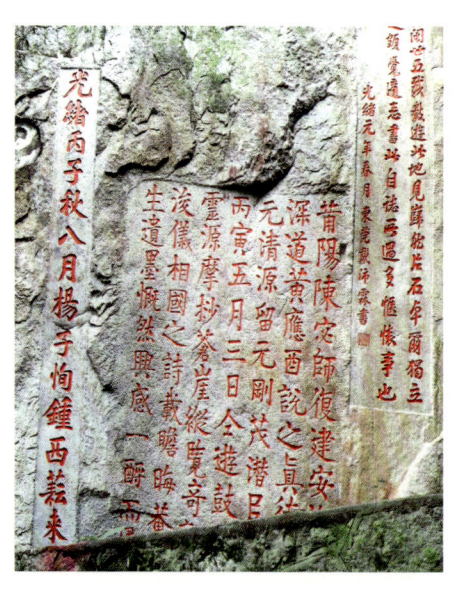

龙头泉附近真德秀题刻

属县苦贵籴，便宜发常平赈之。海寇纵横，次第禽殄之。"季春弗雨，又亲撰《祷雨疏》到鼓山祈雨。短短半年，真德秀就为福州百姓办了许多实事。端平元年（1234）六月，即被召入京，拜为户部尚书。离开福州时，"帮人竞为彩旗以送，自谯门至舟次，弥望数里不绝"，足见其深得民心。

在动身入京之前，真德秀不忘再赴鼓山，瞻仰回顾朱子足迹，并作长诗《游鼓山》以纪之。诗引曰："六月二日，偕潜夫参谋诸友游鼓山，饮涌泉亭。明旦，登天风海涛，坐白云亭。追怀昔游，怆然有感，偶成拙诗奉呈，并简住山明师。"面对朝廷召回的诏书，他在诗的开头写道："严宸有追诏，趣上太守符。疲民未苏醒，还顾空踌躇。"诗中充分体现了其爱民之心，以及深入践行朱熹"国以民为本，社稷亦为民而立"的民本思想。诗中又言："忆昨泛莲日，选胜邀朋徒。摩挲岩上刻，慨仰赵与朱。举觞酬且盟，一节疑终初。重来三十年，恍如隔朝晡。"二十八年前与一众八闽才俊同游鼓山时的场景，不免涌上心头。"并游四五人，存者独老癯。有怀子陈子，感叹为欷歔。子抱明月终，我方长途趋。"遗憾的是，陈宓此时已逝世多年。此番情景之下，真德秀更加坚定了自己为国为民的理想信念。同行的高徒刘克庄述其事，承其志，亦作有《陪真西山游鼓山》一诗。

三

叶向高（1559—1627），字进卿，号"台山"，晚号"福庐山人"，福建福清人。明代名臣、政治家、文学家。曾任南京国子监司业、太子左中允、南京礼部右侍郎、吏部右侍郎等职。明万历三十五年（1607），拜礼部尚书兼东阁大学士，后为首辅。以一人主持阁务、支撑危局，长达七年。天启元年（1621），二度为相。叶向高为人光明磊落，善于决断大事，担任内阁首辅期间为万历、泰昌、天启三朝出谋划策，协调党派纷争，遏制魏忠贤势力，维护大统稳定，起到了至关重要的作用。天启七年（1627），叶向高逝世。崇祯元年（1628），追赠太师，谥"文忠"。

黄任《鼓山志》收录的真德秀诗作《游鼓山》　　　　　　叶向高《重兴鼓山寺田碑》

明嘉靖二十一年（1542），鼓山涌泉寺毁于大火，僧众迁至山脚下的白云廨院。万历三十三年（1605），浙江永康人王世德知闽县，开始着手恢复鼓山。两年后，在福建巡抚徐学聚、左布政使范涞、右布政使陈所学、督学熊尚文、福州知府孙大壮等名宦的合力推动下，寺田相继回归。刚刚升任礼部尚书兼东阁大学士的叶向高应邀为其撰写《重兴鼓山寺田碑》，全文近千字。入主内阁后，伴随着政治地位的提高，其文学地位与影响也显著提升，成为当时馆阁文学领袖。在榕期间，叶向高常与曹学佺、谢肇淛、林宏衍、邓原岳等闽中诗人结社赋诗，号称"晋安诗派"。他的诗作《登鼓山》至今脍炙人口：

岁崱峰高俯十洲，白云寒渚海天秋。潮声近向岩前落，蜃气遥从岛外浮。平野苍烟迷故垒，夕阳红树带残流。摩岩读罢前朝字，乘兴还登最高峰。

《逸周书·谥法解》有云："道德博闻曰文；慈惠爱民曰文；勤学好问曰文；德美才秀曰文。"又云："危身奉上曰忠；虑国忘家曰忠；廉方公正曰忠；肫诚翊赞曰忠。"历代以来，福建造就了大量人才，为国家政治、经济、文化教育发展作出了不可磨灭的贡献。而从宋代真德秀到明代叶向高、清代林则徐，甚者民国"特谥"的陈宝琛，"文忠"之风，始终于"全闽二绝"之一的鼓山上薪火相传，千古流芳。

悟宗：白云洞前忆老衲

穆睦/文　林振寿　郑亮/图

鼓山之上，在通往白云洞的积翠庵前，有一座石构的墓塔。此塔为窣堵婆式，单层，覆钟顶，塔基六边形，有须弥座，塔足雕如意形圭角，塔身呈圆柱状。正面辟券龛，上刻"法海开山碧天宗和尚塔"，背面刻"崇祯庚午年（1630）腊月吉旦，徒本淳造"。束腰及上下枋均素面无雕刻，看上去简约、朴拙，颇具明代建筑风格。

从款识可知，这是一座明代的高僧墓塔，可"碧天宗"是谁？"法海开山"开的又是哪座山、哪座寺？其实，这个"碧天宗和尚"就是明万历年间开辟白云洞、兴建积翠庵、重开罗山法海寺的悟宗和尚。

悟宗和尚，俗姓傅氏，闽县人，生于明嘉靖三十一年（1552），剃度后号"碧天悟宗"。碧天是字号，悟宗是法名，在他示寂后，取法名末后一字"宗"为

法海开山碧天宗和尚墓塔

谥号，故称"碧天宗和尚"。明兵部侍郎陈省《游白云洞记》载："积翠庵，上人碧天募缘建。"明王应山《闽都记》云："积翠庵，在白云洞下，万历中，僧悟宗建。"可知"上人碧天"与"僧悟宗"实系一人。

悟宗和尚并非鼓山涌泉寺的住持，故此资料不多，只知他少习苦行，在鼓山时，毁于嘉靖二十一年（1542）野火的涌泉寺尚未修复，他便在国师岩修行，两年后结茅于凤池。据清黄任《鼓山志》记载："云卧庵，在大顶峰北，凤池傍，古庵废久，明万历间，僧结茅以居。"此僧便是悟宗和尚，时间在万历八年（1580）前后。

云卧庵位于深山幽谷，人迹罕至，海拔八百多米。悟宗和尚在此隐居的五六年间，正是我国历史上最酷寒的小冰河期。据明布政使谢肇淛的《五杂俎》记载，万历十三年（1585）二月，福州城"天气陡寒"，下起了雪，"俄尔雪花零落如絮，愈数刻，地下深几六七寸"。城里如此，鼓山上可想而知，最艰难时，悟宗和尚面临粮断火绝的窘境，靠饮冰啮草为生。

谢肇淛赞他"出山学道，苦行精进""性行超凡，慧心独运""性行坚忍，戒律苦严"，并将他与灵峤、神晏相提："闽鼓山之有涌泉也，自僧灵峤始也，其岩之喝水也，自僧神晏始也，而洞之有白云也，自僧悟宗始也。"

开辟白云洞

悟宗和尚能与灵峤、神晏相提并论的事迹，就是开辟白云洞。白云洞位于鼓山的西北隅，因"白云混入，咫尺莫辨"而名。《闽都记》云："（白云洞）在海音洞洞下，由黄坑而登，可一里许，险巇峻峭，巨石棋置，万历丙戌，沙门悟宗始辟。"

万历丙戌年（1586），在云卧庵的最后一年，此时的悟宗和尚戒律坚定、法力尤宏。在清黄任《鼓山志》中有一段稍涉神怪的"依光以开洞，闻声而断石"记载，说的就是悟宗和尚开辟白云洞的通灵之举。传说归传说，现实中的悟宗和尚开辟白云洞其实是一段相当艰辛的过程。

鼓山白云洞一带景致

开辟了白云洞天，悟宗和尚便在洞中结茅而居。一日，他登上洞顶，见山岭参差起伏，遮挡了天光，耳边是天风浩荡，足下是云雾缭绕，身处其间，仿佛凌虚御风，又似是悬空踏底，顿觉居所狭小，如蚁蛭蜂巢。于是，他又开始营建庙宇。一个月不到，就建好了一座倚崖为居、石天为盖的庙宇，额曰"良心寺"。现寺为清道光三十年（1850）孟春重修。

据《鼓山艺文志》记载，建成的白云洞坐东向西，"帡幪若广厦"，广逾五丈，有"二石如重唇"，横亘一十二丈，深二到三丈，"巉岏屹峙，白乳时流。前有天池，左右有翠竹，下有三天门，门俱自然苍石夹立。门之上则瀑布飞流，四时不绝"。洞里有茅屋数楹，主祀观音大士，附祀韦驮、伽蓝，左为净室丈许，右为斋堂，以板相隔。为了方便通行，悟宗和尚还修了一条万仞悬梯，蜿蜒陡峭，须蛇屈而登，沿途有三天门、龙脊道、吼雷湫、印月潭、金刚石、化龙桥诸景。

化龙桥边有一块巨岩，蚕丝溪的水依岩壁流下，形成瀑布。谢肇淛《新开白云洞碑》记载："观瀑布如线，散入桥下。"这条瀑布在20世纪30年代郁达夫的《闽游滴沥》里还有记载，当时他到凡圣庵寻庵主曾尊彝不遇，只见到"庵左面有瀑布流泉，在大石缝里飞奔狂跳"，还看到庵门上的一张字条："庵主往山后扫落叶、拾枯枝去了,来客们请上观瀑亭去歇息!"这是何等禅意的一张启事,颇有"松下问童子,言师采药去"的意境。

兴建积翠庵

积翠庵也由悟宗和尚所建,因庵旁有"宋住持元嗣、清越二塔",故又名"积翠塔庵"。清黄任《鼓山志》记载:"积翠塔庵,在白云洞下,明万历丙申(1596),僧悟宗建。"

积翠庵旁栽有雀翎松,滴青流翠,碧绿盎然,庵也因之得名。明右佥都御史巡抚四川邵捷春《题积翠庵》云:"翠积庵前路,松栽忆昔年。"万历邑庠生郑心崇也称"庵以松能翠"。

万历二十二年(1594),悟宗和尚凿通三天门七百二十级石磴后,计划在积翠岩结茅建庵,经过两年准备,于"万历丙申",即万历二十四年(1596)正式起殿。这一建,断断续续,历时七年,直至万历三十一年(1603),才真正竣工。

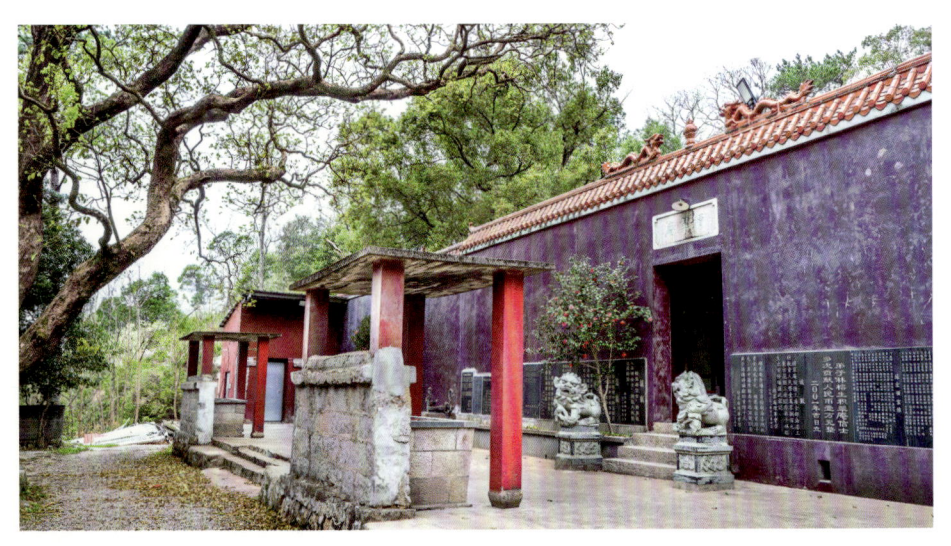

鼓山积翠庵现貌

悟宗和尚常常把积翠庵作为接引之所，好友有约，他便在庵中迎来送往，"香茗名山出，清斋野衲陪"。虽说他"孑然一身，不内交豪右，不借资陶（范蠡）、猗（猗顿）"，但不影响他与文人相交，与骚客为友。

万历三十一年（1603），与徐兴公、陈仲溱"烟霞交"的举人张蔚然游白云洞，由三天门下，"如是十里，而宿于白云之下院，曰积翠窝，窝距城亦二十里而近"，休息了一夜，诘旦（清晨）乃还。

积翠庵的景致是极美的。万历三十八年（1610），吴兆衮于中秋前夕来到积翠庵，"入则庵门半掩，簷阿皆绿，风吹红蓼，如数辈靓妆美人，婆娑树下"。夕阳西下，玉露生寒，感怀"有此山月，不一夕留，不大负此清光哉？"遂留宿庵中。

万历三十九年（1611）十月，以屯田持节归里的谢肇淛来访白云洞。他先到元真庵，"悟宗出迎，啜茶趺坐"，随后"左折十数武"，来到"禅房花木，雅饬幽净"的积翠庵，悟宗"出伊蒲（素食）馈客"。

如今，庵中尚存万历三十年（1602）叶家父子所造、清康熙二十三年（1684）孟氏夫妇重砌的佛座，还有清嘉庆十七年（1812）"明孤臣"胡梦泰后裔重塑的三尊佛像和一座石龛。

现在的积翠庵早已不是万历布衣陈鸿口中"茅庵投宿处，寒色易相侵"的佛堂，而是一座两落两进的寺院，大门额上"积翠庵"三字是1988年春月沈觐寿所题。

重开罗山法海寺

悟宗和尚的晚年是在罗山法海寺度过的。谢肇淛《新开白云洞碑》记载："悟宗后居郡城之罗山。"罗山乃省城"三山藏"之一，法海寺就位于罗山的北麓。

法海寺之地本孟司空宅，后晋开运二年（945）道闲禅师在此开山，初名兴福院；宋大中祥符年间（1008—1016）改今名，此后一直是福建著名的"选佛场"。《景德传灯录》中收录的绍孜、义因、义聪等大德高僧都出自法海寺，著名

罗山法海寺位于福州市法海路

的"路见不平，拔刀相助"便缘丁义聪禅师的"路见不平，所以按剑"。

明嘉靖初，法海寺式微，地被举人高叙占为别业，辟为园林。自此，弦歌鼓乐，接杯举觞，把一座连云宝刹，变成了酒肉丝竹之场。后又数易其主，直至归属四川道监察御史蓝济卿。蓝济卿有个孙儿叫作蓝圻，知书达礼，通晓佛典。悟宗和尚引经据典，多方晓谕，终使蓝圻欣然舍宅。

万历二十七年（1599），悟宗和尚准备劝缘鸠资重建禅寺，一时间善信云集，群贤毕至。有了在乡宰官、护法、长者、居士的慷慨解囊，悟宗和尚开始了重开法海寺盛举。他亲力亲为，不管是木工、土工，还是柴米油盐，他都事事操心，样样过问，不假人手。芒鞋破了又补，衲衣缝了又穿，他甚至连休息时间都没有。就这样积铢累寸，聚沙成塔，不数年间，法海寺宝座莲台，焕然一新，殿宇金身，焕复旧观。

万历四十年（1612），法海寺工竣。

悟宗和尚的一生，是苦、空、枯、寂的一生，于他而言，开辟白云洞、兴建积翠庵、重开罗山法海寺，不过是人生的一场又一场修行。谢肇淛在悟宗和尚的六十大寿上，给了他"（涌泉寺）首座高足都未能窥其际"的至高评价。

谢肇淛：几集大成《鼓山志》

穆睦/文

明万历三十六年（1608）八月初五，谢肇淛编撰的《鼓山志》即将完稿，在书稿刊刻前，他携徐兴公一行登上了屴崱峰。

屴崱峰是鼓山的最高峰，人立其上，云从足下生，蓬蓬如絮。山顶旧有天风海涛亭，后为海风所毁。凭虚西眺，福州府城屋宇鳞次，烟火万家。东南处，大海淼淼苍苍，茫无际涯，依稀可望闽安、五虎、梅花诸屿。南侧，白龙、西峡二江，襟带相错，分流忽合，汇入马渎，奔流向海。极目望去，白龙江上屐齿般的万寿桥（今解放大桥）若隐若现。

一

谢肇淛（1567—1624），字在杭，号"武林"，又号"小草斋主人"，晚号"山水劳人"，明代著名诗人、学者。他"八九岁即好观史书，至于乱离战争之事，尤喜谈之，目经数过，无不成诵"。万历十六年（1588），他以《诗经》举于乡，万历二十年（1592）中进士，历任湖州、东昌推官，刑部、工部主事，后调任河臣。万历四十六年（1618）擢云南布政使司左参政兼佥事，分巡金沧道。天启二年（1622），升任广西布政使，后卒于任上。首辅叶向高称他"历官所至，皆有治绩"。

他一生好游山水，又勤于著述，尤其在方志上颇有建树。在他所编"俱以成书，总之一百八十余卷"

的著述中，地方志、专志就有一百三十八卷之多，包括《鼓山志》《永福且志》《福州府志》《支提山志》《太姥山志》《方广岩志》等等。另外，在万历十八年（1590）九月，他还"汇集游稿"，编辑过一本《鼓山集》，希望能"为卧游之一助"，可惜未见刊刻，后来编入了《鼓山志》的艺文部分。

鼓山位于福州东南，秀峭天成，迥绝尘俗，山巅有巨石如鼓，风雨大作时，箕荡有声，故名"鼓山"。晋郭璞以其与旗山并称"右旗左鼓，全闽二绝"，宋朱熹赞其"闽山第一"，明王褒更称其"山水之胜，尤为东南之甲"。山的最高处便是屴崱峰，峰下旧有潭，毒龙居之。唐建中四年（783），灵峤禅师诵《华严经》于潭，徙毒龙，是为开山鼻祖。梁开平二年（908），闽王王审知填潭建寺，延雪峰神晏驻锡，首开丛林，尊为国师。宋真宗咸平二年（999），赐额"鼓山白云峰涌泉禅院"。之后历士珪、德最、德丰、文宾等多次重建，绀宇梵宫，珠林金碧，至明代时，已是闽境第一佛刹。可惜的是，嘉靖二十一年（1542）的一场野火，将涌泉寺烧为灰烬，到谢肇淛编撰《鼓山志》时仍未修复。

山既名山，焉能无志。明永乐年间（1403—1424），僧善缘著《灵源集》，收录"鼓山前代老宿之事实及名人文艺等"，惜"序列无纪，辨录亦疏，观者病之"，后郡人黄用中改《灵源集》为《鼓山志》，又因"力弗逮"，终"未成而罢"。直到万历三十六年（1608），谢肇淛"遐搜灵秘，博采刍荛，上溯草昧之初，中沿兴废之迹，而下益以耳目之所听睹"，编成了真正意义上的第一部《鼓山志》。因其"大有功于是山"，清咸丰五年（1855），诗人魏杰将其与曹学佺、徐兴公、徐𤊹、林弘衍并列为"鼓山五贤"，在桃岩精舍建祠以祀。

二

谢肇淛是在万历三十五年（1607）左右受其舅舅徐兴公的委托，开始编撰《鼓山志》的，他依托的底本正是黄用中版的《鼓山志》。据谢肇淛的《修鼓山志引》记载："舅氏徐兴公得其（指黄用中）遗稿，而次第讨论之，日复一日。"

徐兴公得到黄用中的遗稿是偶然，也是必然。据《新辑红雨楼题记》记载，从万历十五年（1587）起，徐兴公二十余次登览鼓山，每到一处，便留心搜罗

《灵源集》。可惜的是，十五年间，只在老佛庵的阁楼上"见旧板数十片"，还很残破。万历二十九年（1601）四月，他与归省在家的南京大理寺正曹学佺再往鼓山，一路上，"仍议纂修山志"，并"广询积书之家，俱弗获观"，最后在黄用中家中借得一本，"如得拱璧，遂抄录一副藏之笥中，旧本仍归主人"。得稿后，他开始物色修《鼓山志》之有缘人。

这个与修《鼓山志》有缘之人，正是谢肇淛。万历三十四年（1606），谢肇淛的父亲谢汝韶病逝，谢肇淛居家守制。在此期间，徐兴公常来常往，或约谢肇淛到他的绿玉斋、汗竹巢，品武夷、鼓山、太姥的新茶，或跑到谢肇淛的镜澜阁、积芳亭，啖方山、莆田、凤冈的鲜荔。二人还结了"红云社"，差不多每两天就有一次餐荔雅集。也就在这段时间，徐兴公将黄用中的遗稿交给了谢肇淛，托他编撰《鼓山志》。

谢肇淛于鼓山龙头泉东侧题名拓片

谢肇淛在家中的镜澜阁西建了一座"泊台"，"高雉许"，可"远障岊崱"。夜幕降临，他在泊台"望岊崱，如在天上"。白天，他带着徐兴公、周乔卿、赵世显、周千秋、陈鸣鹤等好友"东窥岊崱，遍寻古迹"。峰顶陈烈等人的《鼓山铭》与徐鹿卿的《请雨记》，是鼓山较早也较重要的两处题刻，在僧善缘与黄用中的两版《鼓山志》中"竟失收罗"，还是"经徐、谢剔藓乃出"，得以重见天日。还有一块"周滨、曹中、口老潜洞，丙戌九月二十日同至大顶峰"的题刻，是宋绍圣间（1094—1098），鼓山第十八代住持圆觉潜洞所镌。"老"前面的字为苍烟碧藓所蚀，湮灭不可读，在记录中，他只好用"缺"字替代。其实，这几年，经他们"划苔抉土，搜剔幽挞"找出的

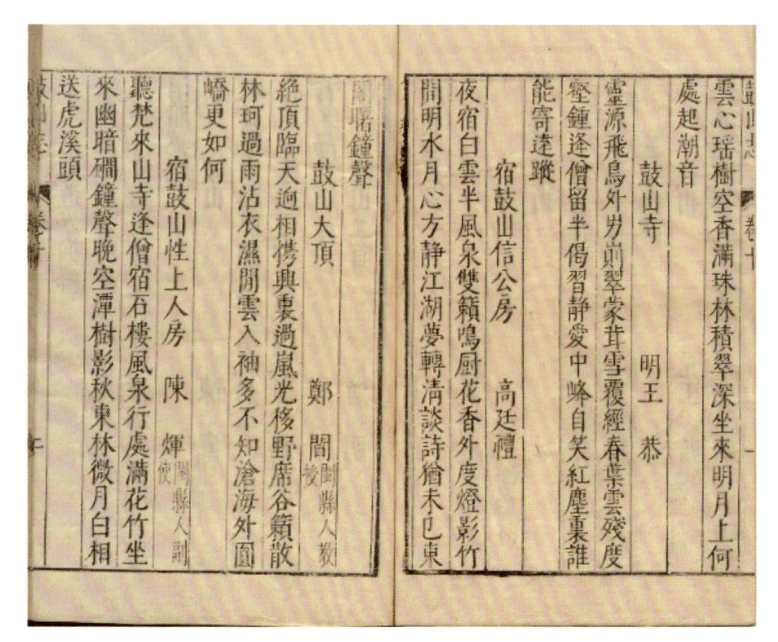

鼓山志十二卷 明 谢肇淛

题刻,不知凡几。进士赵世显用五个"靡弗"来形容谢肇淛的辛劳与坚持:"危峰秀峦,靡弗历;灵岩窈洞,靡弗探;镌石留题,靡弗录;古碣残碑,靡弗辨;嘉木奇石、园囿土田、委径故道、精庐佛刹、神区仙迹、缁锡源委,靡弗穷其始而究其终。"

如此积日累月,到了万历三十六年(1608)的秋天,《鼓山志》终于编次成书。

三

谢肇淛版的《鼓山志》,模仿正史纪传体的规范设置类目,体例更加完善。"首志以序,竟志以论",之后分录、图、志三类,序后有引,图后有论,志前志后各有小序,诸志之中又细分小目，如"胜迹志"下有峰峦、岩洞、水石、园林；"建置志"下有寺院、庵堂、殿阁、斋寮、亭台、池桥、祠庙、屋宅、丘墓；"贞珉志"下有宋刻、元刻、明刻、疑刻；"艺文志"下有碑、记、序、疏、铭、偈、赋、古诗、绝句、律诗、诗余。清乾隆二十六年（1761），"十砚老人"黄任称："谢氏前志分纲列目，繁简不一。后志因之。今概括以八类，首名胜，次寺院（附桥亭禅塔），次古迹，次沙门，次田赋，次石刻，次艺文，而以外纪终焉。首冠总图，庶儿各从其类，有条不紊，用备稽考。"

尤为难得的是，明代时的山志，"无配图者比比皆是"，可谢肇淛版的《鼓山志》却用了十一张山图。这十一张图铺张开来，就是一幅崇岗复岭、古刹流泉组成的"鼓山山居图"。图的起点是位于埔头（今埠头）的白云古道，奇峰错列中，绿荫掩映着古道在山间盘旋，一会穿过牛眠岗，一会途经黄石庙，登上眠狗岗是普度寺，走下丘陇是砚池园，再翻过笔架山，才来到通霄路。相传神晏祖师受闽王之邀前往鼓山，其师弟太原孚上座赶到半路质疑他"所悟未彻"。他不以为意，答曰"他家自有通霄路"，轻描淡写，显示了他的胸有成竹，通霄路因而得名。由通霄路往左，过龙桥，至白云廨院，往前，过东际桥，即踏上登山大道，沿途大大小小，凡五十景，虽画师无名，线条简略，但"岩洞峰峦、涧壑水石，尺幅之内，宜无不备矣"，已足够后人参证借鉴，以备考究，"自古考地者贵有图，盖地之四至八到，言之可明，而其衺正曲直广狭长短之形，非图不能明也"。

山图后，是目录。目录共八类、十二卷。这八类分别为"胜迹志""建置志""田赋志""物产志""沙门志""贞珉志""艺文志""丛谈志"，除了"艺文志"五卷外，其余七类皆只一卷，故合十二卷。赵世显在《鼓山志序》中写道："首之以'胜迹'而灵异昭矣。次之以'建置'而规制备矣，又次以'田赋'而供需赖矣，'物产志'则名区之生息以章，'沙门志'则衣钵之相承有绪，'贞珉志'则历览之人代有稽，'艺文志'则今昔之咏题弗泯，至于'丛谈'，亦并载罔遗，则骚逸之尘柄弗竭。"

谢肇淛的《鼓山志》在刊刻后颇受好评。陈鸣鹤夸此书的刊行，令鼓山"众峦杳嶂，不加壤而增高；涧草岩花，不粉绘而生色"。赵世显更是把此书的价值与山平齐，"洵名山之信史，资千古之考镜，斯志不与兹山相为无穷矣乎"。永觉元贤禅师称它"纲举目张,井然有纪,旁搜远揽,纤悉靡遗,大有功于是山者也"。黄任赞它"谢氏编录,几集大成",但他也指出这版《鼓山志》的弊病:"峰峦岩洞,分类别记",不如并入山峦之下;"庵亭废址,贞珉遗文",文辞繁复,废话也多,也要"并从删削";"庵堂殿阁,条目繁多",让人混乱;"已废而址存者,复列于前",应统列到"现存寺宇,而附旧迹后";至于附寺而存的桥亭禅塔,"亦不容略"。

清郡守李拔曾云:"志者,志其所志,以笔之于书者也。志何重?以山之胜而重。山何重,以人之游而重。人何重?以得山之意、会山之神。若在山、若不在山,若有游、若不有游,而其人重、其游重、其山重、其志亦重。"谢肇淛素喜周游列山,故能景与目谋,理与心会。鼓山因其之志,熠熠生辉,谢氏也因山之毓,得为贤豪。

鼓山白云顶俯瞰城市风光　北风图

曹学佺：曾为一夜青山客

穆睦/文 林振寿/图

明万历四十七年（1619）六月，鼓山白云峰上，曹学佺挥动圆锹，培下第一锹土，拉开了涌泉寺重建的序幕。

泉涌无今古 山开有废兴

下了几天的雨，地上还有些泥泞，曹学佺望向身边兴高采烈的徐兴公、陈一元、郑邦祥，还有远处正在举行仪式的释道东，轻轻一叹。尽管他在外人面前表现得很是慨然，也常常用无量佛理开导诸人，但近忧远患，仍让他感觉有点力不从心。

他在洪塘的石仓园，断断续续修了五六年，父亲去世时发愿重兴的法海、开元、神光诸寺"俱未讫工"，加上在四川任上得罪了蜀王，削三级放归，经济上有些捉襟见肘。为了兴复涌泉寺，前些日子他刚刚把在浔阳（今九江）的雪桂轩卖掉，那是他计划归田养老的居所。好友樊山王朱翊鈏听说后，专门托袁敬烈给他寄来一首诗："闻君已卖九江田，并海群鸥缔旧缘。"语中透着可惜。

近忧未止，远患又来。去岁，辽左的蛮子努尔哈赤书"七大恨"告天，发兵攻明，抚顺、清河失守，举朝震骇。今年，四路大军伐辽，又在萨尔浒吃了败战，文武将吏死亡300余人，连被后世称为"晚明第一猛将"的大刀刘铤都以身殉国。殒将覆师，国库空虚，外表光鲜的大明王朝已进入倒计时，山河破碎，风雨飘摇。

无尽石门

  摇摇头，抛开心中的杂念，他望向眼前的涌泉寺遗址。涌泉寺位于鼓山的山腰，其地原为龙潭，唐建中四年（783），灵峤诵《华严经》开山，梁开平二年（908），闽王填潭建寺，延请雪峰神晏驻锡，宋咸平二年（999），真宗赐额"白云峰涌泉禅院"，明永乐五年（1407），改院为寺。700多年来，这座寺院聚徒千百，称盛一时。可惜的是，明嘉靖二十一年（1542）二月十三日的晚上，野火将涌泉寺烧为灰烬。那一夜，火光冲天，红障东南，目击者黄用中在诗中写道："一夜狂飚嘘烈焰，千年灵迹化飞灰。"闻者涕泪。就这样，涌泉寺荒废了70多年，中间虽有游宦、善信、比丘"欲力起其废"，却因"时之未至，虽巨力任之而弗就"。

  这几年，涌泉寺的遗址边搭起了几座茅屋，那是供游方的僧人住的。寺院的断墙下，瓦砾满庭，荒草没径，香厨没了积供，沦为狯鼠的地盘，碑倒在乱草中，石柱也裹上了青苔。曹学佺曾写过一首《涌泉废寺》诗："半岭犹存古寺名，空林惟有涌泉声。僧从破屋云边住，客向回廊草里行。讲席虚无山有在，斋钟寂寞海潮生。

布金知是何年地，更觅残灰作化城。"那时候的他，极喜喝鼓山的新茶，常与徐兴公、谢兆申、吴兆、林古度等登山览胜，目睹了涌泉寺"寺经火后无僧住，路入云中少客来"的荒芜景象，也就在那时，他的心中兴起了重建涌泉寺的念头。

这个念头，一直拖到万历四十七年（1619）才得以实施。当曹学佺"顺风而呼"时，还有人质疑曹学佺：城里的法海寺你都修了7年，现在又想修涌泉寺，不但工加倍，大家也倦了，你应付得过来么？曹学佺也不恼，而是耐心解释："予今行年四十有六，感光阴之易谢，思世法之难完。因较量数事，分别缓急。如暂当停止者而停止之，予之园林（指石仓园）是也。亟当督促者而督促之，开元及法海是也。"听了这话，大家才心服了，徐兴公夸他"支来薄俸都供客，留得余钱半施僧"，后来住持鼓山的永觉元贤禅师也写了一首诗感谢曹学佺："曹公继起廊庙姿，归来两袖拂清风。"什么叫慈悲，志在利他，先公后私也。

仪式结束，各工种忙碌开来。释道东是曹学佺请来临时住持涌泉寺的僧人，礼毕的他兴冲冲跑来向曹学佺邀诗。曹学佺望向周边好友们期待的眼神，即兴写下："泉涌无今古，山开有废兴。布金如地广，杂草见台层。了此一多议，续将明灭灯。劫灰犹幻迹，何必问胡僧。"

之后的20年，曹学佺一直以兴复涌泉寺为己任，殚尽了心力。他先后重建了大雄宝殿、无尽山门、东际亭、天王殿、藏经堂、斋厨、东际桥、白云廨院，延请了博山来、雪关闇、永觉元贤等高僧大德出任涌泉寺住持，宗风大振，四众翕然，致使涌泉寺"百废俱兴，其法席之盛，与兴圣（神晏）无异"。

八闽开魏阙 一叶出天潢

当然，作为寒窗苦读的士大夫，曹学佺虽沉酣禅学，布金丛林，却始终在审视佛理。即使在"逃禅"之时，他的眼睛也一直在逡巡着他赖以实践儒家信仰的尘世。

尘世是现实的，也是残酷的。崇祯十七年（1644），甲申乱起。三月，"大顺王"李自成攻下北京，推翻大明统治，崇祯帝煤山自缢。四月，吴三桂引清兵入关，李自成败亡，清顺治帝迁都北京，觊觎中原。五月，福王朱由崧在南京继位,改元"弘光",史称"南明"。

消息传到福州,曹学佺顿感天崩地裂,"恸哭不食,投入池中,家人亟救而甦,晨夕环饲"。接着,他寄希望于偏安一隅的南明,希望弘光帝能成为中兴之主,但可惜的是,国难当头,弘光帝却只顾着苟且偷安寻欢作乐。终于,仅仅一年时间,清兵攻入南京,弘光政权垮台。

当曹学佺正彷徨无主的时候,清顺治二年(1645)闰六月,传来了唐王朱聿健入闽的消息,古稀之年的他激动地穿上吉服,赶到古田的水口驿参拜唐王。当时有大臣提议为唐王修造宫殿,曹学佺阻止道:"仁声俭德,王政所先,睿驾甫临,而先有兹举,不肖有司因而蠹民,无乃彰王过乎?"唐王听从了曹学佺的规劝,制止了修殿的动议。他指着曹学佺对诸臣说:"此海内鸿儒也,孤在唐国时,闻名已久矣,兹幸得见,以慰数十年景仰。"

闰六月二十七日,唐王在福州称帝,改元"隆武"。因众望所归,曹学佺被授太常寺卿,他深感隆武帝的知遇之恩,尽管已经72岁了,仍强起负任,向隆武帝分析当前形势,建议将税额"专供守战之用",并"禁游兵行剽"。对郑鸿逵部逗留不前,他加以谴责,希望郑鸿逵"疾抵关度防守",并将逃兵"收归营伍"。因其胆识先见,迁礼部右侍郎兼侍讲学士。不久,又以人品学问,升为礼部尚书兼摄国子监祭酒,加太子太保。此时,他的政治生涯也达到了巅峰。

可惜的是,狂澜已倒,砥石难擎,历史前进的车轮并没有因曹学佺个人的努力而改辙。先是隆武政权的实权人物郑芝龙为保存实力拒绝发兵和供应粮饷。其次,在浙东的鲁王监国朱以海政权,又为争夺正统地位与隆武政权分庭抗礼。逼不得已,隆武帝靠着曹学佺"倾家以万金济之",离开福州,来到延平(今南平)。

顺治三年(1646)七月,清兵南下,郑鸿逵弃守仙霞关,逃回浦城,郑芝龙暗中与清兵接洽投降,撤兵到安平镇。福建门户洞开,清兵长驱直入。八月二十一日,隆武帝从延平行在起程前往赣州,诏令曹学佺留守福州,署翰林院事,兼国史总裁,纂修《威宗实录》。这种近乎监国的信任令曹学佺感激涕零,他提出了四条建议献给隆武帝:"一浚河堤防,一汰随征冗役,一通福京米船,一捐助饷银。"可惜的是,这些建议都来不及实施,清兵已兵临建州。八月二十七日,隆武帝窜奔汀州。八月二十八日,一心复国的隆武帝被清兵追获擒杀,南明第二个政权灭亡。

[名人访山]

涌泉寺听雨　桃小香图

生前一管笔 死后一条绳

闻讯的曹学佺心如死灰,他预知事不可为,便对人说:"战守非吾事,如天祚明,则《实录》可就,若不祚明,老臣惟有死而已。岂事二君耶?"他遁入鼓山,以出家人身份继续反清。徐兴公之子徐延寿曾作《大宗伯曹能始先生挽章一百八十韵》记叙此事:"公去披缁衲,重来试剑铓。老臣空奋激,义士益彷徨。"说的是曹学佺虽披上袈裟,但反清的义士仍奉曹学佺为主。

九月十七日,清兵入福州,城中百姓纷纷逃窜,留下的人剃发留辫。曹学佺深感无力回天,他让家眷先出城避难。

九月十八日,曹学佺登上鼓山,来到涌泉寺,他原想见永觉元贤禅师一面,却不料禅师并不在方丈室内,转而来到佛前,刚一下拜,还来不及问休咎,就见到案前横着一条绳,他兀然想到一年前他投池被救后跟友人说的"生前一管笔,死后一条绳",瞬间大彻大悟,忙捡起绳子塞入袖中,急驰回到西峰里的家中。到家时,天色尚早,曹学佺将书案立起,摆成棺材模样,之后沐浴整冠,取出袖中的绳子,面向北自缢于西峰中堂,年73岁。

"乾坤存正气,今日向谁论。冷炙邀灵爽,遗书付子孙。峰西已无宅,地下定存魂。小子空瞻礼,哀哉罔极恩。"曹学佺死后,他的尸体先是草埋于城郭丘墟,清康熙九年(1670),才移葬于鼓山魁岐之阳。"一掬黄土埋忠骨,青山绿水慰忠魂。"虽然曹学佺的墓没有墓碑,但他早已把一块丰碑立在人们心中。两百多年后的清咸丰五年(1855),诗人魏杰在鼓山建桃岩精舍,内祀曹学佺等五贤,引永觉元贤禅师"满朝袍笏迎新主,一领袈裟哭旧王"诗句以"表诸公之功德"。大功已立,大义已完,青山可以作证。

元贤：力行正大鼓山禅

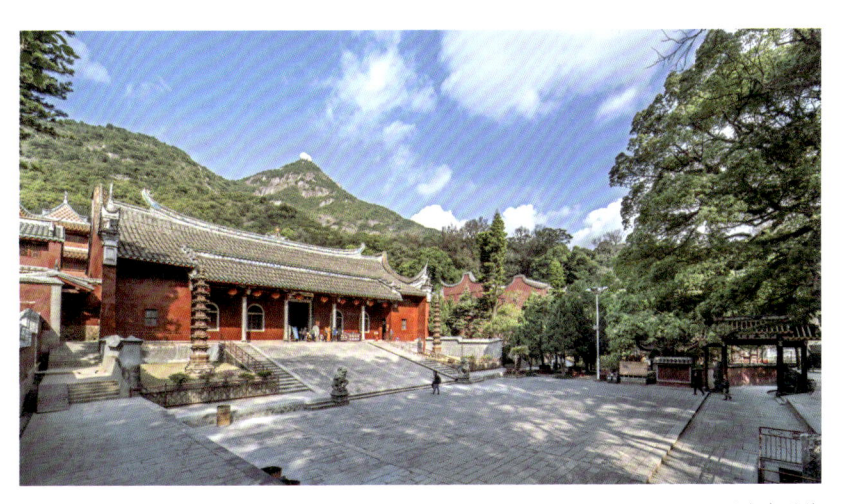

孟丰敏/文 林振寿/图

元贤禅师（1578—1657），字永觉，福建建阳人，俗姓蔡。自号"荷山野衲""石鼓老人"。元贤是南宋著名理学家蔡元定十四世孙，幼即钻研宋明理学，明万历二十五年（1597）中秀才，后听说学禅可成佛，便弃家赴江西建昌寿昌寺拜谒无明和尚，得其密授"顿悟成佛"的修行方法。元贤先后历主福州鼓山涌泉寺、泉州开元寺、杭州真寂院、南平宝善庵等名刹，著述丰富。一般认为，他在佛教史志、佛理方面的著作有二十余种：清初道霈所作永觉传记为20种80余卷，民国《鼓山经板目录》记载当时所存有23种，纪华传教授统计为26种（含失佚）。

涌泉寺现貌

一

明崇祯七年（1634），因林之蕃、曹学佺及诸善信延请，57岁的元贤来到福州，主持鼓山涌泉寺。

初到涌泉寺，元贤意外发现记录兴圣国师的《兴圣国师玄要集》被僧人们随意丢弃，书页缺漏严重。兴圣国师的语录是记录国师日常对僧人说的话，如同《六祖坛经》，语言虽不尚奇险，没有太多修饰，但可作为参禅之用。元贤在《玄要集跋》中感慨道："故当日有圣箭子之称也。兹为校定，用备高鉴。昔竹庵珪谓，是录唱高和寡，后世禅学或不能知。今日而有能知是录者，则鼓山道法不至寂寥也。"兴圣国师被赞誉为"圣箭子"，其佛学造诣与思想境界之高深，非一般僧人所能及，故而僧人不知珍惜而糟蹋了《兴圣语录》，幸被元贤禅师发现而收集、修订，完整呈现了兴圣语录的原貌。由此可见元贤禅师对传承鼓山道法的重视，后由其开创鼓山禅。

鉴于明末僧风的浊恶，元贤禅师深谋远虑，不以扩充寺院势力为目的，而是以鼓山为基地，致力于僧团素质的提高，全身心投入于复兴佛教的工作中。他强调真参实修，重视僧众的教育与德行的启发，回归慧能禅的基本精神，为明末纷乱的禅界注入了一股清流。因此，明末以后，涌泉寺成为东南大道场。台湾的佛教源流亦多来自鼓山。

元贤禅师的鼓山禅即鼓山道法，就是禅门教学方法。他提倡打破禅宗各门派的观点分歧，因为《楞伽经》说："诸法自性本空。"《金刚经》

元贤禅师画像

说："须菩提，所谓佛法者，即非佛法。""一切有为法，如梦幻泡影，如露亦如电，应作如是观。"佛经不断强调佛弟子不能有分别心，那么何来的门派之分呢？《金刚经》说："是诸众生无复我相、人相、众生相、寿者相，无法相，亦无非法相。"因此，元贤禅师说"不慕诸圣，不重己灵"，以此语勉励鼓山僧人不要执着于外相，不应在经文的文字中过度钻研，语言和隐喻皆是工具，要跳脱出文字，思想要解放，从宇宙高度来俯瞰此尘世，才能摆脱这俗人俗世的禅，成为真正的佛经参学人。元贤禅师认为他的教学方法和一般寺院不同，不要僧人学偈颂和上堂小参，或一问一答的课堂教学，只针对学生不懂的难处进行解释。这就要求僧人有自学能力，不能依赖老师上课讲解。这样灵活的教学方式也能考验僧人是否深入思考问题。"鼓山禅"可视为元贤禅师对鼓山僧人教学的一种新方法。

二

明嘉靖年间，涌泉寺遭火灾，一片荒芜，天启年间复创，博山和尚开堂，大演宗风，僧众乐归。元贤来到涌泉寺，便和住寺僧人及各地信众共同努力，开展涌泉寺修复工作。他在写给陈白庵的信中说道："近日身任三刹，厥事实繁。鼓山大殿将倾，今谋重修，而兴福已伐木改创。宝善舍利殿，虽幸落成。而塔实未铸。以三刹之役，而一衰老肩之，捐此而出，势万弗能。伏乞照亮。宥其方命之罪。幸甚。"当时闽剧儒林始祖曹学佺出资修建天王殿、藏经堂，元贤和曹学佺二人年纪相仿，皆嗜书如命，因修建涌泉寺一事而交情日深。

崇祯十年（1637），元贤禅师因恩师闻谷大师圆寂而离开五年。回来时，他发现大殿又破损了，只能再建。他又四处奔波，寻访适合建筑寺院的各种材料。历经15年的建设，涌泉寺才全面竣工。他说："是皆龙天之默荫，檀那之乐输，僧行之勤劳，而余实尸居丈室，说颟顸佛性，证瞌睡三昧而已。"

除了建寺安僧外，元贤致力于永续经营，改变传统寺院以寺田为主的经济形态，取多元化的方式经营鼓山，使鼓山在以小农为主的中国社会里，避免了与民争田的问题，同时也让鼓山更具开放性、更切合民众的宗教需求。对于具备禅特质者，施与禅修的锻炼；具有净土倾向者，给予念佛法门的指导；期望皈依受戒者，开堂授法、传授戒律；对经典教义有兴趣者，印经流通、往复讨论；希望捐输纳福者，接受奉献；需要经忏助念者，应允承接。鼓山涌泉寺呼应着人们对宗教的不同需求，成为一个综合形态的寺院。

除此之外，元贤还撰写了12卷《鼓山志》，在序里介绍了明朝闽中才子谢肇淛、徐惟和、徐惟起为编撰志书所做的贡献。他十分谦虚地自称为"山野鄙人"，说自己不敢妄称为"作者"，只因了解鼓山和涌泉寺，认真研究禅学的人少，只好个人以衰暮之年纪来修改徐兴公写的《鼓山志》并补充内容，使这本志书考证更准确细致，内容更丰富。

三

元贤禅师得道超脱，不似一般僧俗看待世间事还有分别心与纠结，更不着相，心中了无挂碍。比如"元宵示众"："新年以来，东海龙王与日月灯明佛大相争战，不分胜负。今晨山僧性发，将二人各打三十山藤，赶过北郁单越去也。二人是非且置，祇如晴明阴雨外一句作么生道。僧出曰：晴明阴雨？师曰：情知你只解与么。僧拟进语，师便喝，乃曰：今既无人道得，山僧打葛藤去也。太虚无畔涯，沧海无覆盖，晴看银竹垂，雨把袈裟晒。狸奴白牯却知有，三世诸佛遭捉败。更有神前酒台盘，却最会捏怪。倒骑佛殿出三开，惊倒金刚在开外。此夜诸佛诸祖之法，尽说了也。更有一句子，乃诸佛诸祖说不到底。本欲尽情与诸人说破，怎奈山僧住持事繁，待天王殿落成之后，为诸人说破在。夜寒，珍重。"由此可见一个多么智慧、风趣、超脱的高僧。

顺治十三年（1656）端午节后三日，元贤禅师居住在灵光寺写完《灵光北禅事迹合刻一卷》并题跋。其高足道霈禅师称赞元贤禅师："达摩一宗，传至今日，而弊已极矣。老人出而挽之以力行。镇之以正大，绳之以纲宗，验之以言行，牢把铁关。"不仅如此，道霈禅师认为明末清初，少林一脉能不堕落，全靠元贤禅师。因为福州寺院的临济和曹洞两宗派间对峙日久，元贤禅师力图调和临济与曹洞的宗派冲突，也主张调和禅净与儒释，并提倡师法百丈怀海禅师的农禅并行之精神，以言行来整肃禅宗门风。他自觉远离反清与拥清的政治斗争，保持宗教的超然地位，因此失却相关的资助，但他为挽救佛教发展事业和为僧伽的应世，树立了良好的典范。

元贤禅师的弟子将其平日教导的言行记录下来。他为书题名《禅余外集》。他的俗家弟子郑瑄为该书写了一篇《永觉大师赞》："这老阿师，寿昌嫡血，拙若丑石，硬同顽铁，大弘正中妙挟之旨。克绍前徽，远继通霄路上之踪，直远原辙。一枝麈尾，扫开百世迷云，七尺藤条，指出千山皓月。禅教律化作一家，儒释道同归点雪。五百年来仅此人，是圣是凡休浪说。"

崇祯庚辰（1640）秋八月，常州府知府陈管题《禅余外集序》云："开今古不敢开之口，而皆出之，以平易和雅，无艰险绮丽之习。所谓德性之文非耶，盖师佩寿昌法印，慧光浑圆，丛林推为第一。而实心实行，无不可方轨前贤，垂范后学，尤称为末流砥柱固宜。"将元贤禅师敬崇为明末清初中国丛林第一大和尚。

涌泉寺大殿

涌泉寺滴水观音像

　　元贤禅师写了万余字的《最后语》，他的弟子道霈禅师撰文道："此万余言，是其最后绝唱，标名最后语者。五宗者，沩仰、云门、法眼三宗，与宋运俱终。其传至今日者，唯临济、曹洞二宗。其洞上一宗，亦已久衰。至万历间，寿昌无明老祖杰出，始中兴于世。寿昌入室弟子凡数人，其最著者博山无异和尚，与先师鼓山永觉老人。"

　　元贤禅师两度驻锡鼓山，重新肯定戒律的地位，又透过戒律与世俗伦理的接轨，扩大了佛教戒律的教化功能。他在福州期间，修复和拓建鼓山涌泉寺、重建北禅寺等福州寺院，还曾历主泉州开元寺、杭州翠云庵、婺州（今金华）普明寺、南平宝善庵，名传闽、浙、赣三省。他的著作有20余种，其中有《鼓山志》12卷、《温陵开元志》4卷、《永觉和尚广录》30卷等传世。他博通经典，刻意佛学，成为明末清初东南高僧。清顺治十四年（1657）圆寂于鼓山，世寿八十。

林之蕃：“吸尽江流”不肯回

穆睦/文 林振寿/图

一

清顺治十二年（1655）的冬天，鼓山的舍利窟，梅花开得正艳，幽香盈聚在山谷，沁人心脾。倚岩而立的高台上，一圈垣墙围着一座精致的佛庵，石门的台阶两侧，秋海棠与珍珠兰争奇斗艳，在灿若云霞的梅林里，不减颜色。

佛庵很小巧，大殿面阔五间，供着如来金身，廊下有两间披榭，其中一间坐着一僧一俗。僧人名叫一脉，法名成源，是涌泉寺的监院，他望向身旁居士说道："俟执事（指居士）息肩，当投老于此，入法华三昧。"

居士开窗倚槛，眼光被山下波涛汹涌的闽江所吸引，那出没在烟波中的扁舟，随浪起伏，如渡生死之苦海，不知何时能达彼岸。他已年近半百，经历了崇祯、弘光、隆武三朝的覆亡，作为一个治平修齐的士大夫，心中的愤懑无奈，只有这滚滚江水知道吧。

正出神间，忽听一脉提高音量："居士请为我名之！"佛庵落成不久，还没有庵名，日常都以"兰若"相称，兰若是梵语"阿兰若"的简称，是远离人间热闹的所在。

居士从沉思中回过神来，哂然一笑，手指闽江："岂不闻'一口吸尽西江水'语乎？请以名公兰若。"

"吸江兰若！"一脉拍案叫绝。

鼓山史话

修复后的"吸江兰若"

"一口吸尽西江水",是禅宗的一段著名公案,来自唐代高僧马祖道一与居士庞蕴的一段对话。庞居士问马祖道一:"不与万法为侣者,是什么人?"马祖道一没有直接回答,而是话锋一转:"待汝一口吸尽西江水,即向汝道。"庞居士瞬间领悟,心中的妄念,就像吸不尽的西江水,若不放下,只能自寻烦恼。

其实,这段公案,一脉也很熟悉,顺治九年(1652)的一天,一脉的师父永觉老人突然举出这段公案,让大家参究,众人苦苦思索,皆不得其解。到了晚上,弟子中悟性最高的为霖道霈睡不着觉,便卷帘出堂,不承想一头撞在石门上,竟把石门撞破了。这一撞,好似司马光砸缸,缸破了,水豁然而出。"本来无一物,何处惹尘埃!"他瞬间开悟,写下一偈:"法法本来法法,拨与不拨俱伤。"是呀,若说"无法",毕竟还须有一物方才可"无",只有"法法"才是真的放下。也正是这次开悟,道霈得到永觉老人的印可,最终成为他唯一的嗣法弟子。

见一脉仍沉浸在"吸江兰若"之名中,居士轻轻一叹,功名利禄,又有谁真的能放下。山河破碎,国家败亡,自己既衰也老,反清前途茫茫,修行又毫无建树,"向平多累自归难,一日身闲一日安",还是一瓢一衲,寂隐山中,"以求无生之法"吧。

居士名叫林之蕃(1612—1673),字孔硕,号"涵斋",晚年隐居鼓山积翠岩,自号"积翠山陀",他是闽县(今福州)人,出身"四世簪缨"之家,明崇祯十六年(1643)进士,历户部主事、嘉兴县令,入南明后,任浙江道监察御史、吏部文选司员外郎、吏部考功司郎中,明亡后,归隐山中,成为鼓山的大护法。明末清初的几任涌泉寺住持,如永觉元贤、觉浪道盛、为霖道霈、石潮大宁(未任)、惟静道安等,都出自他的举荐或延请。

二

林之蕃踱出室外,举目四望,远处是香炉峰,乃涌泉寺的前案,俗呼"阿弥陀佛山"。峰前这片地叫舍利窟,也称"茶园",相传闽王创涌泉寺时,让有罪的人在寺中服役,期满而无家可归者,谪居于此,"使之种茶,以供香积",茶园因之得名。"色、香、风味当为闽中第一"的鼓山半岩茶,即产于此。

到了宋代,茶园边开始出现僧人墓塔。最早建成的是大观三年(1109)有需禅师创立的海会塔,之后是绍兴十年(1140)士珪禅师创建的历代住持塔。在历代住持塔的周边,还散落着木庵安永、无行达真、佛慧元智等宋代住持的墓塔。因高僧们皆喜择此地埋骨纳骸,安置遗物,久而久之,便有了"舍利窟"的称谓。

元末,舍利窟尚有十余户种茶人家,都是当年谪居人的后裔。每年清明,他们都会背着方的筐、圆的筥,到山上采芽。采的芽有讲究,前后三天都行,"而清明日采者尤佳,清明而遇雷愈佳",采下芽后,马上以微火翻炒,之后放入竹制的箕中揉搓,待凉了后,将茶叶散开重炒,最后装入罐中。这种茶喝起来"香味清远,异于诸方",称作"上品",价钱比谷雨日采的茶好上数倍。后来为了让茶喝起来有股熟香,揉搓后不再复炒,而是改为烘焙。焙茶的工具称"茶焙",在鼓山脚还出现了一个叫茶焙的村庄。随着鼓山半岩茶名气愈来愈大,在明初时与武夷茶一道入贡，后因茶人负担加重方才作罢。

林之蕃看向眼前的古梅虬松，不禁想起年轻时见过的舍利窟的模样。那时还没有梅花，茶园也仅剩几亩，因地处偏僻，看不出是村庄的样子，只有几间茅屋散落在山头。云从四面而来，屋顶像要与云根相连，竹树很茂密，透过缝隙，可以看到柴扉半掩，篱笆半围，人都在田里干活。有的扶着犁给庄稼培土，有的背着圆形的竹笤采茶。老妪头上梳着椎髻，农夫的脸被日头晒得红红的，像喝醉了酒一样。门前闽江渺渺，屋后小涧潺潺，小狗看到生人，吠个不停，小牛犊跟在主人身后，亦步亦趋。这是一幅多么生动的乡居图呀，无怪乎他父亲的好友吴兆有诗云："千回源壑里，人有避秦风。"分明是陶渊明笔下的武陵源。

三

可惜的是，好景不长，短短十来年间，山河涂炭，大明覆亡，鞑子入主中原。

顺治三年（1646），战火延烧到福州。之后，林之蕃最为敬重的相国黄道周、大宗伯曹学佺、好友林垔相继尽节，在福州登基的南明隆武帝也被执身死。他至今犹记得隆武帝对他的评价："惟汝之蕃，敦大老成，为令有廉声。"

福州失陷，鼓山也不得安宁，先是舍利窟屡遭兵燹，以致"人烟断绝，向之村落荡为荒丘"，继而涌泉寺也遭到一伙匪寇洗劫，匪寇甚至想绑架永觉老人。他们把年近七十的永觉老人塞进篮舆，一路抬下山去。幸亏在半山时，人倒舆翻，老人才免于大难。

经此一难，永觉老人决定在舍利窟常住。他从剩下的一户农人手中将兵燹后废弃的茅屋买下，交给弟子垦辟，并在院子里种植果蔬，可惜这些茅屋破破烂烂，且敝朽不堪，住在里面随时都有倾倒崩塌的担心。

顺治十二年（1655）的五月，兴化、福清、长乐等地相继发生兵变，流民日以千计，逃荒至南台一带，那瘦骨嶙峋的惨状，让人不忍卒睹。官府不思作为，将流民分配给各寺院照顾，永觉老人行动不便，便派弟子到渡口迎候流民，饿者施粥，病者赠药。当时瘟疫流行，染病而死的流民不计其数，经鼓山僧"具棺葬

林之蕃《吸江兰若记》石刻　穆睦图

之"的，就有两千余人，疫疠之凶，连主事的僧人都死了几个。面对天灾人祸，永觉老人倍感无能为力，他一边通知在建宁广福庵闭关的道霈返回鼓山以承继法席，一边让一脉和尚重修舍利窟的茅屋。

一脉和尚最初从智光法师出家，后受戒于博山无异，得法于永觉老人，他平时"忘身事众"，勤勉干练。收到师父指派后，他向资材雄厚的居家弟子罗信潮化缘，终于将茅屋修建为"五间两榭，屏卫以垣墙，经纬以花卉，供金身其中"的佛庵。据道霈的《餐香录》记载："罗信潮善友，孝悌修身，慈和接物，处世无着世之念，居家有出家之心，取莲国于金方，创'兰若'于石鼓。"

一脉的年龄与林之蕃相仿，他久居永觉老人座下，而永觉老人又是林之蕃自南剑州（今南平）宝善庵迎请而来的，故此颇为亲近。佛庵落成后，他邀请林之蕃前来做客，便有了本文开头林之蕃为佛庵命名"吸江兰若"的一幕。

四

一晃八年过去，林之蕃再次来到佛庵时，已是清康熙二年（1663）的十二月，江风依旧，却物是人非。

六年前，八十岁的永觉老人圆寂。圆寂前，他做了两件事：一件是传法给道霈，包括他平生所用的袈裟、尘拂；一件是刊印《鼓山志》。《鼓山志》记载："吸江兰若，在舍利窟，国朝顺治乙未冬，僧成源（即一脉）、里人罗等法建。"罗等法或为笔误，或即罗信潮。

五年前，四十四岁的道霈承继永觉法席，为涌泉寺第96代住持。据《行业记》记载："檀护方克之、林孔硕（即林之蕃）等不忍鼓山山门无主，率众护法善信及诸山、本山大众，强令继席开法，推举道霈继主鼓山涌泉寺，时在顺治十五年（1658）正月廿二日。"

"清泉白石，其闻余言！"林之蕃将视野从远处收回，写下《吸江兰若记》的最后几句，眼前的佛庵虽然不大，但真的适合隐居。柳宗元曾写过一篇《永州龙兴寺东丘记》，文中说道："游之适，大率有二：旷如也，奥如也，如斯而已。"什么叫"旷"，佛庵建于高台之上，视野开阔，远望江平如镜，山遥翠滴，令人心旷神怡，即称"旷"。什么叫"奥"，佛庵处于幽谷之中，竹树茂密，风云变幻，置身其间，"山岚气逐人烟起，舍利光凝佛日悬"，宛在潇湘画里，即称"奥"。

"漫游深得庞公趣，吸尽江流不肯回"，林之蕃望向一脉，佛庵"旷奥兼备"，确实比自己结庐的积翠岩更适合隐居和修行。他笑着对一脉说道："我若前来，一公能分我半张床么？"

陈梦雷：万山离合白云中

江榕 文

古人逛名山多喜题字留诗，或是佛家劝善之语，或是儒家忠孝之说，抑或是道家通达之谈，其书如无言之诗、无形之舞、无声之乐，精彩纷呈。摩挲着已嵌入"鼓山肌理"的摩崖石刻，感受摩崖作者的文化涵养和胸襟气度，可以让我们的神思得以穿越时空，与古人对话。

清朝大学问家陈梦雷也曾游历鼓山，并留下诗作——《上巳日舟行游鼓山》《宿廨院》《涌泉寺》《登屴崱峰(二首)》。

陈梦雷（1650—1741），字则震，号"省斋"，晚号"松鹤老人"，别号"天一道人"，福建侯官县（今福州市）人。资质聪敏的他，12岁中秀才，19岁中举人，20岁中进士，选庶吉士、散馆后授编修。晚年时，康熙皇帝曾赠其联曰："松高枝叶茂；鹤老羽毛新。"乾隆皇帝赞叹其所著《古今图书集成》，称"文宗今古，空前绝后"。他的一生跌宕起伏，充满传奇

《钦定古今图书集成》书影（清陈梦雷、蒋廷锡等奉敕编）
清雍正内府铜活字本

色彩。在他的身上，可以读到很多名人的影子。

一

从他的身上，可以读到林则徐。

陈梦雷同林则徐一样，自幼就受父亲的诗书教育。其父陈会捷读书广博、学识深厚，见明末天下多事，遂绝意仕进。长子陈梦雷自小聪慧，父亲对其寄予厚望。他曾言："不孝梦雷襁褓中，吾父授以语孟五经古文辞各数篇，能成诵，遂益加教督。六岁就塾师已粗晓文意。吾父爱护备至而督课，蚤夜不少休，以至起居坐立稍轻跛必戒，语言动作稍轻率必惩。"在父亲的督导下，陈梦雷博览群书，致力于学，在年少时就打下了扎实的学问基础。15岁时，他因学识过人，被李公看中择为佳婿。他以弱冠之龄蟾宫折桂，高中进士，位列二甲第三十名，馆选翰林院庶吉士，读书内廷。在庶常馆学习期间，学业益为精进，"所作脍炙一时"，又因"才敏妙，能通国书（即满文）"为时人所看重，散馆后得翰林院编修一职。

此时的陈梦雷可谓春风得意，前途一片光明。然而，命运埋伏的第一击"重拳"即将到来。

康熙十二年（1673），陈梦雷因其母不服京师水土、腹痛难忍，于是告假还乡。次年三月，福建耿精忠举兵叛乱，为了扩大势力，网罗当地名士，授以"伪官"。陈梦雷在福州家中，自然不得幸免。为了逃避伪职，他遁迹僧寺，奈何叛军以其父的性命要挟。陈梦雷起初欲自尽以保全名节，父亲劝其假托伪官之职，以此探得叛军内消息，密疏君亲，以破叛军。他虽勉强接受伪官，但拒不服从叛军，被拘以往，不受印札，不赴朝贺，托病隐忍三年。在此期间，他屡次遣家仆送密疏出福州，但都不幸被阻。他深痛自己名节被污："辗转不能寐，静坐忆所历。珠玉在尘埃，何必非瓦砾。"

三年之后，耿精忠之乱平定，陈梦雷终于结束了屈辱生活。他登上屴崱峰，心情大为舒畅，作《登屴崱峰(二首)》云：

蹑屐攀跻兴自豪，穿林觅径入云高。
天风飞送千寻瀑，海日晴翻万里涛。
近郭桑麻开绣壤，满城烟火杂征旄。
东南战气何时息，我欲长竿钓世鳌。

层峦高处俯晴旻，八面奇观迥不同。
双岛浮沉青霭外，万山离合白云中。
泉归洞壑声闻静，天入沧溟法界空。
对此心神应共旷，更思乘兴御长风。

与陈梦雷是同科进士，且同朝担任翰林院编修的安溪人李光地，也被耿精忠胁迫至福州。二人曾共同拟定蜡丸密疏，由李光地带出奉送君亲。

后人有传说，李光地贪功独占，奉送蜡丸秘疏时独列自己之名，随后青云直上。三藩之乱平定后，陈梦雷不但功被埋没，还因京师传陈梦雷任耿精忠"学士"，又受到耿党徐鸿弼诬告，致以"附逆"罪被捕，入狱论斩。幸好同科好友徐乾学对其施以援手，令其死里逃生，被改为流放东北。康熙二十一年（1682），陈梦雷悲愤交加地踏上了遣戍东北奉天之途，在那里度过了长达17年的时光。

二

从他的身上，可以读到苏东坡。

陈梦雷后来感慨："方寸无须论，登科恨少年。"他和苏东坡一样，年少成名，却经历险恶仕途摧残。到戍所后，陈梦雷病倒，家中父母先后去世，妻子也在流放地亡故。接二连三的厄运让他悲痛万分，但其仍手不释卷，刻苦读书和著述。

天行健，君子以自强不息。司马迁在《报任安书》文中曰："盖西伯（文王）拘而演《周易》。"陈梦雷在人生低谷之时也开始思考忧患之道，深刻体悟圣人作易的价值，对易学"天道""地道""人道"相贯通的精神有了更好的理解。他吸收苏轼、王弼、程颐、朱熹等人的思想，完成"理、数、象、占"四个方面

涌泉寺山门前"石鼓名山"牌坊　林振寿图

兼顾的解易著作《周易浅述》。

　　陈梦雷流放东北时,恰逢奉天编修地志。奉天府尹高尔位听闻陈梦雷流放在此,立刻去其奴籍,延请他编修《盛京通志》。陈梦雷采取了实地调查与深究典籍相结合的办法,一方面亲自走访东北各地名胜古迹,稽访故老,以此获得第一手最真实的资料;另一方面他遍览当地古籍方志,梳理文献资料,旁征博引,使停修了多年的《盛京通志》"逾年而规模略定"。在长达十年的编志生涯中,他还审定了《海城县志》《承德县志》《盖平县志》,奉天此后的数位府尹都对他礼遇有加。当地士子仰慕他的人品学问,纷纷前来求学问道。陈梦雷深受感动,便于云思草堂开设私塾一间,终日悉心教学,倾囊相授。东北学子们也未辜负陈梦雷的期望,很多学子在科举中都考得功名,这无疑是对陈梦雷的一种宽慰。

　　正如苏东坡面对逆境时所表现出的乐观和豁达,他被朝廷一贬再贬,流放之地一次比一次偏远,但到哪他都能找到"心中乐土"，因其明了"此心安处是吾乡"。陈梦雷在东北边塞苦寒之地依然不失文人雅趣。他与东北流放文士组成了"冰天诗社"，掀起了盛京地区的文化热潮。这位大学问家积极作为，努力发光发热，对东北的文化、教育作出了诸多贡献。

三

从他的身上，可以读到刘勰。

刘勰因著《文心雕龙》而名垂青史，陈梦雷一生最大的成就则是主持编纂了大型类书《古今图书集成》。清代大学士张廷玉称："自有书契以来，以一书贯串古今，包罗万有，未有如我朝《古今图书集成》者。"外国学者赞誉该书为"康熙百科全书"。说二人相似，还因刘勰侍奉太子萧统读书，陈梦雷侍奉康熙第三子胤祉读书，且均深受倚重。

陈梦雷从流民"转回皇宫"的故事开端是在康熙三十七年（1698）。康熙东巡奉天谒祖陵，陈梦雷作《圣德神功恭纪七言排律一百二十韵》进献，而后诉说了他的冤情。康熙赞赏其才，下旨赦免其罪，召回京师。次年，入内苑，侍奉诚亲王胤祉读书。由于恪尽职守，甚得胤祉好感。在长期教学中，陈梦雷见现有类书，详于政典，但资辞藻，有许多缺点，因此决心编辑一部"大小一贯，上下古今，类列部分，有纲有纪"的大型类书。此事得到胤祉支持，特拨其"协一堂"藏书，并在城北买"一间楼"，雇人帮助缮写。自康熙四十年（1701）起，陈梦雷根据"协一堂"藏书和家藏图书共15000余卷，开始分类编辑，历时五年完成。这段时间，他的地位与待遇实为显赫优渥。

康熙离世后，陈梦雷的人生顺境也戛然而止，命运第二次无情的"重拳"又向他袭来。

雍正登基后，开始铲除异己，胤祉是其重点打击对象。七十二岁的陈梦雷也被牵连其中，再次惨遭流放东北。纵然二次流放此地，他依旧不改本色，与因文字狱而流放的方氏家族成员交游吟诗，纵情于山水田园之间。其实在皇宫时，陈梦雷的内心就一直渴望回归田园生活，当时胤祉特意为他在京郊购置了水村别墅，附近有田百亩。或许这样的田园生活才更适合陈梦雷，因为他一生都热爱文化、沉潜学问，笔耕不辍而著作等身。他不仅学术造诣精深，而且文采斐然，诗文创作体量颇大，留有《松鹤山房诗集》《松鹤山房文集》《闲止书堂集钞》《日省堂文集》《天一道人集》。后世对其诗歌评价颇高，林昌彝的《射鹰楼诗话》言"梦雷诗多高壮之音"。邓之诚的《清诗纪事初编》言其诗歌"才气奔涌，不可拘以绳墨"。钱仲联的《清诗纪事》则言："省斋早以文章鸣世，尤长古体，所拟《古诗十九首》《西郊杂咏》绝工。"

乾隆六年(1741)，其子"抱骨归籍"，陈梦雷叶落归根，葬于福州。其人虽去，斯文犹存。一代学问大家的风骨早已写入历史，化为珍贵的文化遗产和精神财富，令来者阅之不倦，受益无穷。

取之山水，还之山水。笔行文末，不妨借引陈梦雷登游鼓山的另外三首诗作，来感受巍巍鼓山的山水气韵：

巳日舟行游鼓山

曲水寻春客兴同，漫招钓艇泛城东。
四围野色晴光里，一望松阴夕照中。
入浦微茫茅店月，近村飘映酒旗风。
登临岂减流觞趣，共觅钟声谒远公。

涌泉寺

山半深藏古刹尊，纡回屐齿叠苔痕。
风传松籁浑钟响，云护山光失寺门。
俗客少过偏适兴，老僧静对更忘言。
桃源路杳灵源近，漫学逃禅且避喧。

宿廨院

入径山僧喜过从，追随遥指最高峰。
岩前老树频啼鸟，天半惊涛欲吼龙。
江色静涵初月照，寺门长倩白云封。
禅门一榻尘心静，晚起相招策短筇。

黄任：诗书美砚伴余年

林宇文

鼓山，距福州城东门12公里。山上的涌泉寺，迄今已有1000多年历史。鼓山的得名，缘于山顶有巨石，外形如鼓。据说每当风雨之际，隐约可听见鼓声从岩石洞穴中传出。鼓山有志始于明初释善缘的《灵源集》，明中晚期，黄用中、谢肇淛、徐兴公编写过《鼓山志》。清乾隆年间，福州永泰名士黄任也受涌泉寺住持遍照禅师的委托编写了《鼓山志》。

一官淡似云无迹

黄任（1682—1768），永泰县白云乡人，字于莘，又字莘田，工书法，又喜藏砚，自号"十砚斋老人""十砚翁"，清代著名诗人、藏砚家。康熙四十一年（1702）举人，曾任广东四会知县，后因与上司不和拂袖归里。

黄任出身书香官宦世家，曾祖父为明天启进士、翰林院编修黄文焕，是明末清初著名的士人和学者，因编修过国史，人称"太史公"。祖父、外祖父、父辈等家中长辈都是饱学之士，因此黄任自幼便秉承家学，饱受诗书的熏陶，更兼聪明颖悟、勤奋好学，在书法、绘画和诗歌等方面才赋尤为突出。12岁起，黄任跟随外祖父、著名书画家许友学习诗文书画，又常向居于东邻朴学斋的林佶学书，其后又得"长洲汪退谷（士鋐）授以笔法，而书益工"。汪氏乃清初书法名家，与姜宸英、笪重光、何焯合称"康熙帖学四大家",包世臣在《艺舟双楫》中将其正楷列为"佳品"。

黄任20岁时参加乡试,中举人。但黄任的仕宦之路并不顺利,从21岁到41岁的20年间,7次上京求取功名,都落榜而归。

雍正二年(1724),已经42岁的黄任不再求取进士出身,转而参与礼部铨选,获成绩一等,谒选得浙江宁波府定海知县,后改任广东四会县知县。雍正四年(1726),兼摄高要县。

黄任爱砚成痴,终日纵情诗酒,购得大量珍贵砚石赏玩,写了许多鞭挞时弊的诗歌,得罪政敌,其政敌以饮酒赋诗不理民事为由弹劾他。黄任遂于雍正五年(1727)"被劾去职"。

黄任画像

平生最爱"生春红"

黄任回福州后,仍居于早题巷紫藤花庵的"香草斋"(十砚斋)。其宅占地面积约200平方米,西侧朝东披舍,矮屋三楹。隐于此处,闹中取静,正合黄任之意。

黄任善书法,尤工诗。所传《秋江集》六卷,收入黄任诗计900余首,七言绝句600余首,古今少有。选自《秋江集》中200首诗而成的《香草笺》,流传台湾,对台湾诗坛影响颇大。

晚年的黄任虽贫病交加,依然保持良好的心态与豁达的性情,其家成了福州诗人墨客聚会的场所。每日与名士对砚唱和,吟诗饮酒,谈笑风生。有人问他:"你在广东为官三年,何以清贫至此?"黄任笑指其砚:"余有此些美砚,不负广东之行了。"可见黄任爱砚之甚。

世间爱砚者,少有能超过黄任的。他是一个对砚痴迷的藏砚家,没有端石好砚不藏;顾二娘则是雕砚家,没有老坑端石不刻。两人相遇苏州,留下十方精美绝伦、巧夺天工的名砚，演绎了一段砚史佳话，传诵至今。顾二娘死后，黄任赋诗怀念："古款微凹积墨香，纤纤女手为干将。谁倾几滴梨花雨，一洒泉台顾二娘。"

黄任在四会为官期间，购得十块端石，请顾二娘为其制作了十方砚石，视为骨肉，并为其命名，分别是：美无度、古砚轩、十二星、天然、生春红、著述、风月、写裙、青花、蕉石。其中"生春红"为他最爱。

黄任爱砚，白日坐卧轩中，摩挲抚玩不止。他把砚石当作有生命的东西，在晚年客居福州的日子里，每日摩挲拂拭十块冰凉润泽、娇嫩细腻的砚石，他的手指头能感觉出每一块砚石独特的纹理和温润，真是爱之入骨，心有灵犀。

黄任高寿，活了86岁，一生经历了康熙、雍正、乾隆三朝。朱则杰在《清史诗》中将黄任定位为康乾之际，不标流派而又有独特艺术特色的重要诗人。

乾隆下江南，在杭州西湖读到黄任的《枉法杂咏》十四首后，说："福建无宝，唯黄莘田诗字为好。"黄任著述很多，现在流传下来的诗歌1000多首，有诗集《秋江集》《香草斋集》《香草笺》，诗话《消夏录》《香草斋诗话》，还有《十砚轩随笔》《香草斋文集》《惠献贝子功绩录》等。

诗成自谓万事足

黄任晚境悲凉，生活贫困，靠编修书籍、转卖石砚以维持生计。

"所居矮屋三间，花竹秀野，纵横图史"，黄任将紫藤花庵易名"香草斋"，以香草自喻，美德自居。仕途的不平与官场的龌龊，促使黄任转从山水、诗酒、砚石、碑刻中寻求精神的寄托与安慰。他常整日与好友悠游名胜，吟咏唱和，放情山水，过着"诗成自谓万事足"的闲适生活。

乾隆十六年（1751），黄任受知府徐景熹聘请参修《福州府志》。修毕，又被聘纂修《荆州府志》和《泉州府志》。乾隆二十六年（1761），再应鼓山涌泉寺住持之请，主修《鼓山志》，历三载始成。

明永乐十二年（1414），释善缘编纂了第一本鼓山志——《灵源集》。"灵源"是鼓山的一处名胜，《灵源集》主要内容是"古今名公巨卿、文人墨客登览之所题咏"。

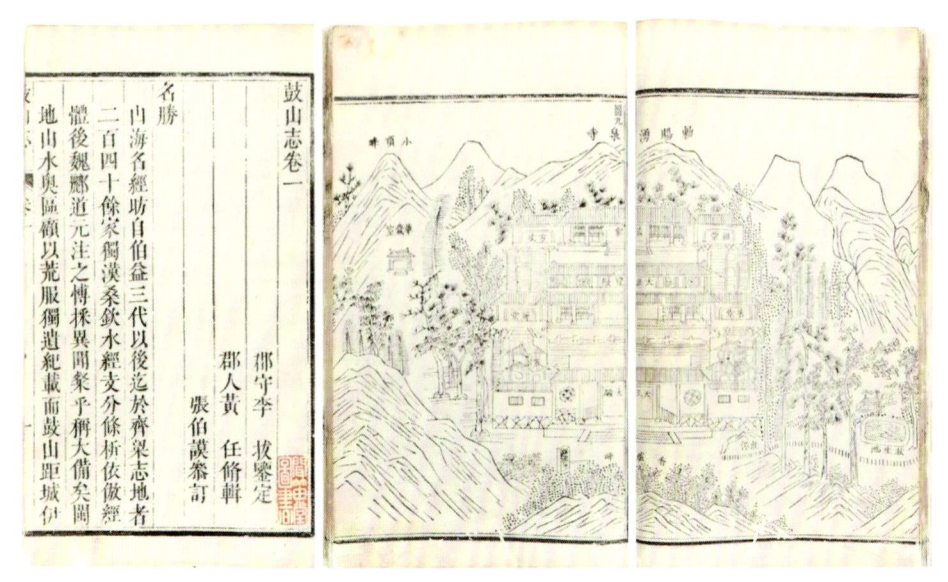

《鼓山志》十四卷（清）黄任 辑

    明嘉靖二十四年（1545），闽县黄用中据《灵源集》重编，改为《鼓山志》。黄用中，字道行，号"鼓山翁"，与徐兴公的父亲是莫逆之交。徐兴公曾说，他于明万历十五年至二十九年（1587—1601），十五年间游山二十多次，打算编纂游鼓山的诗文，而苦无旧志可供参考。后经多方查询，获得了黄用中的《鼓山志》，如获至宝，抄录了一通。今此书久佚，卷数和内容均缺考。

    现存最早的《鼓山志》，是谢肇淛、徐兴公于万历三十六年（1608）编成的《鼓山志》十二卷，分为：胜迹、建置、田赋、物产、沙门、贞珉、艺文、丛谈等若干类，闽县赵世显写了序言。前人对此志的评价，认为该志"纲举目张，井然有纪，旁搜远揽，纤悉靡遗，大有功于是山者也"。此后，徐兴公经过若干年，又补辑了两卷，因为年事已高，所以他把此两卷本交给鼓山高僧释元贤。明末，释元贤曾经以此书为底本重修，保留了原志的胜迹、建置、开士、贞珉、艺文、丛谈六类，也是十二卷，重点突出了涌泉寺的历史，所以有人说它"名为山志，实则寺志耳"。此志今存明崇祯和清初两种刻本。

    乾隆二十四年（1759），77岁的黄任受遍照禅师（释兴隆）之请，开始修辑

《鼓山志》。遍照禅师属于曹洞宗寿昌系派，有学者指出，遍照禅师为重建涌泉寺作出了很大的贡献，所谓"嗣是修堕举废，重兴之力，则遍照师为多"。

乾隆二十六年（1761）五月，《鼓山志》完成编撰。黄任在序中说："吾闽之鼓山，去城三十里而近，至唐而始显。僧神晏象教继兴。宋苏才翁、蔡君谟、朱晦翁诸君子各有题咏，而名人韵士之流连景光，发为歌吟者，又不可以计数也。然则山志可任其残脱不修乎？考旧志始末，僧善缘著《灵源集》，黄用中改为《鼓山志》，后谢在杭、徐兴公、僧元贤相继纂辑，及今复百余年矣。旧板漫漶不可辨，记载亦未备。住持遍照和尚出元贤旧志，乞余续而成之。因细为编阅，于旧志之逸者存之，繁者汰之，讹者正之，疑者缺之，不分纲目，统别八类。非故立异，究亦何必尽同。书成，私自喜曰：'八十衰老之身，不复能杖履作谢康乐（灵运）之游，犹得从几帙之余，如躬履其地，把玩崱、灵源之胜，于缥缃砚席之间，山灵其不我遐弃耶？'"序言的最后落款是："乾隆二十六年蒲月，郡人黄任，时年七十有九。"

黄任藏砚"莘田款端石砚"，现为北京故宫博物院馆藏文物（来源：故宫博物院官网）

琉球诗人：登临尽是思乡景

史雨川 赖正维 文 桃小香 图

明洪武五年（1372）明太祖诏谕琉球之后，琉球王国开始大规模吸纳中华文化。

洪武二十五年（1392），中山王察度派遣琉球学生入南京国子监读书。以此为始，明清两朝，琉球王国多次派遣留学生来华学习。这些留学生来中国之前都要接受一定程度的汉文教育。在华期间，他们不仅要学说汉语、用中文读写，习作汉诗也被视为必备课程。学成归国后，他们会被琉球国王委以重任，有的

涌泉寺塔檐一角

担任王府中主管外交、司法、文化的高级官员,有的在地方执掌文教、技术以及海事活动。在这些留学人员的推动下,中华文化在琉球王国逐渐传播,汉诗也在这一过程中成为受琉球上层社会追捧的文学形式和社交载体。

福州作为明清两代专事接待琉球船只的港口,在中琉交往过程中占据重要地位。福州的柔远驿不仅是接纳琉球外交人员的驿馆,还是琉球留学生学习汉学和各类生产技术的重要场所。琉球使臣和留学生留闽期间,常与当地文人畅游山水。鼓山作为榕城最高的山峰,不仅有瑰丽的自然风光,又有涌泉古刹、摩崖石刻等人文胜迹,是琉球士人熟知的景点。

除此以外,鼓山对身在他乡的琉球人而言有特殊意义。明代何乔远《闽书》记载:"闽人相洽谓登鼓山之巅,远见琉球。"琉球诗人周新命也记道:"峰头望见海中为大小琉球云。"民间传言加上思乡之情,激发了不少琉球人登临鼓山的兴致。在目前琉球诗人的存世作品中,有不少反映他们在福州生活、游玩的作品,其间自然少不了与鼓山相关的诗作。

蔡文溥《石鼓秋云》

蔡文溥(1671—1745),字天章,号"如亭",出生于琉球久米村。

康熙二十七年(1688),十六岁的蔡文溥奉琉球国王之命,和梁成楫、郑秉均、阮维新三人一道随进贡使团进京,入国子监读书。康熙三十年(1691)离京,次年归国。归国后,蔡文溥担任讲解师、训诂师,负责教习《诗经》《四书》等汉典。康熙三十八年(1699)正月三十日,蔡文溥被授接贡存留通事职,十一月同才府毛文杰、都通事郑士纶赴福州,驻留三年,于康熙四十年(1701)回国。后官至正议大夫及紫金大夫。

蔡文溥吟有《石鼓秋云》七言律诗一首:

> 石鼓秋深淡更幽,白云一望眼中收。
> 风生海角飞涛急,雨过岩头作瀑流。
> 处处岚光环客坐,声声林鸟唤人游。
> 怡情山水归忘晚,月送钟声出古邱。

蔡文溥的诗注重生活感受，往往直抒胸臆，多有寄情于山水之作。他著有《四本堂诗文集》，《石鼓秋云》使收录其中。《四本堂诗文集》序言："（蔡文溥）复于三十八年为存留来闽，遍游越山、平远台、凌霄台诸峰，操舟螺女江，访旗、鼓二山，登高远览，三年始归。"故此诗当成稿于蔡氏任存留通事期间。诗中记录了诗人秋天游玩鼓山的体验，以写景为主。首联主写秋意和白云，一派慵懒淡雅之意，颔联转写海风、急涛和山间流水，瞬间展现鼓山的高峻和活力。颈联代入第一人称视角，表现出已然身陷山中美景的陶醉，而前有林鸟以鸣叫相邀，引人前行。诗人最后流连忘返，入夜方才下山。最后一句"月送钟声出古邱"颇为悠远深长，引人回味。

周新命《登石鼓屴崱峰》

周新命（1666—1716），字熙臣，久米村人士，康熙二十七年（1688）随琉球使团来福州游历，在福州留驻七年。其间拜鸿儒竺天植为师，学习三年。返回琉球后，多次奉王命担任久米村讲解师，后陆续被授予都通事、中议大夫以及正议大夫等官职。

周新命著有《翠云楼诗笺小启》，其中有《登石鼓屴崱峰》一首：

> 独立闽山第一峰，悠然四望海天空。
> 凌云间倚千秋石，拂袖时来万里风。
> 古堞迷茫飞鸟下，故园隐现暮烟中。
> 喜今近远波涛静，共仰车书万国同。

竺天植在《翠云楼诗笺小启》序中对周新命的作诗风格有此描述："或风雨楼头而起怀人之想，或莺花帘外而喻感物之情；或历高台而望红树，或忆乡井而盼白云。或看剑引杯、挑灯读史，一往情深时，发泄于诗歌以抒其不平之慨。"意指周新命经常寓情于景，或为怀念旧人，或为思念家乡，尤其喜欢读史，并于诗中寄托个人的豪情与感慨。

《登石鼓屴崱峰》一诗气势恢宏，前两联中的"海天空""凌云""万里风"并无给人以孤高清冷之感，反而展现了视野之开阔、胸襟之豁然，体现了诗人此时内心的惬意。颔联提到暮烟中的故园，思慕家乡之情油然而生。尾联"喜今近远波涛静"看似在描绘海景，实则在赞颂中琉两国之间平稳、安宁的关系；"共仰车书万国同"则表明了自己对中华文化的倾慕。综合两联，诗人虽然难掩心中思念故乡之情，但是更加庆幸中琉之间友好的关系能让两国人民相互来往，并且能让琉球人民也领略中华文化的博大和精彩。

蔡肇功《游鼓山》二首

蔡肇功（1656—1737），号"绍斋"，生于久米村，康熙十七年（1678）奉王命至福州，跟随薛一白学习历法。康熙二十一年（1682）回国，掌管琉球国历法，订《大清时宪历》颁行琉球。蔡肇功同时也是一位汉诗诗人，其诗被评"高标骨节、气挟冰霜……可传于千古"。其所著《寒窗纪事》中有七言律诗《游鼓山》二首：

其一

十里松阴一路幽，层层云气眼中收。
风鸣石鼓千峰响，水涌银涛万壑秋。
山鹿何心眠野寺，海门无际渺沧州。
登临尽是思乡景，极目中山起百忧。

其二

松阴十里路千盘，几度攀跻不厌烦。
芒履穷搜岩径险，葛衣难御海涛寒。
暮云不放山容翠，秋色全归木叶丹。
我欲投闲聆妙偈，肯容风雨对蒲团。

以上两首皆为纪行览胜之诗，但情怀稍异。诗人穿过郁青的松林，远眺重洋，希望能看到自己千里之外的故乡。观诗中意象，有千峰万壑，海门无际，岩径险，海涛寒，尽写人在大自然面前的渺小。第一首表现了诗人登临绝顶之后，心中涌起浓烈的思乡之情。第二首则可见作者面对海路艰险，前途未卜，内心不安，希望能借助佛禅化解。

鼓山目睹了"共仰车书万国同"的时代盛景，同样也见证了这一盛景走向没落的历史进程。在琉球王国末期的文人中，林世忠和蔡大鼎皆留下了关于鼓山的诗句。林世忠是琉球王国向中国派出的最后一批官派留学生之一，蔡大鼎则是日本即将吞并琉球之时、琉球救国请愿运动的核心成员。二人的作品可说是琉球王国文坛的残光。

林世忠《鼓山寺》

林世忠（约1846—1873）是久米村人，于同治七年（1868）十月和毛启祥、葛兆庆、林世功三人一道跟随进贡使团出发，于次年三月到达福州，九月进入北京国子监读书。在读书期间，林世忠不幸染病离世，葬于张家湾。

林世忠虽然早逝，却在琉球文学史上留下了不可磨灭的印记。《琉球诗课》和《琉球诗录》两本诗集是由国子监教习徐干辑录林世忠、林世功二人作品而成，被后世视为琉球留学生的优秀诗作代表。

在《琉球诗录》中，林世忠留下了他游玩鼓山的记录，如《鼓山寺》：

> 瀑布飞来万壑鸣，苍松尽作海涛声。
> 亭边水色摇空入，寺里岚光隔岭明。
> 夜静久知群物息，僧闲已觉万缘轻。
> 萧然丈室忘尘境，直欲安禅过此生。

结合林世忠在中国的经历，此诗当为他在同治八年（1869）于福州写下。徐干在该诗后有评语："第二联诗中有画，写景极工。"诗中有自然之声响、寺中之光影、夜帷之深沉、僧人之超然。读此诗使人仿佛置身古刹，有清新脱俗、离尘出世之感。

蔡大鼎的鼓山诗

蔡大鼎（1823—?），字汝霖，曾多次求学或奉使中国。咸丰十年（1860），

《琉球诗录》书影　　　　《闽山游草》书影

蔡氏随琉球使团来华，任进贡存留通事之职。蔡大鼎之诗集《闽山游草》收录有多首鼓山诗，皆为在福州时所作：

七夕即事

银汉佳期克异乡，淡星明月引情长。
遥知石鼓登临日，极目球阳在一方。

春日登鼓山

为爱闽山第一峰，登临此日景无穷。
云生脚底千秋石，籁响天边万里风。
喝水岩前思古哲，白云洞上接苍穹。
舟归极浦波光动，花发平原夕照笼。
隔岭疏钟传寺院，长空细雨落仙宫。
谷幽境静藤萝密，源远泉流草木丛。
啼鸟往还青嶂外，游人吟啸画屏中。
泰山小鲁今如此，石上诗章句最工。

鼓山道中口占二首

（一）

一登鼓岫趣如仙，更上层峰别有天。
幸遇上人清茗惠，都忘固陋进诗篇。

（二）

欲罢不能谁勒石，樵人静见讶为仙。
蓬莱远境何须访，吟啸山中忆古贤。

游鼓山涌泉寺

高山仰止有僧居，宝阁宏模俗气除。
喝水岩旁栖凤竹，放生池里化龙鱼。
经传净土钟鸣处，花落祗园虎啸初。
招入禅房频劝茗，细参妙谛趣何如。

咏涌泉寺牡丹

何物栽培分外芳，上人直指百花王。
庭前掩映无双艳，槛外悠扬第一香。
对客玉肤含淑气，凌晨金蕊带韶光。
汝身有约如移植，捧献吾君乐意长。

鼓山前浦泊舟

西山月色入孤舟，更见闲眠水面鸥。
犬吠前村声断续，浑教旅客不胜愁。

以上几首诗主题各异，或赞颂鼓山景色之美，或表达登高思乡之情，或借咏物表达自己忠于使命、愿携异国芳草返回琉球国的心意。据《闽山游草自序》所言，蔡大鼎前往福州任职时，仰慕福州"学问才华，皆如山斗"，随即"受业于门，愿留领教。凡有往来赠答，托诸诗篇，乞为指点"。

现实往往是残酷的。1860年的清朝，内有太平天国，外有英法联军，实则早已无力派出册封使团，也无法再提供有力的庇护。十六年后，蔡大鼎最后一次前来中国，是为了拯救琉球免于亡国而呼告。蔡大鼎之鼓山诗虽与蔡文溥、

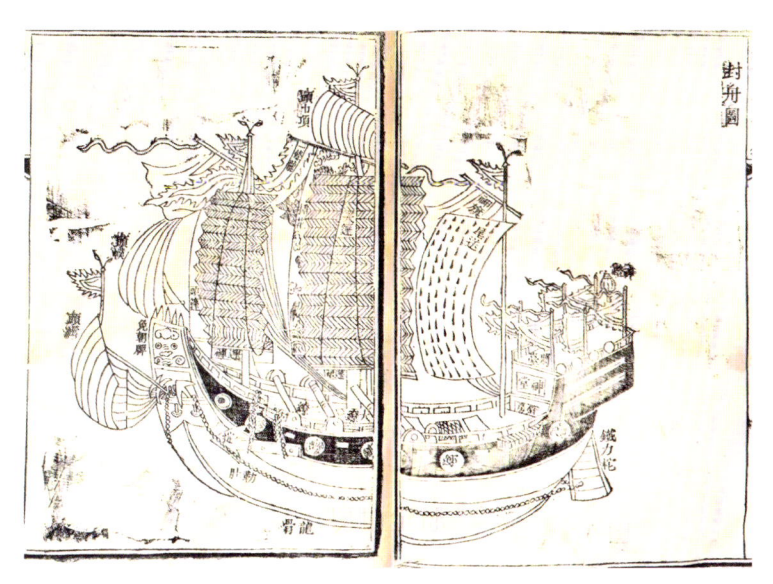

琉球册封舟图

周新命、蔡肇功同旨，但时代环境和诗人的命运已大有不同，令人唏嘘。

　　鼓山自唐宋以来就吸引了众多文人墨客到此游吟，琉球诗人无疑是其中相当特殊的一个群体。他们所作的汉诗，饱含了对中国风土人情的赞美和对中华文化的仰慕。透过诗歌，依稀可见当年琉球的使者和文人登上鼓山，极目远眺故乡琉球的景象。琉球诗人的鼓山情缘，既是汉诗史上的一段佳话，更是中琉友好交往的见证。

魏杰：无碍无忧无诤居

穆睦 文　林振寿 图

沿着鼓山盘山公路西行，过寒岩升和尚塔，在鼓岳居附近，有一片浓荫覆郁的松林。阳光洒在枝头，嫩芽熠熠生辉，焕发出勃勃生机，鸡犬相闻间，依稀能看见掩映于林间的红墙黛瓦。辟路下行，狮子峰下，便闪现出一座古刹，正是达摩洞十八景之一的千佛庵。

一

千佛庵原叫"无诤居"，据清乾隆《鼓山志》记载："无诤居，在狮子峰古寨中，国朝顺治庚寅，僧道宗建，今废。"

达摩洞十八景之一的千佛庵

道宗原是涌泉寺监院，清顺治七年（1650），他在达摩洞旁看中一块空地，远离喧嚣，适于修行，大喜道："我得无诤三昧矣。"遂由"闽中七子"之一高兆的父亲出资，起盖新居，种以茶蔬。新居落成之时，涌泉寺住持永觉老人前来道贺，石书"无诤居"三字，并作诗一首：

朝开柳眼对霜禽，新构禅房倚翠岑。客屐几能来僻谷，茶烟每自出平林。空中日月无寒暑，门外江山任古今。长挥世间尘梦绝，灰头土面卧云深。

康熙初年（1662），道宗对无诤居进行扩建。他"手凿层冈"，平整土地，在屋后遍植松竹，于山坳开渠引流，待到竹苞松茂、清溪泛绿之时，他又"拓屋之堂为殿，翼楹为寮"，庖湢井春，无不次举，"又大造毗卢千佛，像设庄严，钟鼓铿铿"。康熙十六年（1677）竣工，易名曰"千佛庵"。

道宗圆寂之后，千佛庵由太瀛常住。至乾隆间，梵宇毁废，渐成荒丘。直到咸丰四年（1854）春，一个人的出现打破了这份沉寂，这个人叫魏杰。

二

魏杰（1796—1876），原籍福清十六都文林，字从岩，又字拙夫，号"松筠"，晚号"鹤山樵者"。他出身农家，资性聪慧，虽"少抛儒业"，然勤俭持家，产业渐丰，被当局举任盐政，历五年而家道殷实，成为道光、咸丰间著名盐商。他喜藏书、勤汲古、耽山水、乐吟咏，游踪所至，必纪之以诗。在他走过的武夷、雪峰、鼓山、九峰、乌石、九仙诸山中，他最喜鼓山。"自未冠时登斯山，屈指不觉六十春矣，数十载间，纪游百余度，遍搜洞壑，流览林泉，或对山僧谈偈，或同樵父作歌，嘲风弄月，煮茗焚香。"他写的与鼓山有关的各体诗篇有三百余首，其中二百四十余首辑成《鼓山吟草》，其余编入《逸园诗钞》《逸园诗钞后集》。

魏杰对鼓山最大的贡献，就是开辟达摩洞十八景。

咸丰四年（1854）浴佛日，因达摩洞、千佛庵"两处俱未曾到"，魏杰来到鼓山，在僧人帮助下，先寻得千佛庵废址，又从千佛庵下行，经仙猿岩、望洲

魏杰开辟十八景之一"八仙岩洞"

亭，至达摩洞，清理洞中榛莽荒秽，又在洞右扳藤拊草，寻得一穴，凿石铺磴，累日兴修，题名"八仙岩洞"。八月十五，他再次来到达摩洞，顺山脊而下，继续辟景，由刘海台，搜得金蟾洞，经葛仙居，过蟠桃林、曼倩岩，憩南天门，游伏虎祠，逶迤而下，寻到降龙洞，之后攀慈航，登龙首，过仙桥，憩纱帽石，坐观溪山挺秀，岩壑俱飞，重峦叠嶂，笋列蝉联，感叹此处"可与武夷、方广诸名胜并传千古"。兴之所至，赋诗十八首，题为"达摩洞十八景"，其中为千佛庵所作的《千佛梵宫》诗曰："无诤庵中眼界开，双江环绕白云隈。百千万亿恒河佛，都现金光护法台。"

三

魏杰开辟鼓山达摩洞十八景之时，一位姓洪的女士来到鼓山放生，她计划"捐一精舍，奉先人之祀"，看到千佛庵废址"据山之中，岩泉既佳，眼界复旷，洵胜境也"，于是慷慨捐资，重建了千佛庵。

洪女士，蜀中人氏，生于清嘉庆年间，父姓黄，母姓姜，没有兄弟。按照咸丰六年（1856）《重建无净居落成诗序》记载，她自幼父母双亡，寄养于邻居洪氏膝下，改姓洪，15岁那年被陈若霖纳为侧室。陈若霖出自"螺洲陈氏"，字宗觐，号"望坡"，官至刑部尚书，即古称的"大司寇"。因其不畏权势刚正不阿，民间传说颇多，最著名的莫过于首演于民国三十四年（1945）的闽剧《陈若霖斩皇子》。虽属戏说，但众望攸归，却系不争，他的后代更为有名，出了个末代帝师陈宝琛，父子四进士、兄弟六科甲，个个不凡。

陈若霖纳洪女士为侧室时，大概在道光九年（1829）。一个年近古稀，一个刚刚及笄，正是苍苍白发对红颜，一树梨花压海棠，个中奇缘，序中无载。按居士所述，应是报恩，此恩，乃是陈若霖审理积案，为洪女士之父平反，洪女士感恩戴德，誓要嫁给陈若霖，陈若霖为其孝心感动，纳为名义侧室，但约定只受侍奉，生不同床，死不同穴。

生不同床，不得而知，死不同穴，确有其实。在今天北园与步卓间的山头岭东麓，并排着两座形制仿佛、大小不一的三合土墓。大墓位于围墙内，青石墓碑，上书"清大司寇望坡陈公墓"，落款"道光十二年（1832）岁次壬辰冬十一月廿二日立"。该年，陈若霖去世，享年73岁，离他纳洪女士为侧室不过3年。小墓位于围墙之外，民居门口，离陈若霖墓不过五六十米，亦是青石墓碑，上书"螺江，陈大司寇侧室洪孺人寿域"，落款"道光十九年（1839）岁次己亥秋吉旦立"。寿域，乃指生圹，时洪女士尚健在，大概25岁，她按照夫君的墓制营造，精美不遑多让。

四

洪女士营造生圹后，每念父母之恩乏人承嗣，便潸然泪下，这才出资重建了千佛庵无净居，"中三间，供奉三大士，装塑护法、伽蓝宝像，左边间，祀大司寇陈公神主石牌位，右边间，祀予本生父黄公、本生母姜孺人神主石牌位，砌石围墙，左右两庑，构僧合四间，香积厨二间"。她还捐铁钟一口，高约一米，上铸"大清咸丰四年孟冬吉旦，螺洲信女陈门洪氏敬建"。

两年后，千佛庵无诤居告竣，魏杰赋诗两首为贺，一为："螺洲女士武夷胡，欲炼丹砂无诤居。培植竹松开曲径，删除榛草构幽庐。有时携杖游仙苑，无事焚香读道书。报孝报恩还两尽，岂徒大隐乐耕锄。"赞洪女士为报孝、报恩重建无诤居，乃"人间女杰"。一为："元贤长老纪新开，二百年前说法台。山雨溪风标已久，梵宫禅室冷如灰。当年卓锡居无诤，此日捐修佛再来。门挹江山新气象，几回览眺乐徘徊。"想起二百年前永觉老人也曾如他今日这般，为无诤居落成志喜庆贺。

在千佛庵的墙上，至今还嵌着3块石碑，一块题于咸丰四年（1854）十二月，一块题于咸丰五年（1855），一块题于咸丰六年

魏杰题刻《游灵源洞》　　　　　　达摩洞内魏杰题刻

（1856）孟冬，记录着洪女士三年间重建千佛庵尤净居的缘由、经历、捐款金额、买田坐落，以至于田产。她专门约定："居住僧自行栽种，以为香灯、粮食。"一介弱女子，却深明"授人以鱼，不若授人以渔"的道理，难怪能得陈公爱重。在碑的末段有她自述的4首七言俚诗，从幼失怙、长守节，到忆双亲、思故土，最后遁空门、修善果，惟愿慈魂托梵宫，望风一度一沾巾，情深意动，文采斐然。

魏杰像

五

转到千佛庵的侧面，有一段通往福泉庵的石阶，拾级而上，东南向，狮子峰张牙踞地，"松作柔毛草作皮""抛球带子岩前戏"，以自己的方式拱卫着山窝中的千佛庵。

岩石上，刻着魏杰题写的"狮子窝"三字，落款时间是同治十三年（1874）。这可能是魏杰在鼓山题的最后一块石刻。当时的他，已近杖朝之年，体衰多病，家道中落，本应是老境颓唐，晚景凄凉，又如何能写出如此苍劲豪宕的字呢？

山林中落叶潇潇洒洒自由飘落，没有无奈，没有萧瑟，有的只是生命的静美，时间的永恒。"芳林新叶催陈叶，流水前波让后波。"对落叶来说，它是把春的枝头让给新生的嫩叶，新故相推，萌蘖不滞；对千佛庵来说，它的几番兴废，都留下不同的夙愿与故事，"周有旧邦，其命维新"。而对魏杰来说，"人生天地间，难免此一死"，不如寄情于山水之乐、诗酒之娱，纵死，不过是"绿野享善终，瑶池伴仙侣"，视山水为知音，以出世换入世。

净空：三主鼓山敞法门

孙源智 文　林振寿 图

灵源洞位于涌泉寺东侧，这里绵延千载的摩崖石刻，离不开历代寺僧及护法居士的维护。灵源洞东壁的"三主"题刻，便是为了纪念在清同治年间"整古迹，辟芳径""增阁设桥于喝水岩"的鼓山方丈净空禅师。一个半世纪后的今天，灵源洞一带仍基本保持着净空修整后的面貌。

三主名山

净空禅师，法讳彻印（一作兼印），号"石松"，兴化莆田人，俗姓卢。净空礼鼓山宏志法师出家，嗣法于鼓山第117代方丈云程和尚，并以副寺、监院等身份协助处理寺务。由于其处事勤恳尽责，且为人谨慎持重，深得寺中僧众的信赖。咸丰元年（1851），净空在僧俗两众的一致推举下，继任鼓山第118代方丈。

净空一共三次出任鼓山方丈。在首次担任方丈仅一年后，他就因为要专注庆城寺和兜率寺的重建而让位于光耀、凤超二和尚。后来因二人先后辞世，净空曾一度回山复任。到同治三年（1864），鼓山方丈之位再次空缺，净空在寺僧与护法居士的多番劝勉下第三次出任鼓山方丈。此次的任期长达十年之久，净空在鼓山的主要事迹也是在此期间留下的。

由于寺院多建于山林之间，古人常将一寺住持尊为一山之主，净空三主名山在当时成为佳话，缙绅名士纷纷题诗赠额以示祝贺。罗源人游长龄所作的一首七律在其中最为知名，至今仍镌刻在鼓山登山古道旁：

三升慧日照禅阇，一壑清泉涤众尘。
拄杖毒龙听六法，翻经碧鹤悟三身。
云开般若奇峰晓，草长灵源古洞春。
顽石点头空色相，老松植节有玄津。

鼓山涌泉寺自明末永觉禅师开法后，历代高僧辈出，经为霖、恒涛、遍照三代经营，成为清代福州首屈一指的名刹。但到了清中叶以后，鼓山禅风渐衰，出现了梵宇凋零、斋粮难继的景象。净空正是在此时振颓举废，使得鼓山上下百废俱兴。在他的经营之下，鼓山再次出现"住僧二千余指"的盛况，且香客辐辏，游者络绎而至，因而，净空时称"重兴一代之师"。

位于十八景至涌泉寺古道旁石刻，游长龄赠净空诗

重兴古刹

鼓山梅里景区在古代被称作"舍利窟"，净空的墓塔便坐落在该景区一隅，不远处就是著名的吸江兰若。这座寺院虽然规模不大，但深处梅林之间，四周冈峦如翠，远眺闽江涛涌，历来诗人吟咏不少。至清中叶，该寺废入民家，成为一片地瓜田。直到同治五年（1866），净空募资重建此处，后来又亲自择地建塔，圆寂后归葬于此。如今，由吸江兰若发展而来的梅里景区已经成为福州人冬季赏梅的佳处，而这只是净空为鼓山留下的众多遗产之一。

净空禅师三主鼓山，时间跨越了咸丰、同治两朝，前后历二十多年时间，使鼓山呈现出重兴的景象。他对鼓山的贡献多集中在寺院的经营建设上，住持期间殚力化募营葺，"整治无虚日"。到了同治十二年（1873），在这位悲深愿弘的僧人带领下，胜迹名区终于恢复旧观。是年底，为表对净空禅师的感激，鼓山全体僧众在鼓山延寿塔亭为他设下春秋二祭，并勒碑纪录其事迹，以为"后代住持之模范"。

从碑中的记载来看，净空不仅将涌泉寺与白云廨院各殿堂修葺一新，还在寺内新建地藏殿、戒月堂、澄心楼、明月楼、海天砥柱亭等建筑。同时，净空还着手修复鼓山各处胜迹，于灵源洞建弥陀阁、灵源洞桥，于吸江兰若建文殊殿、净业堂，于绝顶峰建天风海涛亭。此外，他还重修了鼓山的登山古道，并进一步募资将沟通闽县、侯官、福清、永泰、莆田等县的道路、桥梁加以平整。时人称净空"无废而不兴，无功而不立"，鼓山也在净空重兴后变得"梵宇焕然，可以壮观，山路坦然，可以安步"。

同治末年，净空第三次辞任，但他对鼓山的贡献并没有因此而停止。在卸任方丈前，净空考虑到《鼓山志》亟需补刻，专门为继任者备下数百片红梨板及若干资金，后经怀忠、奇量两代方丈的操持，终使得这部保存鼓山历史文脉的重要典籍得以传世。据说在卸下方丈重担后，净空禅师前往江浙一带云游，光绪年间在宁波延庆寺圆寂，最后仍归葬鼓山。

在净空的身后，鼓山僧人们以其为模范，发展与继承其志向。光绪年间的鼓山方丈妙莲和尚为重建大殿与法堂，前往南洋募资，并将鼓山法脉传播至南洋各埠。妙莲的法子达本和尚成为福州雪峰崇圣寺的重兴方丈，奠定了雪峰崇圣寺今日的建筑格局，后来又兼领鼓山涌泉寺方丈。妙莲的法孙圆瑛大师是我国近现代著名的爱国高僧与佛教领袖，不仅在保护全国佛教寺产方面贡献尤多，更是积极推动佛教参与社会事业的发展，成为近现代佛教中国化的奠基者与实践者。

法门弘开

净空禅师的生涯几乎都体现在经营寺院的实务上，没能给后世留下太多文字。如今，我们只能通过时人的评价，来了解这位禅门曹洞宗僧人的高僧气度和修行境界。

　　净空与文人显宦交往频繁，且颇受推许，其中以白让卿与陈祚康的评语最具代表性。白让卿从修持角度说："净空大师清修梵行，深入佛海，证三菩提。"陈祚康从禅学角度评价："曹洞之旨，所谓开无门之门，施出楔之楔，师其有欤？而师之精进，正不自满也。"两人都是道光年间的进士，在他们来看，净空不仅佛学精湛、修持严谨，而且已经达到不执着于名相的精神境界。

　　在鼓山摩崖石刻中，还有不少达官贵族对净空的赞美之辞。在相关题刻中，最醒目的是鼓山更衣亭侧由长庆所题的"心净意空"榜书，而最出名的当数鼓山绝顶峰由沈葆桢所题的"乐善不倦"榜书。长庆是驻防福州的满族官员，曾任海关委员协领，在福建办理通商时出力不少。沈葆桢是大名鼎鼎的晚清名臣，以创办马尾船政而为人熟知。作为在当时仍活跃于政坛的满汉高官，长庆与沈葆桢的赠言足见净空在当时的名望。

　　鼓山僧众对净空也同样非常推崇，最值得一提的是《重兴鼓山碑铭》中的一段评价："惟师屡建善功，绅曰乐善不倦，众曰慈心养海者也。"在这里，寺僧分别站在俗与僧的角度用"善"与"慈"来概括净空的发心，"乐善不倦"直接引用沈葆桢原话，"慈心养海"则是佛教用语。他们认为，净空能够在数十年僧人生涯中坚持修桥铺路，引泉垦田，广结善缘，正是以佛教提倡的慈悲之心为精神内核的体现，其举动使僧俗信心不断增加的同时，也带动佛教更加兴盛，正所谓"妙供养海，纳众流而愈深"。

　　鼓山涌泉寺内有一座无尽石门，旧时是寺院的正门所在。此门有门而不设门

长庆题刻

鼓山涌泉寺内无尽石门

板，石柱上刻着一副名联："净地何须扫；空门不用关。"该联以嵌字的形式表达了寺僧对净空禅师的纪念，同时一语多关，极富禅意。所谓"空门"，既是对山门的实景描绘，也象征了寺院对僧俗信众广开方便之门，同时又以通俗的方式比喻了陈祚康所谓义理层面的"无门之门"。

时至今日，信众或游客每到鼓山涌泉寺参观，仍然必须经由无尽石门而入。山门上的这副名联，每每引得行人驻足观赏、揣摩。重兴鼓山的清末一代高僧净空禅师，也以这样的形式得到后世永久的纪念。

陈宝琛：钟情"听水"因何故

卢美松/文　林振寿/图

陈宝琛（1848—1935），字伯潜，号"弢庵"，又号"橘隐"，晚号"听水老人""沧趣老人"。出身书香门第、官宦世家。从小聪颖好学，早登仕途：13岁为秀才，18岁中举人，21岁成进士，次年入翰林，26岁起任乡试考官、侍讲、日讲官、侍讲学士，36岁授内阁学士兼礼部侍郎，参与中枢机要，深受朝廷重用，号称"清流四谏"之一。1885年38岁时因中法战争"荐人失察"之过而遭贬抑，连降五级，时当盛年。返闽后闭门读书、赋诗、写字。近二十五年间，并未赋闲，而是大力从事教育事业和实业活动，曾任福州鳌峰书院山长，创办东文学堂，就任福建高等学堂、全闽师范学堂监督（校长），还亲自担任福建教育会会长，为推动近代新式教育做了许多卓有成效的工作，成绩卓著。

一

陈宝琛少年英迈，学富才赡，仕途顺遂，壮年跻身馆阁词臣之间，不意因"甲申易枢"的波及而中断仕途。盖缘他正道直言，无所顾忌，报国心切，"举笔不忘规谏"，"常思借言责为酬恩之地"。故入清流而常发谠言正论，忧心国事，指斥误国奸佞，针砭时弊，力主革新政治。出任地方官时兴学荐贤，转变士习，会办军务，悉力御侮。这样一位有才华、有情怀、有政绩的名宦循吏，却仕途中辍于38岁，休致回乡，现实显然是残酷的。

盛年投散的陈宝琛自然不甘就此铩羽隐鳞，息影林泉，他的致君济民抱负还远未实现。正如文友陈三立所说："他虽戢影林壑，系心君国，尽抱伟略，郁而不舒。"因而在这赋闲岁月，除了吟诗自遣，悠游山林之外，还建"沧趣、听水二斋以娱亲"。奉亲是表达他孝养父母之心，但楼名"沧趣"，二斋俱称"听水"，则表明别具怀抱，大有深意在焉。陆游《诉衷情》词有曰"心在天山，身老沧洲"，时已年近七十，仍不忘抗金复国，无奈报国无门，"壮士凄凉闲处老"，心情之沉郁压抑可以想见。陈宝琛反其意而用之，以海滨江边的沧洲为名而独称"趣"，表明旷达开朗的情怀。事实上，他仍有志不得伸的苦闷，因此而有"弢庵""橘隐"之号，实意韬光养晦以待时机，期望再度为国宣力。

当然，最见陈氏隐逸情怀的，还是他两筑泉边斋舍以为读书消闲之所。都命名"听水"者，自有深意存焉。众所周知，陈氏一腔热血倾心报国，却遭朝中昏聩当权者的打压、颟顸同僚的猜忌，被借故逐出朝堂，剥夺进言献策的机会，事出突然，自然令他十分失望。古人说"在山泉水清，出山泉水浊"，他作为"清流"健者，自然不与污者同流，亲近青山清泉是其自然选择。一般隐者退归林下，多寻幽僻寂静之所托身，如晚明名宦曹学佺遭权贵攻讦罢职在家，在洪塘石仓园建"听水阁"以寄静心修习之慨。少有像陈氏那样专觅喧响的流泉之下、沧江之边筑舍幽居。孔子曰："智者乐水，仁者乐山。"陈宝琛作为仁智之士，喜爱并亲近山水，是自然之事。他寄情山水，希望从中得到启示和灵感。

特别的是，陈宝琛亲水又重在听水，这与此前的许多名宦宿儒大异其趣。东晋名士谢安"东山再起"的故事人人耳熟能详，陈宝琛蛰居鼓山、小雄山两地，不以山名，应是着意避免"再起"之忌，虽伏处24年，始终未有怨言，更无怨望。其名"听水"者，取意在洗耳修心，享读书养志之乐。如林则徐《赴戍登程口占示家人》诗所表达的："谪居正是君恩厚，养拙刚于戍卒宜。"受谴遭贬仍然顾念君恩，荷戈赴戍自嘲宜于养拙，前辈如此旷达，自己作为后贤踵武前修，自然不会有什么私怨。陶渊明自动辞官归隐，是"不为五斗米而折腰"，为的免受官场恶气，摆脱"心为形役"的枷锁，陈宝琛的私衷皆与之有别。他之所为异于开山祖师神晏法师，因嫌泉声影响禅修，喝水令其改道，反而移尊亲水，倾听泉鸣。流瀑虽声洪如雷，也不厌其烦，可见其豁达心境。如此隐忍，必是从"听

修缮后的鼓山听水斋

水"反思中获得智慧与觉悟，无怪乎24年后重获起用，再居庙堂，其宠辱不惊的平静心态，实有过人之处。

二

陈宝琛算是实践了范仲淹的名言："居庙堂之高则忧其民，处江湖之远则忧其君。"家国情怀、朝野之思尽蕴胸中。陈宝琛虽置身千里之外的海滨沧洲，陆续造作五楼，分别命名"赐书楼""沧趣楼""晞楼""还读楼""北望楼"，造楼养志不忘思君。回乡读书，娱乐晚景，仰望君王，诚恳表达恋君报国之思。他自称建斋、造楼为"娱亲"之用，实亦表达他的孝养之心。他曾作《沧趣楼杂诗》十首，以记"家居奉亲之乐"。陈宝琛造楼显露恋阙、孝亲之心，建斋则另有用意，虽然不足为外人道，但从其连续为二斋命名"听水"中也可猜度出一二心迹。

陈宝琛放归林下之后，按常理应有些许不服和不满，因非本

"听水"题刻

身之过而代人受之，但他从不表露，不敢腹诽，更不放言，只是从幽居、听水中排遣苦闷，进行自责，而"退思补过"。他的归隐既非如陶渊明那样，为摆脱官役羁绊，回归自然以求自解，所以显得洒脱旷达，轻松快慰，如倦鸟投林，疲牛歇荫。而他方富于年，才锋新试，抱负初展，即突生变故，仕途戛然中止，令他猝不及防，又不得心生怨望，口出讳言。只是默默地承受打击，深深地自我反思，古有明训："君子之事上也，进思尽忠，退思补过。"

以陈氏的才识，当此屏退之际，自然要"明哲保身，但求无过"。所以回归之初，年届四十，即在鼓山灵源洞神晏法师修炼坐处，"结一小寮，颜曰听水"，并作诗称："听惯田水声，时复爱泉响。"说明家居时多听田水之声，至此得闻深山泉响，别有一番情趣。他与二弟读书其中，"寒暑昼夜，备诸声闻，洗心涤耳，喧极生寂。"可见他在反法师之意，以喧致寂，意在洗心涤耳。洗心，在洗去尘虑之心，摒除功名之念，去失职之忿怨，修德养身兼养心；涤耳，亦在避听众人谤议之言，不平之语，默受责罚，皆因忍忿生寂。当然，"听水"之意亦可理解为谛听清水之言，祛除尘杂之虑；此时可与对话者唯有山灵泉音，可以惩忿窒欲，自求改过迁善。

1908年，陈宝琛年满周甲，又在永泰小雄山麓新筑"听水第二斋"。看来他不满足于鼓山旧筑，21年后又在更远僻的地方另建新斋，仍然系心听水。陈氏筑室听水，披榛剪葛觅泉声，与其父亲及两弟读书其中。同时也常邀好友到听水斋留宿话旧，听水谈心，欣赏"潺潺无尽水，穆穆未明天"。或与客人话旧谈心，或共同吟诗作赋，或"满衣清吹自凭楼"，自娱自乐，也成清欢。无独有偶，他的前辈诗人曹学佺于明末因得罪权贵而罢官归里，时年四十一，与陈氏年龄相若，遂在福州西郊洪塘一带筑石仓园以自隐，园内建一"听泉阁"，作诗称"高阁闻泉落，泉声入夜虚"，想来他的"闻泉"与陈宝琛的"听水"形同而怀抱未必尽同，前者悠游林泉，"遗世独立"，至多与文友酬酢吟唱，声色娱乐；而后者不忘国难民病，自愿担当救世醒民重责，虽潇洒却未"脱俗"，其高下不待智者作判。诚然，入仕者遭际不偶、急流恬退的经历与心情定有相通之处，只是各有私衷，不足为外人道。

三

从陶渊明、曹学佺到陈宝琛，当然还有更多的官宦隐者，可以看出，中国古代许多文人满怀抱负和憧憬踏上仕途，但能一帆风顺、青云直上走到底的寥若晨星。除少数因个人不淑而未能善终于宦途外，多数在宦海风波中遭折戟之厄，或处境不顺，志不得伸。部分如上述三人，或急流勇退，得以全身，或受贬逐退归林下，或觉事不可为，迷途知返，及早抽身。总之，但凡有操守、有智慧者，为明哲保身计，都选择了放弃，不与当朝昏聩邪佞的权臣上司为伍，特别是有个性者如严子陵、陶渊明、曹学佺、黄任之辈。忠直如陈宝琛者与之有别，既心恋魏阙，顾念皇恩，又不愿改弦易节，以求宽贷，而是自愿放逐，别作营求。陈氏未忘报国济民的初衷，所以在乡里除习静养志之外，还竭忠尽智从事有益于社会、民生的事业。

陈宝琛遭贬不失志，济民初心在，所以在近代历史转折时期，勇于担当创办新学的重任，承担艰巨的筹款修铁路的创举，为社会转型着先鞭，筚路蓝缕，成为办新学、兴实业的先驱。他在戢影家园的24年中，并不满足于幽居独处，盘桓于林泉田畴，读书养志、作诗会友，依然关注民生疾苦，在家乡从事公益活动，倡置"学堂田"，创办义学，让夫人出头创办女子家政学校，把旧书院改造为

"螺洲两等小学",在祖居老屋间创设织布局,收容贫苦族人,捐款设义葬基金。后受官府之聘,出任鳌峰书院山长,自1893年至1902年创办新学为止。

1898年后,朝廷颁行教育新政,陈宝琛联合志同道合者,陆续创办"福州东文学堂"(1898)、"私立福州蚕桑公学"(1900);又改鳌峰书院为"全闽大学堂"(1902),改东文学堂为"官立全闽师范学堂"(1903),亲任监督;创立"闽省学会"(次年改福建教育总会,任会长),兼任福建高等学堂监督(1905);创办福建官立中等商业学堂(1906),支持夫人王眉寿创办女子师范传习所(1906);福建师范学堂改名福建优级师范学堂(1907),福建师范高教由此产生,同时支持王眉寿创办福建女子职业学堂与蚕桑女学堂。此外,他在1905年还曾任福建铁路公司总理,1906年赴南洋各埠募股170万元,1910年建成厦漳铁路28公里,为家乡实业建设献力,成为福建创办铁路的先驱者。可见,他"听泉"的本心不在遁世,而在听从民意,待机而动,听从社会需要应时出山,再展怀抱,其精神值得嘉许。

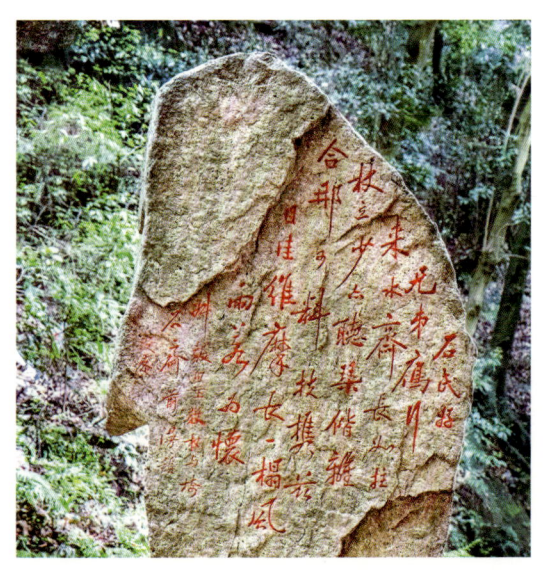

陈宝琛胞弟叔毅(陈宝璐)和墨樵(陈宝瑄)来听水斋时,陈宝琛作的诗

[名人访山]

古月：五山方丈苦行僧

孙源智 文　林振寿 图

涌泉寺

鼓山涌泉寺的早期历史与一条毒龙的传说相关。灵峤禅师降伏毒龙后，后梁开平二年（908），闽王王审知填潭为寺，请神晏国师居之，成为如今鼓山涌泉寺的前身，寺址便是古龙潭所在之地。

传说中的降龙尊者

灵峤禅师作为鼓山的开山祖师，除了降龙的传说外并没留下任何其他记载，《鼓山志》中直言"未知何许人"。但是灵峤的出现，为鼓山增添了一层神秘的色彩。在鼓山十八景景区中有一座降龙洞，也被称为"灵峤岩"。

不过，在鼓山近代历史上，还有一位被称为"降

鼓山十八景景区内降龙洞

龙尊者"的僧人。

　　从降龙洞旁的小路向上走不远，会看见一座墓塔，塔主古月和尚便是这位有降龙尊者之称的近代奇僧。古月和尚的经历大多伴随着浓重的传奇色彩。据说他原名朱救官，出身于一个贫穷的家庭，幼失双亲，由兄长抚养成人。长大后，他以裁缝为生，因乐善好施而深得乡里友爱。后来，他有意投奔鼓山出家，不料寺中不肯接纳，便自行落发，在鼓山灵峤岩的山洞中面壁而坐十余日，岿然不动。鼓山住持知其不凡，纳为弟子，赐名古月。

　　古月成为鼓山僧人后，仍在山洞中日夜趺坐。一种广为流传的说法认为，古月为人愚笨，不会烧火煮饭、挑水浇菜，于是就以苦行来修行。又有一说称，古月因洗刷厕所时导致知客师滑倒，被一怒之下赶出寺院，无奈只得栖身山洞苦行。无论哪种说法，古月和尚最终因修苦行而获得成就。据说他栖居的山洞时有巨蟒经过，古月仍然从容打坐，久而久之便有了"降龙尊者"的称呼。

民间称古月和尚有诸多神通，主要围绕着休咎化灾、祈雨治病之类的行为，其中尤以治病救人的故事最为突出。这些故事的主角不乏闽浙总督何璟、湖南布政使龚易图、晚清帝师陈宝琛、提督广东学政叶大焯、近代海军名将萨镇冰等在福州耳熟能详的近代名人。

这些有关古月的传说，内容绘声绘色，情节婉转曲折，有着不少讲述者加工的痕迹，人物塑造中也包含着许多经典民间故事的共同特征。故事虽颇多离奇，然未必都是空穴来风，其中如治病救人等情节很可能有着现实中的原型。民国初年的一份调查报告中，也提到这位古月和尚誉满福州，百姓视之为"活佛"的情况。其故事流传之广泛，正反映出古月在福州民间的巨大影响力。

历史上的一代高僧

佛教虽不提倡过度宣扬神秘力量，但仍认为修习禅定会获得某些神通。《高僧传》中将高僧分为十类，便有"神异"一类，其中的高僧往往是持戒精严之人。民众为求吉避凶，对于超自然力量也往往会有敬畏或崇拜的心理。在古月和尚的生平叙述中，就掺杂了不少佛教中的神通与民间崇拜的神迹，我们不得不尝试透过这些迷雾去探寻其真实面目。

历史上的古月和尚，记载极为有限。

古月和尚（1843—1919），福建闽清人，俗姓朱，法讳古月，字圆朗。同治年间，古月投鼓山出家，礼南平光孝寺理珠法师披剃，依鼓山涌泉寺净空和尚受戒。在鼓山历史上不乏持戒苦行的僧人，至今仍能在山上看到不少古代僧人用于清修的山洞。古月也选择了这种修行方式，先后在白云洞、降龙洞、莲花亭等处掩关修行，而多年的苦修使他在福州民间获得了巨大的影响力。

近代著名高僧虚云禅师曾自述年轻时向古月求教之事，说："时山中有古月禅师，为众中苦行第一。时与深谈，既而自思。"按照虚云的说法，其苦行之法就是"仅一衲、一裤、一履、一蓑衣、一蒲团，复向后山中作岩洞生活"。多年后，虚云已成为海内知名的高僧，还山再访古月和尚，作五律一首回顾两人间的情谊，诗云："卅载他乡客，一筇故国春。寒烟笼细雨，疏竹伴幽人。乍见疑为梦，谈深觉倍亲。可堪良夜月，绪绪话前因。"

古月和尚虽以苦行为主业，但仍积极参与寺院的建设。同治八年（1869），净空和尚领大众置报恩堂祭田，古月就列名其中。光绪年间，妙莲和尚募资重建法堂等处，古月辅佐有力，被推举为监院。因妙莲长期滞留南洋筹款，古月时常代理寺务。而在妙莲创建南洋槟城极乐寺的过程中，古月也颇有贡献。其门人善庆作为槟城极乐寺肇建时的主要僧人之一，曾担任槟城极乐寺的监院，并创建雪兰莪古毛观音阁。

光绪二十八年（1902），古月和尚正式出任鼓山第127代方丈，信众踊跃而至，鼓山再迎新一波发展。随着鼓山天王殿的落成，鼓山涌泉寺主体三座大殿经过奇量、妙莲、古月三代方丈的努力，至此全部完成重建。除了本地信众外，台湾也不断有求法者前来鼓山。在古月住持期间，台湾基隆人江清俊、许英松等渡海投鼓山涌泉寺出家，归台后创建月眉山灵泉寺，开台湾四大法脉中的月眉山派，江清俊即该派创立者善慧法师。

虽然鼓山在晚清民国时期高僧辈出，但论在民间的影响力，无人能与古月相比。从众多记载来看，古月所具有的人格魅力或许也是赢得民众爱戴的一个重要原因。据说古月虽然皈依弟子众多，化募无数，但始终过着布衣粗食的苦行生活。并且他对所有的信众平等以视，贩夫走卒在他眼中与豪商翰林无异。到了晚年，古月让席于振光和尚，结草庵于深山静修，锁门户绝世。民国八年（1919），古月圆寂于鼓山莲花亭，结束其传奇一生。

众所钦仰的五山方丈

古月和尚为人所称道，除诸多颇为传奇的故事外，还有其身兼福州五大丛林方丈的光辉事迹。所谓"福州五大丛林"，指的便是雪峰崇圣禅寺、鼓山涌泉寺、怡山西禅寺、象峰崇福寺、瑞峰林阳寺等五座历史悠久的禅寺。

古月出任五大丛林方丈，其机缘各有不同。除鼓山涌泉寺外，崇福寺是古月住持最久的寺院。该寺始创于北宋，明清两度重兴，至清末再次荒废。光绪二十一年（1895），古月和尚入主崇福寺，先后募缘重建大雄宝殿、钟楼、法堂、天

崇福寺位于晋安区新店镇，古月重兴寺庙之一

王殿、方丈室、斋堂、客堂等，一切规制皆仿效鼓山。古月对崇福寺颇为青睐，从鼓山退席后便主要在崇福寺活动，并建报亲塔于寺中。古月圆寂后，崇福寺由门人必定禅师接掌法席。

林阳寺是古月恢复的另一座古禅林。林阳寺始创于南朝，原名林洋院。宣统二年（1910），古月来到废败已久的林阳寺，谋图重兴。由于古月年事已高，寺院重建之事主要委与众弟子，禅悦入山负责具体事务，净然、凝正分别到南洋募化资金。重建后的殿宇同样效仿鼓山涌泉寺布局，寺名改为"瑞峰林阳寺"，沿用至今。古月圆寂后，弟子禅悦、净然先后继任住持。

雪峰寺的情况与上述两寺不同，古月虽然也参与其中，但其重建主要是由达本和尚完成。早在光绪十三年（1887），达本决意中兴雪峰，然筹措多年终不得其法。于是在光绪二十一年（1895），古月应请前来襄助其事，不仅帮助筹措了大量资金，同时为寺院之后的发展筹谋定策，使雪峰寺的重建得以顺利展开。不久后，古月和尚移锡崇福寺，达本和尚为表崇敬之意，仍将其奉为雪峰方丈。

233

林阳寺位于晋安区寿山乡，古月重兴寺庙之一

　　西禅寺的情况更加特别，该寺历史在五寺中最为悠久，历代高僧辈出，至清代依然相当兴盛。宣统二年（1910），方丈智水和尚以寺中变故被迫退居，该寺护法考虑到古月和尚德高望重，请其入寺稳定局面。两年之后，古月便让位于弟子善庆。

　　除了五大丛林外，古月和尚还重建了福州北郊正心寺，并在闽清白岩山、永泰县姬岩等地留下足迹。古月圆寂后，塔分五处，鼓山、西禅、崇福、林阳、白岩均建塔以作纪念。在林阳寺的古月塔院中还有一副对联称颂其德，曰："古镜重磨一尘不染；月轮照彻三界无遮。"

　　古月和尚以兼摄"福州五大丛林"而为海内所钦，但实际上在古月之前并无"福州五大丛林"的说法。五寺之中，雪峰地位超绝，鼓山、西禅在清代也一直算得上兴盛，而林阳、崇福两寺其实是因古月和尚的影响才跻身"五大丛林"之列。

　　孔子曾说："人能弘道，非道弘人。"这句话用来形容古月和尚，应该也是不为过的。

虚云：续焰传灯振禅宗

孙源智/文　林振寿/图

1959年，中国佛教协会名誉会长虚云禅师在江西云居山真如禅寺圆寂，结束了其极富传奇色彩的一生。虚云年轻时在鼓山出家受戒，后来云游参学，历坐十五道场，重兴六大祖庭，以一身兼承禅门五宗法脉，门人弟子遍布海内外，对当代禅宗的发展有着深远的影响。后人因此将他与太虚大师、弘一法师、印光法师并称为"近代四大高僧"。

游子归山

虚云禅师原籍湖南湘乡，俗姓萧，生于福建泉州，光绪年间在福州鼓山涌泉寺出家受戒。他的一生极为漫长，跨越了晚清、民国与新中国三个时期。佛教界人士普遍相信他以虚龄120岁而终，两个甲子的寿命也成为他德行圆满的体现。虽然在鼓山的时间并不算长，但作为其僧人生涯的起点，无论是虚云之于鼓山，还是鼓山之于虚云，都有着非同寻常的意义。

虚云后来曾在鼓山谈及年轻时的经历，称："薙戒兹山，愧未久往，少时参学诸方。"他在剃度、受戒后不久，便北上遍参江浙诸名刹，巡礼佛教四大名山。光绪二十八年（1902），虚云欲兴佛教于滇中，落脚于云南大理，在宾川鸡足山钵盂庵旧址处重建祝圣禅寺。鸡足山祝圣禅寺的重建历经10余年时间，直到民国初年方具规模。虚云募化的足迹远及暹罗、缅甸和南洋群岛，但其间仍不忘多次回觐鼓山祖庭。

宣统元年（1909），虚云在阔别20年之久后再次登上鼓山时，怀着复杂的心境写下一首七律："岭上猿啼伤客心，昔余缁鼓屡登临。间别廿年无来去，恍惚世情异古今。不见青山愁日晓，更惶华发畏霜侵。遍观故国流离竟，恐鸿难返发长吟。"这是虚云留在鼓山最早的一段文字，该诗刻至今仍镌于鼓山登山古道旁，落款为"云南鸡足山钵盂峰祝圣寺呆人虚云题"。

虚云像

这首诗用的是杜甫名篇《登楼》的原韵。首句的"伤"字为全诗定下感情基调，虚云本为鼓山出家的僧人，但此番回觐鼓山已经是"客"僧的身份。次句回忆起曾经在此出家的场景，更衬托出"伤客心"三字的感伤。在诗的后六句中，虚云进一步将其自身的情思与古今之变、兴亡之感融于一体，寄慨遥深。杜诗作于唐王朝"万方多难"之际，虚云在诗中同样也发出了"遍观故国流离竟"的感慨，体现出虚云将国家民族命运与个人遭遇相结合的深悲弘愿。

不过，此时因感慨写下"间别廿年无来去，恍惚世情异古今"的虚云，恐怕未能预料到在20年后，他将入主鼓山并在其历史上留下浓重的一笔。民国十八年（1929），虚云为筹集昆明栖云寺塑像的资金前往上海募款，其间到福州鼓山祖庭扫塔，并受邀为大众讲经。适逢鼓山方丈达本老和尚圆寂，在寺中僧众及护法官绅的共同推选下，虚云成为鼓山第130代方丈。

重整寺风

虚云禅师一生先后住持重修宾川鸡足山祝圣寺、昆明碧鸡山云栖寺、福州鼓山涌泉寺、曲江曹溪南华寺、乳源云门山大觉寺、永修云居山真如寺六大祖庭，在佛教界传为美谈。中国佛教协会原会长赵朴初曾这样评价虚云："遍立道场而无所住，广演法要而无所述。人我寿者无所得，故慧灯再燃亦无所续。"

在虚云重兴的六大祖庭中，其余五寺在虚云到来前都已经颓败不堪，使得其大量精力都花在了寺庙修复上，唯有鼓山涌泉寺在当时已经颇具规模，住持鼓山涌泉寺的经历也成为虚云人生中的重要节点。作为福建地区首屈一指的名刹，鼓山涌泉寺高僧辈出，屡经修葺，兴盛不衰，常住僧众数以百计。在虚云之前的几代住持均以建寺安僧为业，尤其以同治年间的净空和尚与光绪年间的妙莲和尚最有建树，基本奠定了鼓山现今的建筑格局。

虚云与妙莲和尚渊源极深，无论剃度、受戒、接法均承自妙莲和尚一脉，在妙莲圆寂后还以法孙身份作塔铭以示纪念。虚云本人对鼓山的建设也颇为用心，鼓山大殿前廊石柱上便有虚云在民国三年（1914）的题名，当时虚云尚在为重兴云南鸡足山而忙碌奔走。等到继任鼓山住持后，虚云又营葺院宇，重砌石渠，建放生园、回龙阁及平楚、西林、云卧诸庵。但他最为关注的，并非寺院的建设，而是如何改变寺院的风气。

虚云认为当时的鼓山"习气浓厚"，虽然出家僧人众多，但仍沾染过多世俗欲念，忽略了真正的修行，曾经驰名海内的"鼓山禅"已经有名无实。据说当时鼓山做经忏时，会直接在佛殿中间搭台，"俗乐与梵音杂奏，白衣偕缁衲同嬉"，虽然壮观热闹，却全无佛教宝刹应有的庄严景象。僧人们都忙于赶经忏，以募集资金为荣，募资多的僧人就能获得首座、知客等高层僧职。

在虚云成为鼓山方丈后，其首要目标就是革新鼓山习气。他甚至毫不避讳地提到妙莲和尚本人也是"惟以修建寺院，接众结缘为务"，可见改革的决心。虚云在鼓山6年，对鼓山进行了力度极大的变革。一方面，他革除原先的100余位首座，仅留知客僧8人。另一方面，他效仿金山寺禅堂规范，要求鼓山僧人每日坐禅时间由三炷香增加到十四炷香，并礼请江浙高僧前来主持禅堂及律堂法务，又设学戒堂及佛学院以培养年青僧才。

虚云的弟子描述虚云在鼓山改革的成效，称："（虚云）住持数年，成就僧伽至众，门风重肃。海内知识以鼓山与金山、高旻鼎立而三。"这种说法有不少夸大的成分，但虚云除旧布新的举措对鼓山风气的转变有着深远影响，在他之后的历代方丈如圆瑛、盛慧等人都继续不断推动鼓山禅风的变革。如今又过了近90

年的时间，鼓山涌泉寺学戒堂前仍然刻着虚云订立的规约，其三学并重、戒行为基的精神至今仍影响着这座佛教名山。

传续五宗

虚云在自述年谱中描述了他在邗江高旻寺开悟的过程。某日夜深人静之际，虚云在高旻寺打坐禅修。其间，侍者倒水时不小心将开水溅到虚云手上，随着茶杯落地的一声破碎，虚云"疑根顿断，悟透禅开"，当即颂出一首佛偈："杯子扑落地，响声明沥沥。虚空粉碎也，狂心当下息。"此后，虚云法承鼓山曹洞宗法脉，兼嗣临济，中兴云门，匡扶法眼，延续沩仰，以一身而系五宗法脉，成为海内外佛教界所公认的禅宗泰斗。

从《虚云和尚年谱》的记述来看，虚云发心继承五家禅法大概率是从住持鼓山开始的。禅宗以佛祖与迦叶的"拈花一笑"而起，传至东土后涌现出沩仰、临济、曹洞、云门、法眼五宗，被称为"一花开五叶"。五宗之中，沩仰、法眼、云门先后中断，只有临济、曹洞二宗传承至清末。虚云禅师所承的临济、曹洞法脉均源自鼓山，分别法承妙莲及其门人耀成；沩仰、云门、法眼三宗则是遥承古代禅师之法，其事迹均在他住持鼓山之后，与其在鼓山期间整理禅宗史的活动不无关系。

虚云以禅功与苦行名闻海内外，而他在整理和保护文献方面的贡献经常被人们忽略。在住持鼓山的6年时间里，虚云编修刊刻了《法系考正》《增订佛祖道影》《增订列祖联芳集》《校正星灯集》等重要典籍，并令弟子观本法师整编《鼓山宗图》和《鼓山涌泉禅寺经板目录》。其中《鼓山涌泉禅寺经板目录》一书统计了鼓山刻经359种，使湮没无闻已久的鼓山藏经再度为世人所知，至今仍是学界研究明清中国禅宗的宝贵资料，由此也可见虚云在历史文献方面所具有的远见卓识。

而在虚云自己所编修的《校正星灯集》等禅宗典籍中，他通过述而不作的方式考订和整理禅宗的发展脉络，其中不乏如主张曹洞宗应易名"洞云宗"之类的创见。虚云还通过整理鼓山临济宗法脉的传承，提出鼓山自明代以来临济、曹洞并传的说法，为其接续五宗准备理论依据。同时也是在鼓山住持期间，虚云应青持法师

"涌泉寺三铁"之一的千年铁树

之请，遥承法眼宗，开始了重振五宗的尝试。此后，虚云移住禅宗祖庭曹溪南华寺，兴云门宗于广东云门山，兴沩仰宗于江西云居山，成就了传续五宗之壮举。

虚云对禅宗五宗的传续并不只是形式上的恢复，实际上包含了对唐宋禅风的复兴。有学者认为，虚云在禅学上"融合诸家禅的精华，在临济看话禅的基础上融合曹洞禅法，既有临济的威猛峻烈，又有曹洞的稳顺绵密，还有云门的简明、法眼的博采众长"。由此来看，虚云继承五宗之学，实际上是将古今禅学融为一体。在传授弟子时，他也是因材施教，往往数宗并传，让五宗禅风遍地开花。可以说，虚云正是借由对历史的梳理，对唐宋禅师的绍继，形成自己具有时代特色的独特禅学。

明清之交，永觉元贤禅师"救禅补儒"，道风广播，使"鼓山禅"成为闻名东南的禅宗法脉。300年后的虚云禅师继承鼓山禅学，针对时弊，五宗并举，为禅学注入新的活力。禅宗将传法喻为传灯，时至今日，虚云的法脉传人已经遍及海内外，汉传禅法进入更广泛的文化交流，不但与南传佛教的禅学相激荡，更直接参与到东西方文明的对话中，实可谓"一灯燃千百灯"。

圆瑛：翠竹苍松尽是禅

林宇/文 林振寿/图

圆瑛法师是中华人民共和国成立之后，中国佛教协会第一任会长，我国近代具有重大影响的高僧。他和鼓山有着很深的交集。他早年在涌泉寺出家，后在该寺登座讲《护法论》，语惊四座，脱颖而出。从1937年2月至1939年12月，他出任鼓山涌泉寺方丈35个月，为保护、发展涌泉寺作出了卓越的贡献。

鼓山得戒

圆瑛法师（1878—1953），福建古田人，俗名吴亨春，出家后法名宏悟，字圆瑛，别号"韬光"，自号"一吼主人""三求堂主人""灵源行者""离垢子"。

清光绪四年（1878）夏，吴亨春生于古田县平湖镇端上村，父亲为吴元云。吴元云兄弟五人，却无一子嗣。圆瑛祖母到处求神问佛。母亲阙氏更是天天吃斋念佛，持诵观世音菩萨圣号，婚后十二年圆瑛诞生，一家人均视为菩萨感应，对他十分珍爱。

5岁那年，他的父母离世，由叔父吴元吉抚养长大。他幼时聪慧过人，读书过目不忘，是乡人眼中的"神童"。叔父为让他静心读书，曾送他到县城寄居关帝庙研读四书五经，打下了坚实的儒学功底。

1893年，15岁的吴亨春考中秀才，且名列全县前茅。按常理，少年得志的吴亨春，应继续走科举之路，求得仕途腾达。但他17岁时，顿悟人生如梦、无常迅速，屡萌出家之念。1895年夏，他离家出走，到福州东门外鼓山涌泉寺。当时正值涌泉寺僧众在做晚课，他于殿前仔细观察，选了年高德重、道貌庄严的增西上人为师。课后，增师回寮，他跟随入室，虔诚顶礼。增西上人应允收为弟子，第二日为其剃度出家，随众上殿参加功课。

第三天，吴元吉由古田赶来鼓山寻找侄儿。正当僧众做晚课时，吴元吉在大殿内忽见吴亨春在念经，立即上前拉出，连夜带回古田。吴亨春虽受挫折，但是意志坚强，菩提根深，愿力不退。

第二年，吴亨春在家身患重病，病中称念观音圣号，得菩萨感应，随即发愿，病愈即刻脱俗，出家为僧。病愈后经多次请求家人，获允出家。

圆瑛法师像（来源：一九三三年《中国佛教会报》）

1896年10月，吴亨春由叔父陪同，在涌泉寺仍拜增西上人为师，法名宏悟，字圆瑛。增西上人对其叔父说法，阐述出家乃大丈夫之事的道理，叔父听法有所感悟，亦要求出家，同礼一师，叔侄成为师兄弟，一时传为佛门佳话。

20岁，圆瑛法师在涌泉寺依妙莲和尚受具足戒，向其学习律仪。在鼓山涌泉寺，法师圆满了自己的僧格，从此踏上了普度众生的菩提大道。

圆瑛法师不仅对于涌泉寺有深厚的情感，同时也对鼓山的胜景赞不绝口。鼓山喝水岩有灵源洞，他对此处胜景十分欣羡，每每到此吟诗作偈，甚感欢欣，所以法师也自号"灵源行者"。

1909年，圆瑛法师接任浙江鄞县（今宁波市）接待寺住持。此年10月，31岁的圆瑛法师从宁波来到了鼓山涌泉寺，登座讲《护法论》。他"感普贤菩萨摩顶授记之异，由是智灯焕发，慧炬大明，深得论旨，善说法要，众为之奇"。

他开始在禅林中崭露头角，从此辗转各名山大刹，演教弘法，法席遍于海内外。圆瑛法师历任泉州开元寺、浙江宁波七塔寺、天童寺、雪峰寺、鼓山涌泉寺、法海寺、林阳寺及南洋槟城（在今马来西亚）极乐寺等住持，讲经于福建、浙江、北京、天津、台湾及南洋等地。

他每接一寺，均兴废举坠，发扬佛教优良传统，按百丈禅师"一日不作，一日不食"的遗训，带领僧众参加生产劳动。

驻锡涌泉

1937年，圆瑛法师辞去宁波天童寺方丈之职，此时，全国有6个大寺院争相迎请他当住持，法师独独接受了福州涌泉寺之请。

他说："屴崱巍巍高接天，万峰环拱一峰前。云归岩穴泉归壑，翠竹苍松尽是禅。"又说："40年前于本山得戒。欲明已躬大事，出外参学。先究禅宗，次研教典，凡数十载，依然故我。自惭虚延岁月，无非空废草鞋钱。今者束钵归来，乃承两序诸师，另眼相看，公举住持法席……"法师40年前鼓山受戒，40年后住持鼓山，圣箭堂前高提祖印，古刹生辉。

1937年农历二月十二日，法师在萨镇冰等福建社会贤达和长老僧众簇拥下，进院典礼。

圆瑛法师进住涌泉寺后，即整顿寺风，自立规则，锐意改革，率先垂范。他在斋堂训话时说："寺院兴衰，端赖规矩之有无。僧规者，即出家人自治之法律也，人人均要遵守，不得视若虚文。圆瑛既为一寺之主，先要循规蹈矩，方可整大众之规矩。我于今日定所负责任8个字，'为法为人，尽心尽力'。自立规则12条，'不放逸，不偷安，不坏规，不图利，不营私，不舞弊，不用势，不居功，不徇情，不背理，不欺弱，不畏强'。圆瑛如所行不照所言，汝合山大众400余人，无论何人，均可检举我的错处，都可弹劾于我。若众中何人不守规矩，我也必不可方便放过。请各尊重僧规，培养道德，立志修行，是所望焉。"

法师带领两序大众，身体力行，精进修持，使得鼓山涌泉寺道风日益增上，名传四海，进一步弘扬了这座海内外佛门名刹的历史地位。

同年农历五月十二日，为法师花甲寿庆，十方僧众善信都为法师隆重庆贺。中国佛教会在上海召集3000多人为他祝寿，但身为中国佛教会连续七届会长、涌泉寺方丈，法师毅然留在涌泉寺，并交代佛教会将所收礼仪全部作为筹建中国佛教会会址资金。涌泉寺为庆贺法师六秩寿辰，特弘传千佛寿戒，戒幢高建，四众归崇。虚云、圣恩、盛慧等高僧一同前往祝寿，特赠《山水千秋》一画贺法师六秩大庆传戒，这幅画至今高悬鼓山涌泉寺白云堂。

1939年7月，圆瑛法师在鼓山涌泉寺传授千佛大戒，绍隆佛种。他说：

"佛性本平等，可分僧与俗，金刚光明戒，人人皆具足，祇因一念无明妄动，障蔽真净妙明，从迷积迷，以历尘劫。执我执法，种种颠倒。于本来无缚法中，自生缠缚；于本来无垢体上，自起法垢。如摩尼宝珠埋于淤泥之中，不染而染，珠光莫能透露；染而不染，珠体并无变坏。然既如是，今者本坛求戒优婆塞弟子，为求上品净戒事，是午敬设上堂如意大斋，广结般若良缘。且道现前作么生指示。"

可见其讲经说法颇有自己思想，并常运用形象生动的比喻，将深刻的道理讲解得通俗易懂。

圆瑛法师在任涌泉寺方丈期间，保护过鼓山的藏经。涌泉寺藏经丰富，共有4万多册，现存有明版的《南藏》《北藏》、清版的《龙藏》和明清两代高僧刺血写就的9部佛经，为国内罕见的珍贵版本。

抗日战争爆发，战火逼近福州，福建省政府通令沿海各县，将重要文物迁移内地保藏。

也是在1939年7月，圆瑛法师护送元代的《延祐藏》、明代的《南藏》《北藏》和明清两代高僧刺血写就的9部佛经，以及国内罕见的珍贵版本，共20多箱，运至尤溪县，在该县所派人员詹宣献之配合下，用木船转运到指定地点纪洪乡（今称管前乡）三峰寺秘密保存。果然，在福州沦陷期间，有一个日本军官带领两名卫士到涌泉寺礼佛。他谦谦有礼，谈吐也很风雅，说是研究佛学的，要参观寺藏佛经，知客僧打开藏经殿让他参观。他检阅了两个小时，问还有佛经存在什么地方？寺僧答没有了，都在这里。他不再追问，说声谢谢，下山去了。此后未见他再来。至抗日战争胜利，涌泉寺才把20多箱佛经运回鼓山。

1939年12月17日，圆瑛法师致函鼓山涌泉寺，辞方丈职。1940年2月，涌泉

涌泉寺藏经殿

涌泉寺藏经殿

寺两序大众推选复腾、兴证二师前往上海，恳请法师续任涌泉寺住持。

1948年2月，涌泉寺以法师退居数载，竭诚劝请其复任住持。由此可见，圆瑛法师对于鼓山涌泉寺不容忽视的贡献以及影响，两序大众无不钦敬。

修学弘教

圆瑛法师注意培养僧才，支持创办佛学院。圆瑛法师认为僧人只有接受良好的正规教育和训练，才能真正振兴佛教。

1948年2月，圆瑛法师以鼓山佛学院院长名义，在《弘化月刊》第九十三期发表了《鼓山佛学院缘起》。他说："鼓山为八闽之名蓝，僧伽之汇海，枢纽佛化，津逮东南，道法之隆替，所系至巨……"

此外，圆瑛法师注意培养青年僧人，曾亲近过圆瑛法师、受其教益后成为名僧的福建籍僧人甚多，如：福州人明如法师于圆瑛法师在天童寺时受足具戒，后任上海玉佛寺监院；福州人明旸法师十岁时于福州白塔寺听圆瑛法师讲经有悟，长期跟随圆瑛法师，弘扬圆公事业，后任中国佛协副主席、上海龙华寺住持；福州人明旭师太（明旸法师之母）为圆瑛法师之度徒，后任闽中唯一尼众律宗道场福州东门地藏寺方丈；福州人梵辉法师，曾随圆瑛法师听经，后任中国佛教协会理事。

圆瑛法师一生爱国爱教，他的影响力所及，不止在鼓山，不止在福建，不止在台湾，不止在江浙，也不止在中国，甚至遍及东南亚各国。鼓山涌泉寺作为法师出家圆具之地，修学弘教之所，有幸礼请法师住持道场，引领大众，精进修持，尽心尽力。这一切都令人尊崇和怀念。

梁章钜：流连鼓山结联缘

山月/文 木栖/图

梁章钜是福州人，清嘉庆年间进士，曾任江苏巡抚兼署两江总督，家住三坊七巷的黄巷。在家，梁章钜有时会去鼓山游玩。鼓山是福州最著名的历史文化名山，梁章钜的《鼓山绝顶望海歌》就很抒情："千山万山列眼底，倚天空碧不知止。眼中沧海小如杯，海上浮云白如纸。流虬一发来青青，鲲身隐约浮东宁……"

梁章钜登鼓山，一定要到灵源洞喝水岩，这里有他心心念念的巨幅对联摩崖题刻。鼓山灵源洞两侧，

白云洞景区杜鹃花开

荟萃了自宋以来的摩崖石刻300多幅，约占鼓山现存摩崖题刻的一半。其中最为著名的要数宋代书法家蔡襄、宋室皇族赵汝愚、理学家朱熹、民族英雄李纲等的题咏石刻。

一

摩崖题刻多，摩崖题联则比较少见，尤其是摩崖巨联。在喝水岩灵源洞的南侧，深涧峭壁巨石上素面朝天，刻着一副摩崖大字联：

爵比郭令公，历中书二十四考；
寿如广成子，住崆峒千二百年。

这副联，共24字，高460厘米，宽90厘米，落款是"鄱阳洪草书"。

联中的郭令公，即郭子仪，唐时任中书令，曾主持官吏考绩24次。后人常用"二十四考"比喻德高任久的望臣。广成子，传说中的神仙，居崆峒山中，寿命超过1200岁。

这副对联，似是赠联，寄寓了作者对受赠者的良好祝愿。上联祝愿其仕途得意，德高任久。下联祝福其无忧无虑，长生不老。联句平仄工整，气势磅礴，是古今罕见的大字联和摩崖石刻珍品，书法也可圈可点。梁章钜一看到这副摩崖石刻对联，就很喜爱。他在《楹联丛话·胜迹》中有个记载：

福州鼓山喝水崖之侧，削壁深涧中，有摩崖大字一联云："爵比郭令公，历中书二十四考；寿同广成子，住崆峒千三百年。"字势雄伟，每字高宽将及二尺，余尝拓得一纸，竟无悬挂之处。

喝水岩灵源洞南侧深涧峭壁巨石上的摩崖大字联拓片

吴炯《五总志》云，李义山尝谓温飞卿曰："近得一联，'远比邵公，三十六年宰辅'，未得偶句。"温应声曰："何不云'近同郭令，二十四考中书'。"记得宋人亦以"二十四考中书令"，对"万八千户冠军侯"为巧，此则以神仙对富贵语，更阔大矣。

与现存石刻略有不同。按照联律，上下联一般不用重复的字。"二十四考"与"千二百年"都有"二"字，似有误，或应为"千三百年"。

梁章钜说他很喜爱这副对联，也很欣赏这副对联的字，就专门请人到鼓山拓摹回家。但由于这副对联实在太大了，家中没有地方挂得下，始终无法挂起来，非常遗憾。说起来，这么好的对联还是刻在这名山之上，铺张天地之间，任古今南来北往的游客欣赏品味最好。

二

作为"全国重点文物保护单位"，鼓山的摩崖题刻可是有十足的含金量。来鼓山的历代名公巨卿、文人墨客都喜欢在山上留下墨宝。如今这里还留有653段摩崖题刻，楷、行、草、隶、篆等各种字体都有，是一座石刻书法宝库，可称为"东南碑林"。其与观众的零距离和互动，则是陕西西安"碑林"不可比拟的。

梁章钜出身书香门第，喜欢读书做学问。如果说从政是他的职业，那么著书更是他勤敬有加的终身事业。在有清一代官员中，他的著述可能是最多的。林则徐点赞他在当时"仕宦中，著撰之富，无出其右"。

梁章钜70岁生日时，他的好朋友王淑兰撰写了一副寿联祝贺：

二十举乡，三十登第，四十还朝，五十出守，六十开府，七十归田，须知此后逍遥，一代福人多暇日；

简如《格言》，详如《随笔》，博如《旁证》，精如《选》学，巧如《联话》，高如诗集，略数平生著述，千秋大业擅名山。

这副寿联跟鼓山摩崖巨联相比，后者是疏可走马，天马行空；此联密不透风，可圈可点。这是一份出色的履历表和成绩单，概述了梁章钜一生的著述和功业。从政方面，梁章钜20岁中举，28岁进士，44岁入直军机处，48岁出任地方官员，62岁任巡抚，67岁辞官。做学问方面，梁章钜一生勤于著述，涉猎广泛，内容题材极其丰富。精炼睿智的有《古格言》，详尽优美的有《退庵随笔》，广征博引的有《论语集注旁证》，精妙实用的有《文选旁证》，创新巧制的有《楹联丛话》，高雅大气的有《藤花吟馆诗钞》等等。实际上，梁章钜的研究领域涉及政治经济、文化历史、考证实录、笔记丛谈、科学技术、文学艺术各个方面，许多著述填补了相关领域的空白。

梁章钜喜欢楹联是前无古人的。在广西巡抚兼署学政任上时，梁章钜花两年业余时间，广泛搜辑楹联资料，编撰完成《楹联丛话》巨著共十二卷，收入联话600余则，涉及联人数百，作品上万。他编著的《楹联丛话》《楹联续话》《楹联三话》《巧对录》等系列著作，创立联话文体，填补了我国文学理论的一个空白。梁章钜是我国楹联学开创者、楹联大师，当代中国联坛最高奖即以"梁章钜"命名。

三

在灵源洞，还有摩崖题刻文体是对联的。有一副同盟会会员徐启祥在民国壬申（1932）暮春的题联：

> 松涛一枕醒尘梦；
> 岩石三生证佛缘。

徐启祥是广西吉二里垌心村（今桂平市木圭乡竹社村）人。孙中山在广州就任临时大总统、大元帅时，他在元帅府工作。其祖父徐麟州曾任澎湖县知县，因驱倭寇有功升署台湾知府。其父徐润生在平南城厢、桂平江口开设作坊店铺多间，家道殷富。三生，指"三世转生"，即前生、今生和来生三世。

也是在灵源洞，同样是说梦，来自宁波鄞江的修隐廛，在石壁上题写了"浮云"。并以此为冠首，题了一副联：

> 浮生若梦，何必梦中更寻梦；
> 云出无心，得留心住便舣心。

那是民国丁卯年，也就是1927年夏月的事。上联"浮生若梦"是李白《春夜宴从弟桃花园序》中的句子，下联"云出无心"出自苏轼的《哨遍·为米折腰》。这似乎也是集句，但作者接着抒发了自己独特的情感。

同样是说梦，在灵源洞西边更衣亭东侧石壁，有王寿如的题刻："人生如春梦；世界一剧场。"落款为："辛未重游，王寿如集句并书。"

王寿如，别号"松涛"，山东省朝城人。集句，这里指集句联，是一种对联的创作手法。上联集自梅兰芳演唱的《贵妃醉酒》："人生在世如春梦，且自开怀饮几盅。"南宋词人朱敦儒的《西江月》："世事短如春梦，人情薄似秋云。"在这里，作者借用了别人的感慨。如明朝李贽的《焚书·杂说》道："夺他人之酒杯，浇自己之块垒。"

在达摩洞左上侧岩壁，有同治丁卯年，善甫长庆的对联题刻："千岩竞秀；万壑争流。"

四

除了摩崖石刻，还有一副刻在石柱上的对联，非常特别。那是在鼓山涌泉寺的山门亭。据说原来山门是明天启五年（1625）曹学佺建的，有"入佛境界"石碑和"无尽门"古额。清顺治三年（1646）被台风吹倒，顺治七年（1650）里人邓文美重建并题"无尽石门"竖匾。山门为正方形亭式，不设门扇。山门亭石柱有联："净地何须扫；空门不用关。"这副对联在华夏众多名刹的山门联中最为奇特。

"净地""空门"含意双关。首先，字面上是说，干净的地面，不用去扫。其实也没有东西可扫。空洞无物的门，不用去关。其实也没有门可关。联系到这是寺院的山门联，就有宗教专业术语的解读。"净地"指佛教"净土"，本来就干净无垢，何须打扫？"空门"即佛门，地、水、火、风之四大皆空，如去如来，无遮无碍，关它做啥？

这副对联奇特，还有一个所在地理位置的缘故。涌泉寺山门建在山坡口，前面是一条红墙夹青石路的通道。山风直冲而来，吹去落叶闲草，省去人扫之力，所以"净地何须扫"。夏秋之际，台风频频，早先山门多次被刮倒。后来，索性连门都不设了，因此"空门不用关"。

这副对联因上下联开头分别为"净""空"两字，也被后人别解为对之后涌泉寺第118代住持净空方丈的纪念。因为，净空藏骨塔的对联是："刮摩心地净；解脱世缘空。"

山门亭石柱上还有特殊的对联。一副是："弘菩提之愿；开入圣之门。"内容佛系，特殊的是落款："台湾阿缑新东势信士李盛福敬献、释今香书。"表明这是来自宝岛的信众所为。同样，落款"台湾台南厅武庙街信女林朝姑敬献"的石柱联："石鼓喧海岛；灵泉润寰区。"满载台湾同胞虔诚的祈望。

梁章钜的《楹联丛话·胜迹》还记载：福州鼓山之涌泉寺，建自唐时，蔚然名刹，而楹联多彼氏家言，兹录其稍雅者，如山门弥勒座联云："日日携空布袋，少米无钱，却剩得大肚宽肠，不知众檀越，信心时用何物供养；年年坐冷山门，接张待李，总见他欢天喜地，请问这头陀，得意处是甚么来由。"法堂联云："于一毫端，现宝王刹；坐微尘里，转大法轮。"斋堂联云："五夜工夫，铁脊梁将勤补拙；二时粥饭，金刚屑易食难消。"

"日、年"楹联是清初福建按察使王廷珍的作品。而大雄宝殿有副楹联，是清光绪八年（1882），台湾彰化林本堂敬献的：

象教海滨来，主讲木鱼喧十地；

龙灵天半伏，探奇石鼓冠三山。

而另一副楹联则是林本堂同乡的林锦荣"谨献"：

青简遥传，历唐宋元明，天兴象教；

绿榕环护，合东西南朔，佛镇龙灵。

天王殿楹联是光绪三十四年（1908），台湾新竹花翎侯建道拱辰郑树南敬献的：

世界大千，瞻微笑道容，愿众生皈依此地；

法门不二，礼圆隆宝相，看名山高占全闽。

同年，台湾基隆许松泉、许松英同敬献的是韦驮殿楹联：

护法安僧，亲受灵山咐嘱；

降魔伏怨，故现天将威风。

陈肇兴：永怀名山一壑风

陈常飞/文 林振寿/图

漫步鼓山，是为走进清幽之地，以获取一片宁静；又或怀崇敬之心，来探寻旧日名贤踪影；又或有寻胜之习者，总喜"烟霞"之感。鼓山，吸引许多历史名人慕名而来，于是青山之间，遂留下一段段行迹。正如鼓山上一方摩崖石刻所写"看山如读画中诗"，那一年，台湾彰化人陈肇兴也走进这幅"山水清音图"中，深切感受了鼓山的韵致。

台湾与福州文脉相通，清廷在台湾任命各级学官约六百四十人，其中福州籍人士一百九十人，许多台湾士子都曾受教于他们。中华优秀传统文化，如儒

涌泉寺一瞥

学、文学、语言以及风俗习惯等早已随移民以及书院教育普及等过程，在台湾地区生根发芽，并在台湾居民世代传承中不断传播，形成了一种传统。福州名儒在台任职期间，与当地文人结社吟唱，留下了吟诗传统，久之也形成一种风气。论述闽台诗学之关系，这段历史也足可传述。

一

鼓山风光吸引着陈肇兴，他以极简洁的文字，留住了鼓山的一壑风烟。

在此之前，鼓山已沉积了许多诗文作品，也发生了很多历史故事，这些想必他曾了解过,虽然他当时"买棹初从福地游",是第一次来到福州,初登鼓山。

且试读其《鼓山纪游》组诗:

其一

射乌城外恣遨游,列嶂如屏一望收。

踏破松阴千万迭,数声钟磬落山头。

其二

崎岖路转夕阳斜,老衲相逢笑不哗。

分得洗心泉一掬,半山亭子试新茶。

其三

灵源洞古白云封,旧迹依稀记毒龙。

犹有泉声喝不去,岩前流出打疏钟。

其四

凤池西去水潺潺,百道飞泉拥巨观。

我与山僧参一偈,下山容易上山难。

孟子云:"颂其诗,读其书,不知其人,可乎?是以论其世也。"故读其诗,应先知其人。

陈肇兴(1831—?),字伯康,号"陶村",清台湾府彰化县人,祖籍福建平和县。史料载,其人少颖悟,抱豪胆,事亲至孝。道光二十九年(1849),入台湾白沙书院读书,与蔡德芳、曾惟精、廖景瀛三人并称"白沙书院四杰"。咸丰三年(1853),补廪膳生,时避乱台中。

陈肇兴是好读书之人,后来在彰化营建古香楼藏书,终日小窗闲读,珠点次第,歌咏自娱。其人以诗著名,《陶村诗稿》是他的诗歌作品集,收录了464首诗作,其中也包括这几首鼓山纪游诗。其作诗趋向写实,文字平易,风格雄健豪迈。有人论其诗说:"不特沉挚悲凉,自为声调,且能反映当时政治军事得失,及小民忠爱精神,为很有价值之史诗。"这种评价应是公允的。其诗在台湾可占一席之地,彰化文人吴德功(字汝能,号"立轩")曾评价这本书为"台湾诗学之结晶"。

鼓山纪游组诗语言清新晓畅,诗中记录他寻山行迹、与鼓山寺僧交游、在鼓山品茗之心境,还有他赏读鼓山逸闻趣事后之感悟……也描绘出鼓山空间幽邃和这座名山历史之久远。

他还作有《涌泉寺》诗两首:

其一
岃崩峰前万木黄,白云沧海两茫茫。
千年伏虎留孤寺,一脉来龙认故乡。
饭鼓斋钟醒客梦,松声潭影绕禅房。
登高眺望多佳趣,石刻掌摩到夕阳。

其二
绝壁崔嵬剑削成,扪萝直上旅魂惊。
岚光倒映双江净,暑气全收六月晴。
槛外岛藏骑象国,望中烟起钓龙城。
紫阳墨迹今犹在,千古谁人续旧铭。

鼓山石径

二

鼓山闻名已久,尤以涌泉寺著名。这一方万木之中的"净地",也是来鼓山者所必经。自古文人喜谈禅,该寺也不乏逸闻趣事。同时,明清时期这里还是全国出版佛学著作的重要机构,所刊刻佛经"一时称雄海内,独步禅林"。寺院藏书与官方藏书、书院藏书、私人藏书构成了我国古代藏书事业。陈肇兴或对这些亦有所留意,只惜由于缺少史料记载,使这段"书缘"无法展开。但他饱读儒学经典,将朱子奉为偶像,于是在那里他就很自然地想到了一生与书、书院结缘的朱熹。传朱熹曾在水云亭一带寓居、读书,陈肇兴诗句中"紫阳墨迹今犹在,千古谁人续旧铭",是指鼓山上关于朱熹的摩崖碑刻,而"谁人"两字也暗喻当时

鼓山"当家花旦"之狭叶香港远志、马银花　桃小香图

研习、传播朱子学问儒学家群体。可能也是陈肇兴对学问的自我"表白",所以"以道自任"的情感流露在文字之间。

鼓山有诸多景胜,陈肇兴选择了他最有感受、感触最深的事物,将它们记录了下来。前人说道"一切景语皆情语",细读陈肇兴诗句,可以感知他当时性情。在鼓山史话中,陈肇兴或只是一瞬,且从《陶村诗稿》中勾勒其在榕活动轨迹:这些诗题呈现一条游历线索,或者说是行走路线,兹录于下以资存史:

《渡海》—《九仙观》—《玉皇阁》—《南法云寺》—《登镇海楼》—《马鞍山吊赖秀才墓》—《浴汤泉》—《虞公庵》—《榴花洞》—《鼓山纪游》—《涌泉寺》—《九日同诸友乌石山登高,用十研老人韵二首》—《第一楼观榜》—《华林寺》—《李忠定公墓》—《莲花峰吊闽忠懿王墓》—《冶城杂兴》—《南台江竹枝词》—《自南台江至水口》……

值得一提的是,他从福州回台湾途中写下《由港口望海上诸屿寻台山来脉处放歌》一诗。此时他心里仍挂念着鼓山,也在不断思考两岸地理关系。他认为台湾山脉是从鼓山延伸过去的:"鼓山如龙忽昂首,兜之不住复东走。走到沧海路已穷,翻身跳入冯夷宫……"并想象台湾地貌山川说:"我疑大海中有巨鳌足,首戴扈崙作山岳。又疑巨灵伸左手,下捉蛟螭露筋肘……"

查其诗集,得知这几首诗作于咸丰九年(1859),当时他来福州参加乡试,这一年28岁。但后来他再也没来过福州。那天读陈肇兴之诗,为了更好地体味诗句意蕴,笔者又再次来到鼓山。夜色将临时,在千年古刹边,依其诗韵写下一诗,名为《涌泉寺外》,聊为采风琐记,亦当感受其诗中意境:

>攒峰叠翠白云横,
>光照摩崖分晦明。
>山寺松烟起深壑,
>敲残暮鼓远清声。

鼓山白云顶,天光云影共徘徊　北风图

刘海粟：年方八六画鼓山

高小年 文

鼓山引人入胜的自然景观，不仅吸引了历代公卿、文人墨客，也征服了不少近现代艺术大家，如作家郁达夫、郭沫若等。值得一提的是，当代画家刘海粟也对鼓山情有独钟，他曾于1982年1月21日从上海来游玩，留下了一幅名画和一首诗。

刘海粟（1896—1994），名槃，字季芳，号"海翁"，江苏武进人，中国近现代著名画家、书法家、美术教育家，其主要著作有《画学真诠》《中国绘画上的六法论》《欧游随笔》等，油画代表作有《巴黎圣母院》《卢森堡之雪》《威尼斯》《罗马斗兽场》《向日葵》等，国画代表作有《寒林》《飞瀑》《黄山古松》《五大夫》《啸虎》等。

俯瞰涌泉寺　熊敏图

1914年，刘海粟任上海图画美术院副校长；1915年至1952年，任上海美术专科学校校长；1952年至1957年11月，任华东艺术专科学校校长；1979年6月至1983年3月，任南京艺术学院院长。1957年，他在上海美术馆举办"刘海粟国画油画展览"；1979年6月，"刘海粟绘画展览会"在中国美术馆举行。1994年8月7日，刘海粟在上海逝世，享年98岁。

1982年1月12日，刘海粟携夫人夏伊乔一行四人，从上海赴福建，次日傍晚抵达福州。这次福州之行，要归功于时任厦门市委宣传部部长杨云与福建人民出版社的沈文。沈文是仙游人，1954年毕业于上海美专绘画系，后来调回福建，在福建人民出版社工作。20世纪80年代初，刘海粟作品在北京、上海、南京、香港等处巡回展览，轰动一时。沈文、杨云便策划了刘海粟的这次福州行。

1982年1月21日，离春节还有3天，天气晴朗，杨云领着大家到了涌泉寺。

涌泉寺有"进山不见寺，进寺不见山"的说法。意思是，寺庙藏在山林之中，寺中屋宇高敞，别有天地。刘海粟说，这很像他年轻时常游常画的杭州灵隐天竺一带景致，故而他马上捕捉到了一种既熟悉又陌生的刺激感。

刘海粟所看到的涌泉寺，占地约1.7公顷，仍保持着明清的建筑风格。寺依山傀谷，槛廊连缀，25座大小殿堂簇拥着大雄宝殿。大雄宝殿巨柱耸立，飞檐凌空，雄伟辉煌。殿内释迦牟尼等三世佛不着梵服，只披汉装，端坐其中。两旁十八罗汉神态各异，法相庄严。

他们没进山门，也没有选景点。景点去的人多，刘海粟说人多的地方一画就俗。他选择在山门外的石板甬道上支开画架，近处是郁郁苍苍的绿树掩映红墙，远处是涌泉寺的佛阁流丹，错落有致。他就这样画了起来。

沈文怕他累，借来藤椅并奉上岩茶，但刘海粟仍不肯坐，定要站着画。他的理论是，站着画画才有气力从身体贯注到笔端，画是有生命力的，倘若坐下，气息便弱了。画到中午，大要已成，剩下的工作可以回宾馆完善。中午，众人在寺中妙吉祥殿吃斋饭。

餐后小憩，众人陪同刘海粟在寺中罗汉台、佛阁附近散步。阁后有兰花圃，为朱德委员长所题。再走到灵源洞喝水岩一带，宋元明清的歌咏题刻则鳞次栉比，随处可见。又有两块巨石相峙如石门，镌有大文豪郭沫若题诗。大约半小时回到休息室,方丈已在大画案上铺好画毡,备好笔墨纸砚,请刘海粟留下墨宝。

刘海粟略一沉吟,便大笔榜书"胜于天竺"四字,众人见字喝彩。

据杨云回忆,这"胜于天竺"的"天竺"非指古印度,而是杭州西湖西北方向的灵隐天竺一带的天竺峰、天竺路及天竺三寺。而《福州鼓山》这幅油画可与齐白石的水墨黑红相比。它是那么的大红大绿,泼辣得不讲理,红墙、绿树、蓝山重且烈,就像草原上的高头大马拉着三驾装满重物的马车,轰隆隆地快撞在一起,却又被赶马师有力控制住,稳稳当当地站在原处。这样恰到好处的艺术效果除刘海粟外无人可以达到。

刘海粟曾用诗化的语言表达过这一类作品的特点:大红大

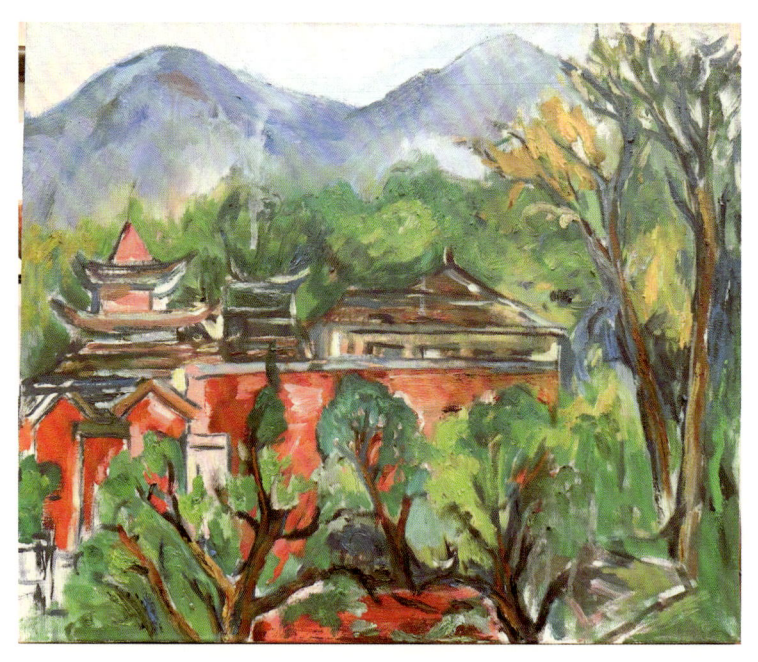

刘海粟《福州鼓山》局部(方麒供图)

绿、亦绮亦庄，神与腕合，去翥今翔，挥毫端之郁勃，接烟树之微芒。

傍晚时分，一行人陪同刘海粟回到宾馆就餐后，刘海粟请杨云留下，陪他整理当天的画稿和《九州铸铁休成错》诗稿。他把鼓山的画稿赠予杨云，画的背面写着"与杨云同志游鼓山写生，一九八二年一月二十一日刘海粟"。《福州鼓山》油画的成品是回宾馆按照原来画稿重画而成，完整作品的背面题道："寺名以涌泉，可以入诗，可以入画。我来此写生，与僧有缘，与佛有缘。一九八二年一月廿一日刘海粟，年方八六。"

刘海粟是在特殊时期以后才开始用"年方"二字的。"年方二八"，指

刘海粟"游鼓山"书法作品（方麒供图）

的是豆蔻年华的妙龄少女。他"年方八六"的自题，应该是感觉自己的艺术还很年轻，像少女般充满生机、活力，这也许是特殊时期后的一种幽默。

兴未尽，刘海粟又提笔写了一幅游鼓山的书法。诗文内容为：

　　故交怀郭泰，先我一来游。
　　历尽沧桑局，翻教墨兴道。
　　山头鼓鞳鞳，泉眼涌飂飀。
　　掷笔峰前问，畴为第一流？

一九八二年一月十七日，游鼓山率书，刘海粟年方八六。

此诗表达了对故友的想念，也说明了此行游鼓山的感悟。

第四章
美文记山

此篇章提供一个穿越唐宋元明清历史烟尘的视角,通过名家为鼓山美景留下的诗词精品和游历感怀,和他们一起站在鼓山之巅西望郡城,俯瞰当年的丽谯浮屠、台门府寺……

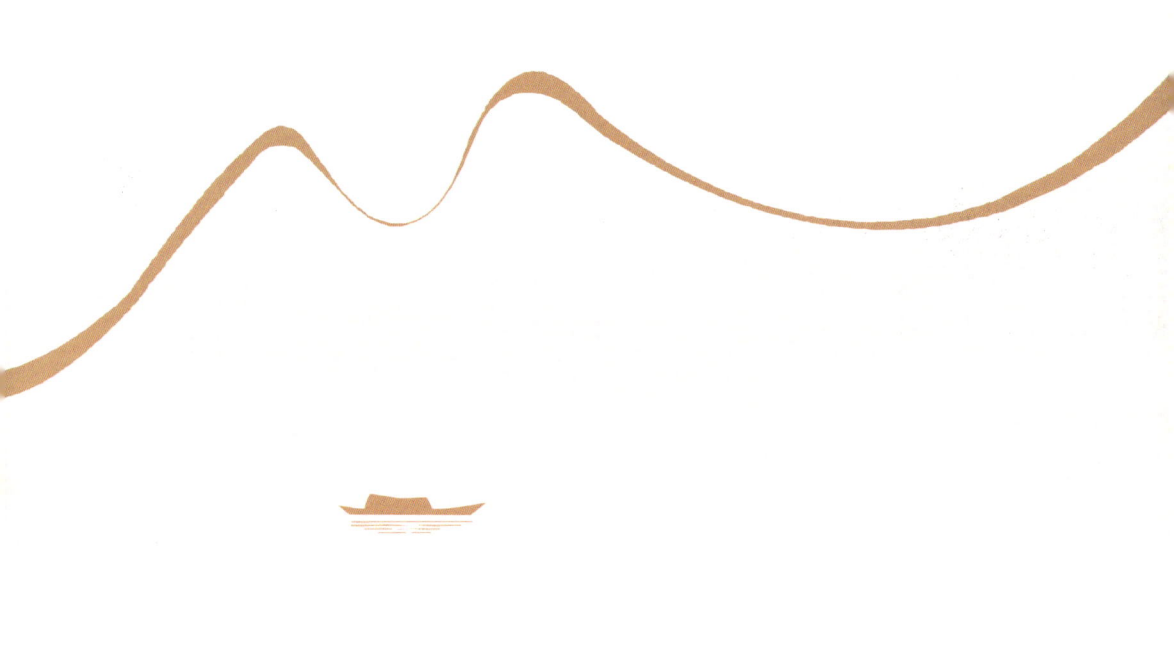

游鼓山灵源洞

宋·蔡襄

郡楼瞻东方，岚光莹人目。
乘舟逐早潮，十里登南麓。
云深翳前路，树暗迷幽谷。
朝鸡乱木鱼，晏日明金屋。
灵泉注石窦，清吹出篁竹。
飞毫划峭壁，势力忽惊触。
扪萝跻上峰，大空延眺瞩。
孤青浮海山，长白挂天瀑。
况逢肥遁人，性尚自幽独。
西景复向城，淹留未云足。

——乾隆《鼓山志·艺文》

蔡襄（1012—1067），字君谟，兴化军仙游（今福建仙游）人。宋天圣八年（1030）进士，庆历五年（1045）和嘉祐元年（1056）两次知福州，官至端明学士，卒赠吏部侍郎，追谥忠惠。

游鼓山登大顶峰

宋·黄榦

登山如学道，可进不可已。
悬崖更千仞，壮志须万里。
平生石鼓怀，独酌灵源水。
峨峨大顶峰，欲往辄中止。
今朝复何朝，击楫渡清泚。
好风从西来，缥渺吹游子。
褰裳陟危巅，万象皆俯视。
东南际大海，日月旋磨蚁。
烟云隔洲渚，历历犹可指。
城中十万家，嚣杂不到耳。
郊源与廛市，琐碎如聚米。
同来皆良俦，得酒共欢喜。
深林更叫啸，磐石恣徙倚。
摩挲陈公碑，岁月为我纪。
更持末后句，归以铭吾几。

——乾隆《鼓山志·艺文》

黄榦（1152—1221），字直卿，闽县（今福州市）人。朱熹学生、女婿，历知汉阳军、安庆，卒谥文肃，世称"勉斋先生"。

陪真西山游鼓山

宋·刘克庄

先生廊庙姿，非直藩翰才。
南州彩旗留，北阙丹诏催。
重臣方暑行，停骖小装回。
客中载枚邹，物外寻宗雷。
遂穷天海观，一豁风云怀。
眷言此灵山，自判宇宙来。
登临几朱轮，灭没随飞埃。
堂堂蔡与赵，继者其谁哉。
共惟勋业侔，况乃名节偕。
伊余忝载笔，适值祖帐开。
虽陪叔子游，独抱湛辈哀。
饯诗堪覆瓿，不敢镌苍崖。

——乾隆《鼓山志·艺文》

刘克庄（1187—1269），字潜夫，号"后村居士"，兴化军莆田（今福建莆田）人。以荫入仕，宋淳祐间，赐同进士出身，累官工部尚书兼侍读，以龙图阁学士致仕。

游鼓山记

元·吴海

福为八闽都会，上四郡皆山，地势局促，不能廓以舒；下皆滨海，风气疏荡，不能隩以周；惟是州处其中，不荡不局，得二者之宜。环州之山，惟东石鼓为最高，能兴云雨，盖州之望也。

岁乙巳九月十五日，郡人黄伯弘约予与广平程伯崇、建安徐宗度，自河口买舟，顺流而下，抵白云廨院。时日已西，过东际石桥，桥覆以亭，流水出其下，潺潺有声。沿麓稍登，涧鸣在左，荔阴团团，有大石可坐。近里许，有亭曰"乘云"，近亭有窍泉，行者掬以饮。又里许，到半山亭，亭后小豁，俯瞰山下。又里许，阁曰"圆通"，憩焉。阁外疏竹斜映，倚栏平睇，江流二道，如白虹游龙，萦带长洲，縻焉而东趋。渔歌互答，西山凝晖，碧翠异状。前登岑路，景射人背。转而右，见奇光玲珑，筛林若金色，点缀树上，如花婴条，如果有叶，华彩相映，瑰丽不可名状。玩之久而后去。

又转而上，皆幽林清树。半里许，夹道有小松，曰"松关"。日已下山，暝色将敛，促行，度岯，表曰"全闽第一峰"。下坂，皆平途，左为矮垣，迤逦达寺，已昏黑。访法上人，宿于超凡阁。

明日，经寺右，行蔬畦间，度松林二三百步，入丛篁中。径傍小竹，微露缀其上如珠，时滴人衣，觉清爽。出篁竹，皆微蹊。二里许，登小顶峰。峰直寺后，下视闉阇，若骑箕尾。西望郡城，列雉数千，市廛闤阓，杂沓鳞次，丽谯浮屠，台门府寺，释老之宫，挥霍崇丽，斗出其间。州邑之雄，可称罕俪。旧时村墟野落化为瓦砾之场，而居者鲜矣。

山小顶而上，又里许近大顶，使僮仆行前伐灌莽，披荆棘，拟步而后可进，若是二百举武，少转而南，复造乎岁崩之巅。行者皆疲，人以意择石而坐，午食毕，乃拂石刻，观晦翁大字，读沈公仪铭，摩挲徐鹿卿《请雨记》，记漫，久乃可辨。时晴空景明，万象呈露，幽奇怪异，不待搜剔，自来献状，使人翛然而尘虑消，淡然而情景融。极目西北诸峰，若数百里，攒者、骛者、凌者、斗者、攘者、赴者、突者、篸者、特立独出者、龈齶列戟者。西南诸峰，若云矗波涌，若牛羊驱，若车马驰，近至数千里之内，皆周旋徘徊，顿伏妥帖，间之以溪壑，流之以江河。盖山自剑、邵来者至水西旗山而止，自汀、泉来者至水南方山而止，自建来者至是山而止。若夫建、剑、汀、邵之溪，合流至于洪塘，分为二江，南过石头，纳永福之溪与赖溪出西峡，北过新步，亦分为二，又合而至于长隄，乃与西峡江合，过石马下洞，受长乐港与夐港，出闽安镇而入于海。东南弥望，浩荡不可极，远至于琉球之国，近而梅花、南交诸岛，咸在五步之内。自永福、闽清、长乐，以至于福清之境，历历可见焉。

迥眺附城诸山，前者若迎，后者若随，左右环辅森列，若大将之治旅，尊严闲暇，部伍整肃，秩然不乱。南州诸山，若鸾翔鹤骞，坯垤礧礧，若子之在枰耳。沧溟无波，上下同色，轻飙徐来，绿皱千里，潮落渚出，平沙衍迤，苍鸢白鸟，共下齐起。日既暮，乃刊木为堂，束薪为门，荐席以莽，缀树张幄。寺僧持鸡黍来饷，亦共宿焉。中宵露零，月色如午，罡风忽起，阴壑雷动，出而视之，立不能定，五鼓愈甚，众相与促衿联立。东望扶桑，以候朝旭。奔星矢驰，四面相射，有玄云横亘在海面，高四五丈，不得视其初出之景。须臾，日上已高，山烟水霏，苍茫远近，隐显迭出，恍然如画图中，又一奇也。

露晞下山，至寺已近午。出寺左，游灵源洞，石磴垂梯，两崖崇墉，通以石梁，白云亭在其上，坐稍久，洞谷生风，时来袭人。起观蔡君谟书,有奇石立道侧,若甲卒,号"将军石"。于是履危栈,度石门,求晦翁题名、赵子直诗,抵天风海涛之亭极焉。孤撑巉岩,凭栏欲堕,川分谷擘,江面如沼,险绝清旷,遂兼得之。盘桓至日晡,诵杨志《行右篇》,还宿法上人禅房。

又明日,复登超凡阁,伯崇题诗阁上,观王氏赐神晏书,乃归。是游也,比之常观,盖不侔矣。

大升培塿者隘一方,陟冈阜者薄百里。今乃纵目力于霄汉,纳溟渤于胸次,暝晦昼夜,收拾举尽,岂非所处者益高,则所见益远,所造益深,则所获益富?古人登东山而小鲁,登泰山而小天下。愚虽不及,窃冥会之矣。

嗟夫!山川万古,世变无穷,景物虽同,人心异感。是游岂徒登览之娱,有以散其忧愁拂郁之思,发其豪宕雄逸之气,重其治乱兴亡之感。而岘首之悲,牛山之念,仰止之慕,虽吾四人者,亦讵能尽同也?且是山,昔人莫不登之,近百年来人迹罕到。自余始登,命樵夫为导,亦不知其路,乃缘蹊径上,颠踣者屡,而后得至其所。忽得旧路,循之而下,果达寺。盖宋时所辟,而僧除之。始绝顶皆短荆,无林木,今可张幄矣。始寺外多数百年古树,今但见新植矣。向余始登几三十年,重来二十余年,与伯弘来亦十五六年,今复得与诸君游此,而余发种种矣。因刻铭山石而记其详,约后游复纪之,较方来尚几游也。

——《闻过斋集》卷三
嘉庆五年(1800)福州嘉业堂刊本

吴海(1322—1387),字朝宗,一字鲁客,闽县(今福州市)人,学问淹博。元末,隐居藤山,从事著述,不愿仕进。入明,亦不仕。

新开白云洞碑

明·谢肇淛

夫山川无尽而人有尽,以有尽遇无尽,故耳目所不及接,手足所不及探,率付之无可奈何,以还造化,而山川之遇合显晦,又自有时。前之创者常留其无尽,以俟后之人,非其人,山灵不与也。

闽鼓山之有涌泉也,自僧灵峤始也。其岩之喝水也,自僧神晏始也,而洞之有白云也,自僧悟宗始也。悟宗出世学道,苦行精进,隐国师岩者二载,编茅居凤池者五六载,戒律坚定,天人护持,每夜见圆光,自他峰飞至,熠熠烛天,初谓野烧,继疑游磷。久而踪迹之,披榛五里许而得石。穿石抉土,土尽而得洞二:上小者为海音洞,稍下高广,延袤二丈许,如覆钟,如削玉者为白云洞。洞前空青隆起者为佛头岩,岩石稍坦者为说法台。台旁为潭,即谶所谓三潭九井之一云。而石之仰者为钵,竖者为禅杖,皆以形似名也。登洞则日月蔽亏,云霞从足底生灭,长江如带,巨海若杯,而无诸城郭隐见烟中,一蚁垤耳。

悟宗性行超凡,慧心独运,鸠工蒐材,鼎建祠庑,而同事有善乩卜者,护法伽蓝凭焉,言应如响。于是远近云集布舍,物力毕具,金身碧殿,精舍香厨,不月而成巍然之观。然下视斗岩绝壁,势逾天险,自非猿猱,难以飞渡;则又凿石千武,悬梯万仞,起于平地为三天门。蛇屈而登,跨龙背,渡吼雷湫、印月潭,逾金刚石数百级,至化龙桥。观瀑布如线,散入桥下,天梯矗云巉巉然。王懋复太史为题"白云洞天"。行者两膝击颐,肩高于顶,喘如吴牛而未得休也,虽折笋之险巇,大峄之窈窕,蔑之加焉,嘻！亦奇矣。

自有宇宙便有此山，神僧之所剖辟，高贤之所杖履，经百千万劫所未有之奇，至今日以无意得之，而悟宗者又了然一身耳。不内交豪右，不借资陶猗。一旦稽天凿地，别开世界，非神识大力不至此，岂灵峤、神晏所留以俟其人者耶？

悟宗后居郡城之罗山，罗山法海寺为势豪所夺，且一甲子，历数主矣，而能引法曲谕，顿令檀那发心，舍宅还寺。不三年间，金碧珠林，焕复旧观，光复圣教，法力尤宏。其开白云洞，又藐然者耳。余时方志鼓山，感高僧之遗事，而嘉悟宗之能嗣其钵也，于是乎记。

洞开于万历丙戌，而天门凿于甲午。悟宗俗姓傅，郡之闽县人。

万历戊申七月望日，前进士、兵部尚书郎陈留谢肇淛撰。

——《小草斋集》旧抄本

谢肇淛（1567—1624），字在杭，长乐人。明万历二十年（1592）进士，官至广西左布政使。

鼓山赋

明·徐𤊹

翳石鼓之崔嵬，作海邦之巨镇。周回百里，壁立千仞。地轴盘峙乎坤，山势障屏于震。并华顶之穹窿，齐嵩高之极峻。下临沧海，远望扶桑。逴哉渺渺，郁乎苍苍。眄瀛涯而点缀，眺岛屿之微茫。盱硫球之国而隐见，瞩天吴之首以昂骧。隘群峰于下界，空万顷于八荒。观曜灵于昧谷，接羲驭于东旸。若乃峪岈窈窕，岸崿幽邃，萃川岳之郁葱，钟岩壑之灵秘，寒云际晓而锁青，古木当春而积翠。灵水澄源，甘泉涌地。缁衲聚僧，精蓝创寺。开山则祖师神晏，檀施则闽王忠懿。标佛土以庄严，表禅宫而壮丽。祇园宝殿，绀宇珠林；台铺碧瓦，地布黄金。驯鸽纷飞，现半空之影；频伽解语，送静夜之音。旃檀有香而馥馥，檐卜有气而萧森。至于国师登坛，高座说法，涧底泉声，奔流聒聒，杂梵呗而喧豗，混摩诃而活泼。立运神通，放声一喝，回别窦而倒流，涸空潭而停歇。望石壁兮徒存，听涧澌兮永绝。洞门蛸蒨，磴道岩峣。石封苔而棱渐损，藤抱树而叶微凋。亭跨丹凤之尾，桥蹴巨鳌之腰。摩名贤之篆刻，辨姓氏于前朝。法嗣曾兹以卓锡，高人昔此而挂瓢，怀古迹而心悸，感往事而魂销。

尔其异草奇花，珍禽怪兽，妖艳蒙茸，高飞远走，弥布于叠嶂嵚岩，吟啸于穷崖广岫。岭旋别径，路转人家。错村落其如绣，开场圃以种茶。植先春之粟粒，采未雨之灵芽。老翁负筥而向火，稚子持筐而踏霞。笑北苑龙团之莫匹，渺阳羡紫笋之难夸。极林峦幽翳之足赏，何陵谷变幻之堪嗟！樵火夜遗，琳宫瓦砾；佛国榛芜，禅房荆棘。风吹蔓草兮芊绵，水漾寒花兮寂历。山魈哭雨以啼霜，行客抚今而追昔。痛颓废兮六十余秋，悟残灰兮百千万劫。宝销佛面已多年，金舍给孤于何日？登临自美，吊古空劳。歌以咏志，赋必凭高。等沧溟于一勺，睇天风之海涛。蹑应真而飞渡，挟子乔以游遨。身陟云山兮渺渺，眼空尘海兮滔滔。优哉游哉！以翔以翱。

——《鳌峰集》

徐𤊹（1563—1639），字兴公，闽县（今福州市）人。明万历中布衣，有诗名，家富藏书，名闻海内，崇祯末卒，年七十七。

鼓山虽不高，但卓然于群山，周围无山与齐　陈霖图

鼓山绝顶望海歌

清·梁章钜

千山万山列眼底，倚天空碧不知止。
眼中沧海小如杯，海上浮云白如纸。
流虬一发来青青，鲲身隐约浮东宁。
天吴阳侯意叵测，蜃楼倒蠹蛟涎腥。
昨夜黑风吹海立，阴火难消水仙劫。
天末遥遥蜑客愁，浪头隐隐鲛人泣。
我欲乘风远扶搏，楼船突兀谁能攀？
徒有襟期偃溟渤，惜无长策回狂澜。
忽忆神仙隔缥缈，蓬莱清浅无人晓。
排云但望金银台，珊瑚枝老蟠桃小。
便要东搴若木华，群仙接引如虫沙。
拍肩教我洗毛髓，应龙十二空衔衔。
知不可得下山去，富贵神仙亦朝露。
不如呼酒东际楼，海月山风足良晤。

——《退庵诗存》卷五

梁章钜（1775—1849），字茝林，晚号"退庵"，长乐人，清嘉庆七年（1802）进士，官至江苏巡抚。他生平著述七十余种，是清代督抚中著述最多的人。

游鼓山作（六首）

清·杨庆琛

去年鼓山来，秋山献明洁。
今年鼓山来，伏暑蒸炎热。
旧伴仍三人，儿孙欢笑挈。
天公怜游侣，火伞炎官撤。
骤雨送轻凉，奔泉荡清冽。
来叩无尽门，静听广长舌。

烟客笼树杪，云气截山腰。
有如美人睡，朦胧胃轻绡。
冥心结遐想，高契凌虚霄。
学佛既难悟，学仙亦无聊。
只有青山色，一年一度招。
开眼见故人，欣欣云际邀。
含笑谢山灵，平视不为骄。

古寺藏山窝，疏钟出林隙。
松门甘露多，萝径悬岩擘。
来者往者题，名士纷如鲫。
我亦踵前徽，留名纪游迹。
天地一逆旅，名山不改易。
以我镌崖心，试问点头石。
想亦知我心，悄然抱烟碧。

酷爱喝水岩，叠嶂开禅关。
可无琴筑声，禽语和潺潺。
何以国师意，当年一喝还。

欲学愚公愚，移取山外山。
并作家园景，位置秋水湾。
逝者有如斯，着屐吾能闲。

夜宿东际楼，清景百虫绝。
天色入空虚，壁灯自明灭。
悠然生道心，如是证佛说。
世网眼过云，尘根炉沃雪。
即此微妙禅，已得菩提诀。
底事着袈裟，天龙一指揭。

小顶怯未上，大顶更难跻。
愧乏济胜具，峰峦空留题。
行年逾六十，健步未扶藜。
奈此巀嶭何，心往青云梯。
安得披天风，笋舆异小奚。
待结后游缘，指点佛天西。
伊蒲饭已饱，下山闻午鸡。

——《绛雪山房诗》卷三

杨庆琛（1783—1867），字雪椒，闽县（今福州市）人。清嘉庆二十五年（1820）进士，曾官山东布政使，累官光禄寺卿。

九月五日子女孙曾辈并婢仆登石鼓

清·郭柏苍

妖氛自敛客兵归，
又得岩头一振衣。
海净不容纤芥入，
天高独有片云飞。
千林秋气侵蓬鬓，
终日松声在翠微。
又与名生独坐卧，
行縢欲脱觅渔矶。

——《柳湄小榭诗》卷上

郭柏苍（1813—1898），字兼秋，号"青郎"，侯官（今福州市）人，清道光二十年（1840）举人。

三游白云洞记

清·郭柏苍

洞以险胜，由埔头憩积翠庵，历三天门，转迤而至，往返逾十里。春多雨，夏秋日烈，冬则羸于衣裳，游者惮焉。

道光乙巳春仲，李子希文、季弟柏芗，姪式昌嘱为前导，入一天门，经龙脊道，其石滑泽如瓜皮，上削而旁刻，以手代足。下俯绝涧，行者若着屐登霜桥、雪岑，稍一疎虞，骨辄破碎，至三天门，隘甚，众皆侧度，肥者苦矣。幸有小径，许客子绕行也。喘息间，见巨石突兀空际，僧曰："洞迩矣。"踏石磴七百余级，磴尽而坪，坪尽而洞，二石如重唇，广七丈，深三之一，就嵌处设槛扉，香火特深邃焉。洞前累石为台，溪光山影，海鸟汀云，不可辨识，惟大桥如缕仆地，七城直一团小烟树耳。导僧呼洞僧为菩萨。予丁酉来游，见其拥二巨蟒宿，如抚婴儿。今貌愈古，眉交于睫，方以草茎绽衲，见客不理，但拾生薪煮茶，薪香郁郁，从石罅出。茶熟，味之甘冽，倍于寺，盖吼雷湫也。夫草茎易绝，湿薪无焰，僧若不厌其劳，惟道气胜，故能受苦况，此其所以为修身之学欤？

茶毕，风寒，冥冥欲雨，急左旋，由海音洞入寺，此迩来新辟径也。视埔头略远，而稍夷，然行人亦接臂作猿狖状。人影在重涧中，涧石黝黑如墨，可以取火。举步旋转，三尺之外不辨趋向，前有负米给僧而坠岩者，首纳于腹。予戒同游曰："至险之地，须以心平气和处之。古人终其身于忧患，而跬步不失。吾侪于履道坦坦中，偶尔提防亦足以警心目。"

吾故曰:"洞以险胜。"彼游石鼓者畏登岿崖，登岿崖者畏寻白云，不到白云，不知山骨，而猥以灵源、般若傲人，亦已浅矣。

——《茇柎草堂集》卷上

雪后白云洞　郑亮图

灵源洞

严复

幽绝灵源洞,清游得未曾。
摩崖纷往记,说法自神僧。
阁接闻思近,斋犹听水称。
何当山雨后,据石看奔腾。

——《瘉壄堂诗集》卷下

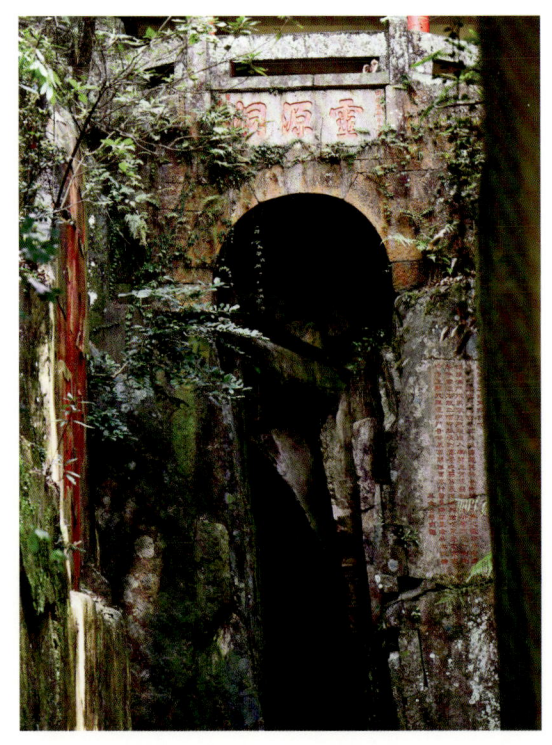

灵源洞深涧　心静无痕图

诗三首

郁达夫

夜偕陈世鸿氏、松永氏宿鼓山

我住大桥头，窗对涌泉寺。
日夕望遥峰，苦乏双飞翅。
夜兴发游山，乃遂清栖志。
暗雨湿衣襟，攀登足奇致。
白云拂面寒，海风松下恣。
灯火记来程，回头看再四。
久矣厌尘嚣，良宵欣静闷。
借宿赞公房，一洗劳生悴。

民国二十五年二月十五日作
——《郁达夫诗词汇编全集》

游鼓山白云洞（步何熙曾氏韵）

揭来闽海半年留，历历新知与旧游。
欲借清明修禊事，却嫌芳草乱汀州。
振衣好上蟠龙径，唤雨教添浴凤流。
自是岩居春寂寞，洞中人似白云悠。

民国二十五年四月十七日作
——《郁达夫诗词汇编全集》

下鼓山回望

夜宿涌泉云雾窟，朝登朱子读书台。
怪他活泼源头水，一喝千年竟不回。

民国二十五年春天作
——《郁达夫诗词汇编全集》

游鼓山（二首）

郭沫若

节届重阳日，我来访涌泉。
清风鸣地籁，微雨湿山川。
浮岭多松柏，依崖有杜鹃。
考亭遗址在，人迹却萧然。

——《郭沫若闽游诗集》

关上耸群峰，闽江一览中。
人来挝石鼓，我欲抚苍穹。
万岭波涛涌，千帆烟雨濛。
车随山道转，如看万花筒。

——《郭沫若闽游诗集》

位于鼓山石门景区的郭沫若诗刻　林振寿图

相怀梅园梅花盛开,如桃源仙境　石磊磊图

参考文献

《大鼓山 涌泉寺》，魏键编撰，海风出版社，2011年11月。
《福州旅行指南》，郑拔驾编，（民国）商务印书馆，1935年5月。
《鼓山艺文志》，福州市地方志编撰委员会，海风出版社，2001年7月。
《鼓山志》，黄任主修,福州市地方志编撰委员会，海风出版社，2006年6月。
《福州市郊区文物志》，黄荣春编撰，福建人民出版社，2009年7月。
《鼓山题刻》，林和、林锋、陈伟、高建鼎编，海风出版社，2002年9月。
《秋斋涌泉集》，邱泰斌，海峡书局，2014年7月。
《福州府志》，〔清〕徐景熹主修，福州市地方志编纂委员会整理，海风出版社，2001年7月。
《花鸟世界丛书 花趣》，杨新杭，经济日报出版社，1994年版。
《遇见三苏祠》，王晋川，四川大学出版社，2021年版。
《花间情话》，余开来，新华出版社，2000年版。
《福州西湖史话》，福州市政协文化文史和学习委员会，海峡文艺出版社，2019年版。
《中国兰文化》，周大文，海峡文艺出版社，1996年版。
《鼓山胜迹》，潘瑞英，福建人民出版社，1982年版。
《郁达夫散文集》，郁达夫，北京明天远航文化传播有限公司制作发行，2019年4月。
《林则徐传》，杨国桢 著，人民出版社，1995年10月。
《三山志》，（宋）梁克家著，陈叔侗校注，福建省地方志编纂委员会整理，方志出版社出版，2003年2月。
《人间草木》，汪曾祺，江苏文艺出版社，2013年03月。
《闽都文化源流》，林壁符 黄君，中国社会出版社，2003年版。
《禅意的生活》，何阳，海风出版社，2007年版。
《中国民间故事集成 福建卷 福州市郊区分卷》，福州市郊区民间文学集成编委会，中国ISBN中心，1998年版。
《闽东茶文化探源》陈浩志，海潮摄影艺术出版社，2004年版。
《福州十邑摩崖石刻》，黄荣春编著，福建美术出版社，2008年。
《福州摩崖石刻（增订本）》，黄荣春编著，福建美术出版社，2011年。
《福州府志·艺文志续编》，李拔主修，海风出版社，2007年版。
《闽都记》，王应山纂，海风出版社，2001年版。
《福文化概论》，卢美松主编，福建人民出版社，2022年。

《福州府志》（明万历），喻政主修，海风出版社，2001年。
《福州古树史话》，福州市政协文史资料委员会编，海潮摄影艺术出版社，2006年。
《闽小记》，周亮工撰，商务印书馆，民国25年（1936年）刊本。
《竹间续话》，郭白阳撰，海风出版社，2001年。
《榕城考古略》，林枫撰，海风出版社，2001年。
《八闽通志》，黄仲昭修纂，福建人民出版社，2017年。
《明清时期中琉友好关系遗存考》，孙清玲，海洋出版社，2005年。
《福州有关册封琉球人员的摩崖石刻述辨》，傅朗，《海交史研究》2002年第1期。
《福州市志》，海风出版社，2009年版。
《郑丽生文史丛稿》，海风出版社，2009年版。
《于山志》，大众文艺出版社，2009年版。
《谢肇淛研究》，凤凰出版社，2021年版。
《鼓山志》（谢肇淛版），影印本。
《徐兴公年谱长编》，广陵书社，2020年版。
《小草斋集》，福建人民出版社，2009年版。
《曹学佺研究》，吉林人民出版社，2007年版。
《曹学佺诗歌研究》，江西人民出版社，2017年版。
《徐燉年谱》，广陵书社，2014年版。
《为霖道霈禅师》，厦门大学出版社，2010年。
《全闽诗录》，福建人民出版社，2011年版。
《福建编年史（中）》，陈遵统，福建人民出版社，2009年版。
《诗词里的中国故事元明清篇》，黄为之、杨廷治，二十一世纪出版社，2020年版。
《福建古书之最》，方彦寿，中国社会出版社，2004年版。
《黄任集 外四种》，（清）黄任撰；陈名实，黄曦点校，方志出版社，2011年版。
《魏杰诗文集》，政协福州市委员会办公厅编辑，1993年版。
《续修鼓山志稿》，陈祚康，江苏广陵古籍刻印社，1996年。
《增校鼓山列祖联芳集》，虚云辑，民国二十五年鼓山刊本，福建省图书馆藏。
《中国文化史迹》，常盘大定、关野贞著，上海辞书出版社，2007年。
《福州市志》，方志出版社，2000年版。

《福建省志·人物志》，中国社会科学出版社，2003年版。
《福建省志·宗教志》，厦门大学出版社，2014年版。
《虚云和尚全集》，净慧主编，中州古籍出版社，2009年版。
《情在历史云深处》，唐颐，福建海峡文艺出版社，2022年版。
《海陆丰诗词选征》，叶良方，暨南大学出版社，2018年版。
《浙江寺院胜览》，张嘉梁，中国国际广播出版社，1998年版。
《福建名山大寺丛谈》梵辉，福建逸仙艺苑出版社，1985年版。
《蓝田引月》，李扬强，福建省地图出版社，2011年版。
《楹联丛话·续话》，梁章钜撰，福建人民出版社，2010年。
《联话福州》，林山编著，海潮摄影艺术出版社，2007年。
《三坊七巷楹联大观》，林山主编，海峡文艺出版社，2018年。